# 一个早晨的歌者

## 周立波评传

邹理/著

上海人民出版社

# 序言：周立波作为时代传奇

周小仪、舒莉莉

## 一

2022 年是毛泽东《在延安文艺座谈会上的讲话》发表八十周年，值得热烈庆贺。《讲话》是中国文艺史上的一部伟大文献，与恩格斯论巴尔扎克的信和列宁论托尔斯泰的文章一起，成为马克思主义文论中的不朽经典。它不仅是当时政策和政治走向的体现，也匡正时弊，开创了中国现代文学一个崭新时代。《讲话》所涉及的问题，比如文学的阶级性问题、大众文艺问题、情感问题、艺术独立性问题、小资产阶级（即中产阶级）意识形态等，仍然是我们今天的文化批评讨论的热点。而那时对这些问题毛泽东就给出了自己的答案。这部文献具有划时代的意义。而周立波通过自己的文学创作，对讲话的精神付诸实践，使他成为这一崭新思想潮流中的重要一员。

周立波的一生堪称时代传奇。他早年追随周扬，从湖南益阳到上海，参加革命和中国共产党。他在上海十分艰苦的物质条件下，发奋读书，努力写作，取得很大成绩，发表很多文学理论文章。随后他到延安，在鲁迅艺术学院任教，讲授外国文学作品选读课程，特别受同学们的热烈欢迎，连外系的同学都来听课。周立波的"名著选读"、周扬的"艺术论"和何其芳的"写作实习"是鲁艺的明星课程。文学批评家陈勇就曾深情回忆周扬、何其芳和周立波在鲁艺上课的生动场面和难忘情景。在他们和其他教员的指导下，鲁艺培养出一批出色的学生，新中国成立后都活跃在文艺创作和理论批评战线。后来周立波随王震的 359 旅南下，开辟新的抗日根据地，行军一万五千里，被称作是"第二次长征"。

作为随军记者，他对此次远征进行了记录，写出一批优秀的报告文学作品。

南下回来之后，他又到东北参加土改，与老百姓同吃同住，写出《暴风骤雨》。这部小说反映了当时轰轰烈烈的土地革命。中国的土改为民族国家的建立打下坚实的基础。新中国成立后他回到湖南老家益阳，深入生活达七年之久。艰苦的农村生活也给他丰富的回报。他写出大量短篇小说，以及他的巅峰之作，长篇小说《山乡巨变》。如今在湖南益阳，昔日农村已变成繁华旅游城市，《山乡巨变》已成当地的文化名片。

后来"文化大革命"开始后，他被关在湖南，什么事儿都不能做。1974年回到北京，稍事休整之后，又开始动笔写作。他计划写一部有关战争的长篇小说，把359旅南下的那段经历用文学形式表现出来。这时他的创作技巧已经炉火纯青。他试笔写了一篇短篇小说《湘江一夜》，跌宕的情节，精巧的结构，生动的人物，还不乏幽默，真是一篇杰作。他在晚年还能写出如此波澜壮阔、气势磅礴的作品，他的老朋友、现代小说家沙汀为之惊喜，赞不绝口。可惜那时他已身患重病，无法完成长篇写作的最后夙愿。

周立波生前经常谈起他生活中的精彩瞬间。他当年和周扬去上海，约好在码头会面同行。可他迟到了，船已开，他十分沮丧，准备回家。为他送行的大哥周挹梅果断挑起行李担子，带他沿河拼命追赶，最后终于上船。这戏剧性一幕是他文化生涯的起点。假如不是因为大哥绝不放弃的精神，可能我们今天就看不到周立波的作品了。周立波对大哥感情很深。新中国成立后，周立波家境比较富裕，而那时农村生活艰苦，大哥仍然在家乡守候着他们的祖屋。周立波每月寄十元生活费，几十年如一日。这十块钱在当时的购买力可不容小觑，在农村足够养活一家人。周立波去世后，夫人林蓝还继续补助，在政府协助下直到大哥去世。

周立波还经常提起上海的亭子间。那个时候上海文人口袋拮据，没有钱，靠写作为生。租不起大房，于是只能租住那种小阁楼。亭子间里却出来不少杰出文人。周立波那个时候学习英文，每天能够记20多个单词。他有照相式的记忆力，但很谦虚，说那是因为吃鱼的缘故。他每天买两毛钱的小鱼，觉得非常补脑。他自学成才，翻译了英文版的《被开垦的处女地》，收到了七百银圆的稿费，都交给了周扬。他后来和周扬一家住在一起。

周立波也经常谈起南下的情况。军旅生活实在太艰苦，经常在泥泞的路上行军。最大的问题是周立波近视，他的眼镜有时会掉到地上，找也找不到。王震看他是文弱书生，就给他一匹马让他骑。但是周立波性格坚强，仍和战士们一起步行。到最后实在太疲惫，王震劝他在农村留下。他坚决不肯，要和大部队一起南下。后来他回忆此事说自己大事不糊涂，有同志坚持不住，留在农村，结果脱离了组织。新中国成立后生活没有着落，还上访找他来做见证人。坚定的革命信念成就了周立波和他的作品。

在东北土改期间，他也是深入生活第一线。他自己就是《暴风骤雨》里工作队萧队长的原型。书中所描绘的生活，也都是真实材料的艺术加工。土改告一段落之后，林蓝建议他把这段生活写出来，他欣然命笔。当时的省委领导王首道闻此就给他提供了很好的生活条件，在太阳岛找了一栋房子让他住。他每天上午写作，下午游泳，半年就写出了《暴风骤雨》的上部。发表之后反响极好，他又花一年时间写出下部。可惜太阳岛他住过的房子现在早已不见踪影，无法看到他当年写作时的环境。王首道当年是359旅的首长之一，和王震、王恩茂并称三王。周立波经常念及王首道对他的帮助，《湘江一夜》还不忘提他一笔。结尾处大部队成功渡过湘江，以王震为原型的董旅长电告中央，落款是"董、王、王"。激战之后骤然收尾，冷峻的符码句式更是神来之笔。在惨烈的战斗之后，读者的心情缓缓平复。非短篇高手不能如此！

他在湖南乡下的时候更多和家乡农民在一起。他的房东叫邓益亭，就是《山乡巨变》里最令人难忘的人物亭面糊。他们一起

3

生活吃住，一起做田。邓益亭的儿子邓焕章学习极棒，想考学，但父亲不同意，说等你学回来我的骨头都敲得鼓响了！这句话周立波用在了《山乡巨变》里，生动无比。周立波和林蓝坚决支持邓焕章继续深造。他不仅考上大学，后来还成为解放军总参谋部机要局的将军级领导。在湖南益阳清溪村的村口，有一尊雕刻家黄剑所雕刻的《山乡巨变》群像。周立波坐在中间，腿边靠着一个十来岁的小孩，手上还落有一只金色的蝉。这个小男孩就是邓焕章。那时候周立波在照片中都是挽着裤脚站在水里，或卷起袖子坐在田边，就像是一个常年在农村工作的基层干部。只是他文人形象和农民还不太一样；他戴着眼镜，笑容灿烂。那时农村生活还比较艰苦，没有菜吃，他经常犯胃病。脍炙人口的《山乡巨变》是多年在家乡生活的艺术结晶。

可惜"文化大革命"中断了这一切，之后他也老了。《湘江一夜》虽是短篇，但写了很久。他已经十年没有写作，笔头有点儿生疏。这部小说他反复修改，在中学作业本上写了七遍，草稿摞起来好高。写作时他的头发不断在掉，可见花费心力之多。那时周立波已经得了重病，要不是医生轻率误诊，说不定还能多生活几年，为中国现代文学史增加一部战争小说。现在我们只能从这部短篇作品里，窥见他超强的叙事能力和营造真实感的技巧。

二

邹理的《一个早晨的歌者——周立波评传》是她第三部关于周立波的专著，也是对周立波传奇人生最完整的记录。2018年，她的第一部专著《本土经验与世界眼光：周立波与外国文学》全面梳理了外国文学对周立波创作的影响，认为周立波的创作虽然具有浓厚的乡土特色，但他是一个具有世界情怀和国际眼光的作家。正是他的世界性、现代性成就了他的民族性、地方性。2020年，邹理又写了一部《周立波年谱》，涵盖了周立波的生平、创作和现有的几乎全部研究资料。这部长篇年谱非常详细地记录了周立波从出生到去世的丰富细节，具体到每一天，非常扎实，有很重要的史料意义。她的第三部著作是史料和研究的有机结合，既有对历史材料的详细记录，又有对周立波作品和生活思想的论述，内容十分丰富。特别是作者有新闻学的学术背景，在整理资料、历史钩沉、实地考察等方面都很见功力。这是一部既有学术性，又有可读性的好作品。

这部研究对周立波的作品有很多出色的见解。比如在周立波研究中十分薄弱的报告文学和新闻写作这个方面，邹理提出了蒙太奇的概念。通过蒙太奇寓杂多于统一的风格来把握周立波报告文学的表现形式，这在周立波研究中观点独到。我们知道，蒙太奇是前苏联电影《战舰波将金号》开启的艺术表现手法。本雅明把爱森斯坦的这一电影艺术技巧，应用在文化研究和小说批评领域，使之成为一个重要的文学批评概念。本雅明认为，蒙太奇让生活材料重新组合，突破小说的边界，"跨越其文体和结构的制约，为一种新型史诗开启了可能性"。这一观点非常适合描述周立波的报告文学。周立波用报告文学这一现代体裁，反映了当时波澜壮阔、史诗般的现实生活。用这个概念来把握周立波的新闻写作，是一次重要的学术尝试。从这方面入手，可以更好地理解周立波作品作为反映时代进程的史诗特征。古代经典史诗通常有明显的叙事结构，用神话表现历史进程。现实主义作品反映宏大的生活变革，继承了史诗的叙事性修辞，增加了典型性人物，表现出历史发展的本质。但中国现代史的丰富、杂陈，并非完全能够以小说的线性叙事表达。而西方现代派的那些艰深晦涩、光怪陆离的修辞手法和意识流形式技巧又浓缩了太多的中产阶级美学趣味，也就是我们所说的小资产阶级情调，不足以反映现代中国波澜壮阔的历史变革。周立波运用本雅明称之为现代史诗形式的蒙太奇，写成报告文学的碎片化叙事，更好地表述军队和普通民众的生活。而《讲话》以来的工农兵文艺创作，抛弃了帝王将相和才子佳人的情感模式，让作为历史主体的普通民众生活浮现于话语层面，开创了一个浩浩荡荡的展示现代美学的文化工程。多少年来被压抑在底层的声音，终于又有了蒙太奇式的现代主义表达形式。周立波的作品就是这一文化工程的重要一环。读者在这部《一个早晨的歌者——周立波评传》中可以看到，报告文学的历史和美学功能在周立波手中发挥出怎样闪光的异彩。

作者对周立波的现实主义的评述也有独到之处。她用韦勒克的现实主义理论，恩格斯的典型性理论和周扬的现实主义文学批评，从一个新的角度来看周立波和他的小说人物之间的关系。作者非常熟悉《山乡巨变》中那些人物原型，用这些人物原型和作品人物进行对比，是一种非常好的实证主义和文化批评方法。我们不仅对作品而且对当时人际关系的变革也有了更为完整的把握。现在学界一般将现实主义理论看作是过气的老旧批评方法。用它来解释西方 19 世纪文学或中国 20 世纪早中期文学还有一些价值，但面对席卷世界文坛的现代主义、后现代主义和全球文化，现实主义理论就完全力不从心。但吊诡的是，旧的理论并非永远是旧的，而新的理论也许从一开始就不新，而现实主义理论却宝刀不老：詹姆逊 20 世纪 80 年代重启现实主义研究，到 2013 年出版专著《现实主义的二律背反》，用情感理论、编码理论让现实主义文学批评重新恢复了活力，在旧赛道上开辟出学术研究新方向。对周立波湘湘小说所特有的风土人情和细腻的情感表达，我们过去过于强调其美学和人文价值，而对其社会、政治、阶级和民俗的相互关系和情感表现的政治模式，还有待于认真思考和深入探究。而邹理对周立波作品人物和生活原型的考察，无论在这部评传还是在她的其他研究中，都是在新的文化研究背景下，复兴现实主义文学批评的尝试。

作者还将周立波和肖洛霍夫作了对比。众所周知，俄苏文学对周立波的影响非常大。肖洛霍夫笔下的人物，比如《静静的顿河》里面的格里高利，还有《被开垦的处女地》中的人物西溪卡老爹，都对周立波小说人物的塑造起到了重要作用。因此周立波的小说人物与苏俄文学的人物模型一脉相承。邹理指出，在景物描写方面，俄苏文学对周立波的影响也是如此巨大，《山乡巨变》和《静静的顿河》的景物描写有很多相像之处。虽然肖洛霍夫和周立波的比较研究在俄国文学批评界和中国的俄国文学研究领域并不是新的课题。但是这些评论总的来说还是比较分散，侧重形式和人物分析。而俄国文学整体所蕴含的宗教情怀、乌托邦精神和深沉的苦难意识，还有契诃夫式的日常生活情趣和幽默，在周立波作品中都有充分的表现。

周立波 1978 年参加一次全国文艺会议的时候，会下有人称周立波是"小契诃夫"。当时周立波开玩笑说，他是"老契诃夫"。他的确景仰契诃夫高超的艺术技巧，也深知自己的短篇小说精彩出色。周立波平时就很喜欢读契诃夫的小说。他的藏书有上百种外国文学作品，其中最引人注目的是一套汝龙翻译的契诃夫小说全集。这一套书是 20 世纪 50 年代购买的，每本分册上面都有他的签名和日期。这些小说他都认真读过，对里面的人物、情节甚至对话都烂熟于心。他经常提到的篇目有《可爱的人》《苦恼》《渴睡》。他感叹《可爱的人》中永远以丈夫为中心的善良女性，也感慨《苦恼》中那个孤独的老车夫只能和自己的马交谈。《渴睡》中因渴望睡眠而走向极端的小女孩更是让他心情沉重。我们看到周立波小说的人物塑造像是信手拈来，布局曲折情节，推进戏剧冲突，全都挥洒自如，其实背后的知识积累、艺术造诣、感知方式和人物模式浩瀚如海，深不可测，其中也包括无比深厚的俄罗斯文学底蕴。

邹理的这部评传还涉及"文化大革命"期间周立波的一些情况，如周立波的散文《韶山的节日》所引发的风波以及它对周立波的影响。当事人的回忆包含很多史料，都还原了当时的政治生态和社会生活。我们平时很少注意到的生活内容，在这里面都有详细的记载。总而言之，周立波的一生在这部书里得到全面、详尽的描述和评价，是对周立波研究的推进。这本书的语言也非常流畅，简洁生动。全书的结构非常规整，不仅是一部严肃的学术著作，而且也是一部非常值得一读的生动传记。在这部著作中，我们看到周立波的成长轨迹、他不同历史时期的形象，并从具体入微的生活细节中感受到周立波的思想性格。相信这本书在当代中国文学和周立波研究中，会占有一个重要的位置。

（作者单位：北京大学外国语学院）

# 目 录

# 第一章　童年生活

## 一、益阳周氏

公元 1908 年 8 月 9 日，夏历戊申年七月十三日，湖南益阳县十六里清溪村的乡贤周仙梯家一个新生的婴儿呱呱坠地了，这是周家的第三个儿子。据说周仙梯的夫人在怀着这个孩子时梦见一只凤凰落在家对面的一棵梧桐树上，仙梯先生大喜，认定这个儿子肯定与其他子女不同，将来一定大有出息。儿子出生后，先梯先生给他取名搴梧、凤翔，寓意凤凰落在梧桐树上、凤凰展翅飞翔。这个孩子的学名叫绍仪，"绍"是周家的辈分，"仪"则是出自成语典故中的"凤凰来仪"。绍仪没有辜负父亲的期望，后来成为了中国著名的作家。

益阳这片山水孕育了这位著名的作家。古老的益阳县在水运时代交通很发达，是南来北往的交通要道。《三国志》记载的三国争雄时关羽单刀赴会的英雄故事就发生在这里。到明清时期，益阳成为物产丰饶的"鱼米之乡"，县城成为资水流域、南洞庭之滨大米、木材、药材、茶叶、水产品等商品集散之地。

古益阳山水田陌、无一不秀，民宅村落、处处皆景。许多文人墨客都用诗文描绘过。明嘉靖三十年（1551 年），知县刘激写了"资江十景诗"，刻碑于龟台山龙洲书院，细致地描绘了资水沿途美丽的自然风光和人文典故。明代的湖北人鲁铎，明孝宗弘治十五年（1502 年）的进士，路过益阳，留下了一首赞美益阳风光的七言律诗：

益阳南下山岧峣，益阳道旁风物饶。
翠竹丹枫映茅屋，清泉白石临溪桥。
异禽时出语历历，寒花自任风萧萧。

　　　　诗中有画见眼底，右丞往矣谁能招。

　　他盛赞益阳山水"诗中有画见眼底"，恨不能请回唐代山水诗画大家王维，因为只有"右丞"的妙笔才能表现益阳山水之美。

　　周立波诞生的清溪村，属益阳县十六里①。益阳县共二十三里。十六里包括涧山村、邓石桥村、清溪村、大海塘村、桃花仑村这一带，为益阳县中部腹地。资江支流志溪河从这里穿过，益阳名山会龙山坐落在这里。十六里是益阳比较富裕的地段，清末民初的清溪村处于东西、南北两条官道交会处，是繁华的乡村。会龙山脉群峰连绵，一湾清溪碧水如带，山清水秀。周立波在《山乡巨变》里描写清溪村：

　　　　这个离城二十里的丘陵乡，四围净是连绵不断的、黑洞洞的树山和竹山，中间是一大片大墩，一坦平阳，田里的泥土发黑，十分肥沃。一条沿岸长满刺蓬和杂树的小涧，弯弯曲曲地从墩里流过。涧上有几座石头砌的坝，分段地把溪水拦住，汇成几个小小的水库。②

　　益阳自古尊师重教，重视培养子弟，有深厚的耕读传家传统，是名副其实的耕读之乡。周立波出生的清末民初，益阳不仅学校多，而且规模不小。当时已有县立第一高等小学和第二高等小学。自1900年始，挪威、瑞典等外国传教士来到益阳，建立了信义小学、信义中学、信义大学、信义女中、育婴堂、瞀目院等学校。当年益阳县隶属长沙郡，在长沙办了益阳驻省中学，后合并为长郡中学。在益阳广大的乡村，遍布着私塾、族学。许多祠堂都用来办族学，族学里张贴着"劝学歌"。祠堂管理的族田，收入的谷

---

① 里是明清的乡村基层单位。从明代开始实行里甲制度，以110户为1里。明代益阳县分43里，到清代合并为23里。
② 周立波：《山乡巨变》，人民文学出版社2005年版，第14页。

子一般用来作奖学谷。周立波自家堂屋就办了一所私塾，这里还办有周氏蜚英学校、益阳县立二校（后改名涧山乡中心学校）、蔚南女中、省立五师等。

周家并非土生土长的益阳人家，祖上在明代时从江西迁来此处。据《周氏族谱》记载，周立波为周瑜第 54 代嗣孙，系周瑜与小乔的次子周胤的后人。周胤晚年在庐陵郡平都县密湖结茅（今江西省安福县枫田镇）定居，去世后葬于密湖之北的小台山，为庐陵周氏始祖。周胤七世孙周淑孟开始分徙庐陵、吉水等地。周氏自晋以后人才辈出，如南宋庆元元年（1195 年）的政治家、宰相周必大等。庐陵周氏第 25 代喜政于明弘治元年（1488 年）迁居益阳县裴家村，后迁到益阳县新市渡石龙山，到明嘉靖元年（1522 年），石龙始祖第五派分嵩、岳、泰、衡四房，周立波属泰房，为迁益始祖第 18 代嗣孙。


## 二、父亲母亲

周立波的曾祖父周祚佑，号天鉴（1818—1874）是益阳当地农村的大户，有 40 石水田 ① 和几座茶山，娶了三房妻子，生了三个儿子。周立波的祖父周继笏（1847—1911），号垂绅，是天鉴的次子，系天鉴的二房曾氏所出。

祖父垂绅去世时周立波只有两三岁，他对祖父的印象完全来自哥哥绘声绘色的描述：

> 祖父迷信，早上不准讲"鬼"，如果谁讲了，他就一天不出门，这就是性格，即便准备出去也中途停止，小孩讲了也要挨打。但躲了一阵，却也能既往不咎。他也喜欢吃"奉承菜"，尤其喜欢人家讲发财。一次请人做了个篓子，刚做成与篾匠谈心，千方百计引出篾匠讲吉利话，篾匠却没硏他

———————————
① 换算为市面，1 石约为 6.3 亩。

3

的性格，答的不是他所要的话，结果准备的包封没送，反而骂人家一顿。又一次，木匠给他做猪栏，门做得大，我祖父问他为什么这样做，木匠说做小了，猪长大出不来，这正对他的劲，结果送了包封，这样就描写了他的性格。祖父到处都放有楠竹梗子，谁犯了"快"，随手可以进行惩罚。可老人有个特点，就是"既往不咎"，如果犯了"快"，就得赶快跑，躲一阵就没事了。①

祖父的这种"既往不咎"的"好"传统也遗传给了父亲周先梯。周立波的二哥在城里一家水果店当学徒，挣的钱不多，没有给家里。父亲对此十分恼火，一天晚饭后要打二哥，二哥正在厕所里。周立波立即通风报信，等二哥逃走后再劝慰父亲，父亲便"熄火"了。这个"既往不咎"的传统使得二哥躲过了皮肉之苦。

垂绅前后有三任妻子，盛氏、徐氏和尹氏，周立波的父亲周先梯（1869—1942）系盛氏所生。周先梯从祖父那里继承了2石田地，此时周家的经济水平已降至中农。周先梯读了几年书，在当地是一个有名望的乡贤，他为人忠厚、正直，深得在蓝田县任县长的老表田石秋的赏识。田石秋聘他当师爷，待遇丰厚，这在当时可是一个美差。有一次当地两个乡民因争坟山打官司，周先梯拒收贿赂，坚持公正审判，当县长的老表对此十分恼怒。师爷做不成了，先梯只得辞职回乡。

回乡后周先梯终身从事教育工作，曾担任益阳县第一高等小学庶务、周氏蜚英学校校长、族学老师、益阳县立二小校长、益阳县二学区教育委员，还当过清溪村周氏宗族族长。周仙梯精忠爱国，他在益阳县立二校任校长时，在纪念孙中山的纪念周例会

---

① 周立波：《1965 年 12 月 27 日下午在湖南省剧协创作座谈会上讲话》（中共湖南省保密委员会档案材料）。

上口占一联:"国耻家仇永不忘,卧薪尝胆振家邦;寇来莫使生还去,要学英雄戚继光",至今流传。但他对政治又抱有警惕的心态,始终保持政治中立立场,既不加入共产党也不加入国民党。在县立二校时,上面要求他填表加入国民党,周仙梯不愿意,辞去校长一职。

之后周仙梯担任了清溪村周氏仕以公宗堂族长,仕以公宗堂有周氏族人三千多人,有三石族田和一片山林。周仙梯管理宗堂严格认真,账目清楚,设置奖学谷,专门奖励学习成绩好的本族子弟。周仙梯乐善好施,抗日战争初,一个叫盛其林的难民带了堂客(妻子)、三个儿子从外地逃难到清溪村,他收留了这一家人,把宗堂守山林的一间茅屋给他们住,让他们守桐子树山。盛其林种了几丘田,在清溪村养活了一家大小。盛家二儿子盛发凡抽壮丁出去当兵,后来参加了解放军王震部队。

周先梯的第一任妻子姚氏死于1905年,后来他娶了城里一位刘姓秀才之女刘昭珍(1879—1962),即周立波的母亲。周立波有二兄二姐二妹。大哥、二哥、大姐、二姐均系姚氏所生,大妹、二妹系刘氏所生。农村"嫁出去的女儿,泼出去的水"的观念根深蒂固,女儿嫁了人就不是自家人了,周先梯对女儿的关注自然不多,但对儿子有长远的谋划:大儿子绍任,号挹梅,老实本分,留在家里种田,管了这份家业;二儿子绍传,号道生,调皮一些,送到城内鱼花粮食行学习做生意;三儿子绍仪即周立波聪明好学,周仙梯便从小教他读书识字。周仙梯望子成龙,对儿子的管教十分严格,要求他们谨守家规,如有违反决不姑息。周立波二哥在县城粮食行学做生意,赚了一点钱,雇了一顶轿子坐回家,仙梯公认为他摆阔气,违背了勤俭的家风,罚他跪了一个时辰。

周立波的母亲刘氏是益阳县城一位秀才的女儿,家里不算富裕,但藏书很多。与周仙梯结婚时,刘氏从娘家带了《红楼梦》《三国演义》《水浒传》《西厢记》《阅微草堂笔记》《世说新语》等一批书籍作为陪嫁。刘氏从小读了一些诗书，在周立波很小的时候便教他读唐诗，但陪嫁带来的《红楼梦》《三国演义》等这些古典小说是绝对不允许儿子看的。在当时守旧的卫道士看来，小说是不能登大雅之堂的"闲书"，周立波读小说就曾受到过先生的批评。他后来也谈到了这种经历："保持着中国传统观念的绅士先生们，对于小说是瞧不起的。记得在小学里，一个历史先生有一次问我看了一些什么书，我说，看了《三国志演义》，《西游记》……'《三国志演义》么？'我的话还没有说完，先生就仿佛受了什么侮辱似地说，'快不要看那样的耍书子，要看《二十四史》里面的《三国志》，陈寿作的。'"①

周立波的性格介于大哥和二哥之间，既不像大哥老实忠厚，又不似二哥调皮捣蛋，他聪明精怪。母亲陪嫁过来的小说藏哪儿了，他摸得一清二楚，常趁刘氏不注意，把书偷出来偷偷地阅读，然后再悄悄地放回去，母亲竟毫不知晓。就这样，母亲带来的那些"耍书子"他全看了个遍。

周立波自小对母亲刘氏怀有深厚感情。二妹育英回忆，周立波在县城读小学时寄住在大姨家，有一次姨妈到乡下看姐姐（周立波母亲），母亲用自己的围裙包了一些土产果品托姨妈带给立波吃。立波见物思母，抱着围裙睡了一晚。

### 三、乡村童年

周立波的童年是比较幸福的。父亲周先梯分家后得两石田（合十二余亩），几块茶山，还有一处油榨，半栋瓦房。仙梯自己在外教书，每月薪金为二十元银圆。虽不是殷实富足之家，在当地也算中等水平的小康人家。不过随着孙子辈增多，家里经济开始有些紧张了。周立波在《自传》中说："分家后就穷下来，父亲

---

① 周立波：《怎样读小说》，载《周立波三十年代文学评论集》，上海文艺出版社1984年版，第33页。

年年得出外办事，我们那里叫'住手穷'，就是说，一失业，就不够吃。"① 实际上，周仙梯一直辗转几所学校做事，未失过业。根据自家的财力，周仙梯决定重点栽培三儿子周立波，送他读书，想把他培养成一个正规中小学校的教师。

8 岁那年，周立波被父亲送入私塾，蒙馆设在自家堂屋，大概有十来个孩子。他有两任蒙师，第一任是周炳卿，第二任是易云浦。周炳卿和易云浦都是当地有学问、人品好、不守旧的乡村精英人物。《山乡巨变》里引用的一副对联"天子入疆先问我，诸侯所保首推吾"，就是易云浦为清溪村张家坳土地庙撰写的，由周立波的第一任蒙师——当地有名的书法家周炳卿书写。周炳卿善于书法，志溪河一带及县城许多商家招牌都是他题写的。易云浦则对诗词书画有造诣，他为清溪村涂家屋场戏台撰联："或为君子小人，或为才子佳人，抬头便见；有时惊天动地，有时欢天喜地，转眼皆空"，为后人所传诵。

周立波在私塾学了《诗经》《论语》《孟子》《左传》等儒家典籍，一年后，父亲送他到益阳县城进入县立国民学校读初小。这所学校办在建于县城东门的清末名臣胡林翼家族的胡氏宗祠，是民国初年由县政府开办的一所示范性国民学校，采用的是新式教科书。周立波在这里读了两年半初级小学，有很大的长进。在这里他还学习了音乐，学会了吹笛子。他和大妹萃英同在这里读书，周末一起回家，快到家门口时，兄妹俩吹起了笛子，家里人就知道，他们回家了。

周立波的大姨父林应麟、二舅刘润林都是清末秀才，同住在县城。周立波当时寄住在大姨父家里。在这里，周立波认识了二舅的义子余鹤林，二人成为儿时的好朋友。余鹤林就是后来有名的左联青年作家叶紫。叶紫 20 世纪 30 年代与周立波都加入了左联，在上海并肩作战了一段时间。

---

① 周立波：《自传》，未出版。

7

周立波的童年无忧无虑，除了读书，经常帮助家里干一些农活，和哥哥们下田插秧，与姐姐妹妹上山放牛、摘茶子、砍柴、挖春笋，与邻居家小朋友在田野里疯玩、打架、捉鸟、摸鱼。周立波大哥周挹梅回忆，13岁那年，周立波同他在禾场对面的陈树坡大塘基下溪里捉鱼捞虾时，脚板下好像有东西在钻动，他移开泥脚，弯腰用双手翻开踩过泥沙的地方，一伸右手就抓住了一只甲鱼。甲鱼挣扎，周立波想用左手挟住它，哪知左手刚伸出去，就被甲鱼咬住了左手大拇指。当时，周立波又痛又急。大哥慌了手脚，不知怎样搞才好。他只晓得说："甲鱼咬了要打雷才松口，这太阳天哪来的雷呢？"又说："听说用开水烫它屁股会松口，可身边没有开水。"周立波灵机一动，对大哥说："你屙一泡热尿淋甲鱼的头。"大哥急得无法，只好依了他的，真屙一泡尿淋甲鱼头。说也奇怪，热尿一淋甲鱼果真松口了。晚上，全家人围着桌子吃甲鱼时，大哥风趣地说："凤翔捉甲鱼有功，又被甲鱼咬了，吃了亏，我敬你一块甲鱼。"周立波将大哥敬的甲鱼肉转敬了母亲，幽默地说："甲鱼咬我的手，我就吃它的头。"乐得全家都笑了。周立波回忆童年生活的作品较少，只留下了三篇散文《向瓜子》《农家的冬夜》《竹林》，都发表在上海《大晚报·火炬》上，署名雅歌，这些散文回忆了儿时的一些趣事。

少年周立波富有同情心，从小助人为乐。他在邓石桥的周氏蜚英小学读初小时，有个叫周鼎年的同学，是个哑巴，家里很穷，天寒时节穿着单薄的旧衣裤，孤单地坐在教室角落。周立波非常同情他，把自己的两套家织土布衣裤给了他一套穿。这件事至今在周立波的乡亲中流传，受到赞扬。

1921年春，周立波考入益阳县第一高等小学堂读高小。学校设在益阳资水南岸龟台山，以前是著名的龙州书院，是一所治学严谨又有革命传统的学校。与周立波前后同学的有抗战时守卫南京牺牲的萧山令，共产党员张昆弟、熊亨翰、夏曦和1925年担任中共益阳县委书记的袁铸仁等。周立波被编入第 14 班，度过了三年学习生活 ①。他回忆，上小学时他成绩优异，每期考试都得前两名。1924 年 7 月，周立波从县立第一高等小学堂毕业，这时他已是一个 16 岁的青年。

---

① 当时规定初小四年，高小三年。

# 第二章　少年求学

## 一、初识周扬

1924 年 9 月，周立波以优异成绩考入湖南省立第一中学。省立一中创办于 1912 年，即民国元年，初名为湖南省全省公立高等中学堂，校址在长沙紫东园，1914 年更名为省立第一中学，1952 年改名为长沙市第一中学，校址在长沙市清水塘。学校创办人、首任校长符定一，是清朝秀才，北京大学师范馆毕业。他治校严谨，创办之时就开设全新课程，当时戏称"历代英国地图"，即历史、代数、英文、国文、地理、图画。外文开了英、法、德三门。省立一中以"公、勇、勤、朴"为校训，许多优秀教师积极传播新文化新思想。1917 年毕业于省立一中，后回校教英语兼教务主任的周谷城回忆，毛泽东尊敬的四位老师杨昌济、袁吉安、徐特立、符定一都在省立一中任教。

周立波入校后被编入第 30 班，此时校址已迁至书院坪。入校后周立波"两耳不闻窗外事，一心只读圣贤书"。他在《自传》中回忆，在省立一中的头几个学期，不看杂志报纸，不关心时事，只是埋头读书。这首先是由于父亲的教诲与严格要求，同时，周立波知道家里不富有，送他到省城上学很不容易。当时在省立一中和长郡中学读书的益阳籍学生不超过十名，他想取得好成绩得到学校的奖学金和周氏宗祠的奖学谷，减轻家里的经济负担。由于他读书十分用功，每期都品学兼优，名列一、二，因而期期被奖励免缴学费。除了学好学校规定的功课，他还大量阅读课外读物，经常到定王台图书馆借书。这时他通读了历史巨著《资治通鉴》，还用工整的小楷在书页上写了各种注解与心得。许多诗词戏曲散文，他也能流利地背诵下来。

这时的周立波是一个爱好读书、努力做功课的好学生。直到有一天，一位自称是上海大夏大学学生的同乡来见他，改变了他人生的方向，这个人就是周扬。周扬家住益阳县十六里新市渡田庄湾，距离周立波家清溪村有 15 里地。周扬 1907 年 11 月出生于一个富有家庭，派名起应，号运宜。他两岁时父亲去世，由孀居祖母、母亲抚养，家中每年可收租谷七百石，有一栋大屋。从迁益周氏第五代开始，分嵩、岳、泰、衡四房，周扬为衡房第 17 代，周立波为泰房第 18 代。从辈分上说，周扬是周立波的族家叔叔，但在此之前，他们两人并不相识，两家也素无来往。

周扬当时在上海大夏大学读书，经同乡兼同学林伯森介绍，认识了在上海沪江大学读书的林岳皋（字伯陶）。林岳皋是周立波大姨父的儿子，他向周扬说起了在省立一中读书的表弟周立波，周扬听后对周立波非常感兴趣，想要结识一下这位"才子"。于是在 1926 年夏天，周扬放暑假回家时，特意在长沙停留，去看望了当时还未放假的中学生周立波。

两人相见恨晚，相谈甚欢。周扬跟周立波谈尼采、鲁迅和郭沫若，周立波跟周扬讲《资治通鉴》，这次谈话给双方都留下深刻的印象，尤其是对还处在青少年时期的周立波产生的震动很大。周立波的古文学识令周扬十分惊讶，《资治通鉴》对于中学生来说晦涩难懂，可周立波说起来却头头是道，足见他当时的古文功底之深厚。对他佩服之余，周扬也发现，周立波只是一个用功读书的"好学生"，几乎从不参加政治活动，于是周扬把他在上海接触到的新思想"上下古今谈了一套"。

周立波在《自传》里回忆："当时周扬和我谈尼采的一切都要'重新估定价值'，和中国的新文艺思想，又谈鲁迅、郭沫若。"这些都是周立波从来没有涉足过的领域，也颠覆了周立波对读书的认识，他从此知道了除了古书描述的"经世致用"和"才子佳人"的世界之外还有一个正发生着波澜壮阔、风激云勇的革命的世界。周扬与周立波的这次谈话，无疑对周立波的思想起了冲击、扫荡和改造的作用。中学生周立波开始用另一种思想观念，另一种思维方式观察世界、思考问题，从此，他开始阅读五四新文学作品，接受五四新文化思想，并且开始走出书斋，投身革命洪流。"我受了影响，开始看鲁迅、郭沫若和汪静之的作品，郭沫若的诗和散文给了我很大影响。从这时起，我开始了一些社会活动，和同学们组织了一个文艺团体：'夜钟社'"①，"又觉得革命很好，很热闹，想找 cy②"。③

虽然周扬比周立波大了不到一岁，但看上去是那么的成熟，那么的有思想，这让周立波对他崇拜不已，也十分向往上海的革命生活。这次见面对周立波而言，是他人生的一次重大转折；对周扬来说，多了一名终生相随的战友。他俩虽然在宗族辈分上是叔侄关系，但在年龄上相仿，更像亲兄弟。周扬说："他和我一见如故，结下了数十年如一日的甘苦与共的深交。"④

## 二、走出书斋

20 世纪 20 年代的长沙是中国革命的中心地之一。毛泽东、蔡和森等在长沙领导的新民学会的基本宗旨与主要社会活动是"革新学术，砥砺品行，改良人心风俗"，"改造中国与世界"。新民学会参与了五四运动、驱逐张敬尧运动、湖南自治运动和留法勤工俭学运动等，并成立俄罗斯研究会，创办文化书社与湖南自修大学，较早地宣传马克思主义，在长沙学界产生了广泛影响。1921 年建立不久的中国共产党湘区区委大力传播马克思主义新思潮，发动学生运动、农民运动和工人运动，如火如荼的革命形势对长沙所有中学校园里每一个学生都是一种启迪和严峻的考验。

---

① ③　周立波：《自传》，未出版。

②　"中国共产党"的缩写。

④　周扬：《怀念立波》，载《周立波三十年代文学评论集》，上海文艺出版社 1984 年版，第 1 页。

　　1926年，长沙和周边城市的农民运动"迅猛异常"，北伐军进入长沙。原来"一心只读圣贤书"的周立波也感受到了时代的剧烈震动，他开始走出书斋，走出校门，参加一些共产党组织的集会与游行活动，去街头听夏曦、徐特立等共产党人的演讲。

　　1926年7月16日，省立一中放假的前一天，周立波和同学们一起到长沙教育会坪①参加"湖南各界欢迎国民革命军北伐"大会，晚上又参加了市民提灯庆祝游行。这是他第一次参加大规模的群众活动，晚上回校后久久不能入睡，心情十分激动。他觉得他的人生价值不应该是当一个中小学校的教员，而是要做一个为国家而战斗的革命者。

　　1927年4月，湖南共青团组织在长沙教育会坪公开征求团员，周立波马上跑去签名应征。他与同学吴培元、唐之华、张金阶等组织了一个进步读书团体——夜钟社，一同阅读《共产主义ABC》《向导》《湖南通俗日报》等进步书籍报刊。

　　4月11日，周立波参加湖南人民"铲除反革命分子"示威大会。大会规模庞大，有市民、学生共十万人参加，大会处决了破坏农民运动的劣绅叶德辉。这时，革命形势发生逆转。蒋介石为首的国民党右派在上海发动了四一二反革命政变，共产党人遭到屠杀。4月26日，周立波随全校全体师生参加二十万人的湖南人民反帝讨蒋示威大会，谴责蒋介石发动四一二政变。这次大会后，湖南形势发生了重大变化。省立一中党支部负责人、学生张维等召集党、团活动分子紧急会议，传达上级党组织——湖南省委书记李维汉的指示，研究应变措施。这时，周立波开始认识到革命并不那么浪漫，不像元宵灯会那么"热闹""好玩"，革命是要流血牺牲的。

---

①　教育会坪位于今天的长沙青少年宫，其前身是清代湖南巡抚衙门。1898年2月，熊希龄和谭嗣同等创办的著名政治学术团体南学会就设于此，民国建立后曾为省都督府。长沙市民把这里称为"教育会坪"。

### 三、血与火的洗礼

1927年5月21日，长沙马日事变爆发。21日午夜和22日凌晨，国民党第35军第33团团长许克祥两次派兵包围省立一中校园，搜捕党团员和进步师生，省立一中师生遭到疯狂的迫害与屠杀。在此次事变中，一中120余名师生先后罹难，学校被迫停办，毕业班于5月底提前毕业，其他年级提前放假。马日事变的遭遇，成为省立一中校史上重要的壮烈篇章。十年后，已是左联青年的周立波仍然忘不了马日事变给他带来的冲击，他在1936年12月11日的《申报·文艺专刊》上发表诗歌回忆了当年的"马日事变"：

#### 牵引你的

"牵引你的，
是南山十月的山茶花，
是母亲想念儿子的流湿了皱纹的眼泪？
是夜深寂寞时的遥远的琴音，
是友情的回忆？
是荒野之中谁家残落的残花，
是初吻之后的恋人的低泣？"
"不是。"
"那么是古史的神奇，
是隐没了声名的英雄的遗迹？
是星的神秘，
是太阳的力？"
"不是，
都不是。"
"那么是海么？
是那横也滔滔，
直也滔滔，

水色混天容，

波声动天地的海么？"

"也不是。"

"那么是风，

是那大自然的翅翼，

飞扑到天边，

飞扑到荒海高山的海吧？"

"也不是。

牵引我的，

是销息了多年的

家乡的一九二七。

呵，一九二七，

你自由的花蒂！

我问你，

你几时再，

当这德国式的铐子已经紧得不能再紧时，

你几时再用你的花苞和花影，

掩尽那盈满家乡的苦难和眼泪？

'而暴君和奴隶，象是夜的阴影

为晨曦的先导'。

诗人的话，

可是真的？"


　　马日事变后，周立波怀揣省立一中初中毕业证书，带着悲愤的心情回到清溪村。这时的益阳也不太平。周立波回家时不见了大哥周挹梅。原来他因参加了农民协会，害怕被抓，躲到外县亲戚家去了。儿时好友叶紫的父亲、担任农民协会秘书长的余达才和叶紫的姐姐、担任妇女会主任的余也明同一天在县城被杀害。叶紫的叔叔、益阳县农民赤卫队队长余璜逃到了湖北洪湖。叶紫也逃到了武汉。周立波在1964年1月创作的短篇小说《翻古》写了1927年的农民运动和马日事变后余达才父女英勇就义的事迹。

当时益阳县团防局长曹明阵大肆抓捕屠杀党团员和进步群众，被称为"曹屠夫"。周立波在县立第一高小的学友袁铸仁被曹明阵悬赏两千元银圆捉拿，袁铸仁因叛徒告密在安乡亲戚家被捕，在狱中他写下对联："失败成功母，联共又联俄；寄语后来人，英勇莫蹉跎。"后来袁铸仁在益阳大码头英勇就义。周立波十分佩服袁铸仁，他在上海与叶紫重聚时回忆起袁铸仁的事迹，两人感叹不已。

周立波刚刚走出书斋，就被卷入革命洪流，他亲眼目睹了许克祥和曹明阵这些反动人物的残忍恶行，看到怀有革命理想、英勇奋斗的同学一个个倒在了白色恐怖之中，这让他意识到不推翻反动的统治阶级，人民就没有出路，中华民族就没有光明的前途，也更加坚定了他的革命信念，他下定决心，要找到党，要继续革命。马日事变前后的经历，为周立波走上革命的道路奠定了基础。

回家后的周立波一时无所事事，只好听从父亲的安排，1928年秋天，由父亲托人介绍，他到益阳第二学区高级小学当五年级算术老师。这个学校教员成分比较复杂，其中还有几个国民党右派分子。周立波年轻气盛，经常在学校流露出对白色恐怖的不满，他在省立一中参加革命的情况也被人知晓，密告到曹明阵那里。曹马上派人到学校追查，幸而得到学校校长张尚斌的担保，周立波才逃过一劫。

张尚斌在益阳是一个较有名望的开明绅士，曾担任过龙洲学校校长，与周仙梯是同事，与曹明阵是小学同学。他认为周立波是一个正直向上、有作为的青年，就出面找曹明阵说情，担保周立波不是赤色分子。因为他与曹是同学关系，加上他在当地颇有名望，曹才停止了追查。后来周立波一直怀念和感激这位校长，在上海他曾用"张尚斌"为笔名发表文章，以此来纪念这位为他说过情的校长。

　　这时周立波下决心要找到党组织，参加革命。他的姻亲曾三，是长沙长郡中学学生，参加了共产党，担任过共青团湖南省委执委。周立波到距家十多里的新市渡高村土地坡曾三家里，想请曾三介绍找到革命关系。但是此时曾三已参加工农红军去了江西，曾三的父亲曾月卿也被曹明阵的部下抓起来了。周立波参加革命的道路被阻断了。

　　正在周立波苦苦寻找革命关系之时，父亲周仙梯却忙于为周立波办喜事。他为儿子物色的妻子是邻村姚家湾的姚芷青，她是周仙梯前妻姚氏弟弟的女儿。姚氏的弟弟务农兼当屠夫卖猪肉，有四个女儿和一个儿子。大女儿姚芷青和周立波生于同年，从小两人便一起玩耍，可以说是青梅竹马。定亲时，周立波对姚芷青是满意的，而姚芷青有些不愿意，说"凤蛮子脾气冲，爱打架"。但后来她是很爱周立波的。1928年春节之前，周、姚两家商定把两位年轻人的喜事办了，于是姚芷青坐着花桥到了二堂湾周立波家。

　　周立波结婚之初对妻子姚芷青满怀爱意，他们结婚十周年时，周立波在上海为姚芷青写过一首诗：

### 我想起了山茶花下的笑和情意

最难忘记的，
是微风十月的秋山里，
飘荡着的，
标致的蓝布小围裙；
那正是洁白的山茶花，
杂着红叶，斑斓的
掩映在青松林里的时节，
金色朝阳，
已经布满林间，
花片上的露珠还滴。

> 谁最美丽？
> 是含露的山茶花
> 是花下的人的微笑
> 还是人的情意？

以此来怀念远在家乡的妻子。姚芷青后来加入了共产党，参加了革命，不过也和周立波离了婚，这是后话。

## 第三章　走上革命道路

### 一、亭子间里的苦与乐

1928 年春节一过，清溪村二堂湾周家来了一个高大帅气的年轻人，这人就是周扬，那时叫周起应。这是周扬第一次到周立波家，周立波和父亲周仙梯热情地接待了田庄湾的这位"二少爷"，介绍他认识了周家的新媳妇姚芷青。周扬向周立波讲述了他在上海求学和接受新思想的情况，引起了周立波的向往。不久，周立波到新市渡田庄湾回拜周扬，这也是他第一次到周扬家，见到了周扬漂亮高雅的妻子吴淑媛和他们 1 岁的儿子。周扬此时正在上海大夏大学读书，回来过寒假，马上要回上海。早在一年前，周扬由他大夏大学的同学，也是同乡的夏钟润介绍加入了中国共产党，但他没有把自己是共产党员的事明确告诉周立波，然而周立波心知肚明，已经猜到了。这次短暂的相聚之后，周立波下定决心要跟随周扬去上海，两人商量了动身的日期。

周立波回家告诉父亲自己想去上海，父亲不同意。他希望儿子在家过安稳日子，而且为周立波办完婚事后，家里已拿不出他去上海的路费和到上海后的生活费。于是，周立波去找了当屠夫的岳父，谈了自己的打算。岳父很开明，爽快地一口答应："只要你自己认为好，就去吧！不过我要等明天卖了猪肉才有钱给你当路费。"当晚，周立波把要去上海的想法也告诉了妻子姚芷青，她十分不舍尚在新婚蜜月之中丈夫就离去，但见他去意坚决，也只好同意。第二天天未亮，周立波来到岳父家，和岳父一起把一头大肥猪赶到龙山港过河，来到大码头，杀猪卖肉。

益阳城有一条从大码头到东门口约十里路长的猪肠子街，早春正月，资水河还未发水，大轮船不能开到大码头，只能停在东门口。从大码头上轮船的乘客要先坐小划子到东门口再上轮船。

等周立波拿到岳父卖猪肉的钱时，周扬夫妇带着小儿子和佣人已经坐小划子走了。于是，周立波和帮他挑行李的大哥挹梅①从大码头一路小跑到了东门口，终于赶上了大轮船，与周扬一家会合。轮船开到长沙后，周扬、周立波一行人再从长沙到武汉，去了上海。

1950年，周立波回家乡时看望了岳父，此时他已与姚芷青离婚。岳父只说了一句话："只要你好，就好。"周立波清楚地知道，岳父那天卖猪肉的钱，是他走上革命道路的关键，如果没有当初那笔钱，他可能去不成上海，他后来经历的可能就是另一种人生了。

1928年3月，周立波随周扬一家到了上海，同去的还有周扬的表弟刘宜生、周立波表兄林岳皋的堂兄弟林岳森、林伯森。他们在闸北四川路德恩里租住了两个亭子间，买了两个煤油炉子，合伙做饭。周立波曾描述过自己在亭子间的生活："上海的弄堂房子采取的是一律的格局，幢幢房子都一样，从前门进去，越过小天井，是一间厅堂，厅堂的两边或一边是厢房。从后门进去，就直接到了灶披间，灶披间的楼上就是小亭子间。如果有三层，三楼的格式一如二楼。亭子间开间很小，租金不高，是革命者、小职工和穷文人惯于居住的地方。"②亭子间生活是周立波新生活的起点，周立波在上海的十年岁月，除了在上海和苏州监狱里待了两年外，大部分时间是在亭子间里度过的。无论是大量阅读西方文学名著、加入左联还是开始文学创作都是始于这间小小的陋室。为了纪念亭子间生活，周立波后来把他在上海时期出版的一批小

---

① 周立波大哥周挹梅（1896—1987）一辈子在益阳县清溪村务农。周立波离家投身革命文化运动之后，他在家照顾周立波的两个儿子健明和彦邦。中华人民共和国成立后，周立波按月送生活费给大哥，1979年周立波逝世后，他的夫人林蓝拿了一笔钱放在益阳地区文联，由地区文联按月送给周挹梅，直到他去世。

② 周立波：《亭子间里·后记》，载《亭子间里》，湖南人民出版社1963年版。

论文结成集子，取名叫《亭子间里》。

初到上海的第一年里，因为家里寄的钱少，又找不到工作赚钱，周立波生活得很艰辛。他每天看《申报》招聘栏，先后报考过煤球公司跑街、印刷厂校对，还考过电影演员，都未被录取。后来考上了一个搪瓷公司的学徒，发现根本不适合自己，就没有去。凭着在省立一中打下的英语底子，周立波决心自学英文，以便找机会继续升学或从事翻译工作，解决一些生计问题。他几乎每天到宝山路东方图书馆读书、学习英文，他的英文水平进步很快，经过短时间的学习已经能够翻译莎士比亚戏剧故事了。周立波的经历证明，他一到上海就自学英文这个决定是正确的，后来他在上海参加左联，从事外国文学翻译，到华北抗日前线当史沫特莱和卡尔逊的中文翻译等，都离不开他自学英语打下的基础。

### 二、短暂的大学学习

1929 年 8 月的一天，周立波在《申报》上看到上海劳动大学的招生广告。劳动大学设在上海江湾，创建于 1927 年 7 月，它的办校理念和思想基础来源于欧洲的工读主义，认为社会阶级的差别在于劳力与劳心的差别，人人参加劳动可以消弭这种阶级的不平等。劳动大学的办校宗旨是"培养有主义，有学识，有技能，有革命精神之人才，以期将来为本党领导农工，实行革命工作，努力建设事业……学生在校，务使其半耕半读，或半工半读，以体验总理'以行求知，因知进行'之遗训，故一方面灌输主义学识，以坚定其信仰而发展脑力，另一方面授以农工劳作，以养成其习惯，而磨炼其体力；使健全之精神，属于健全之身体。一言蔽之，即以全人教育，从事国民革命也"。[①] 劳动大学的本科设工、农、社会科学 3 个学院 9 个学系，实行学年学分制，规定学生每学期必须修满 21 个学分，但不得超过 24 个学分，每周上课 1 小

---

① 易培基：《劳大概况发刊词》，《劳大概况》。

时或实习调查 2 小时为 1 个学分。劳大是一所公立大学，亦是半工半读的大学，学生的学杂费全免，但规定学生必须到校立的实习工厂和实习农场从事一定量的生产工作作为补偿。学生的实习成绩占到总成绩的 40%，劳动的勤惰，可以决定其是否升留级。关于劳大的学习生活，1927 年入学的赵振鹏回忆："学生上午都在学校上课，下午由各科实习主任带到工厂或农场实习，工学院学生的机械操作，印刷工厂的检字排版，农院学生的农场掘地与排水种植，社院学生在附近农村的社会调查，真能使学生手脑并用，课本与实习表里合一。"① 劳动大学因为免学费和生活费，吸引了大量的贫寒学生，也被认为是穷人的学校。

周立波看到劳动大学的招生广告，兴奋不已。此时的他在上海找工作四处碰壁，生活无着落，如果能上劳动大学，既可以继续求学，还可以解决生活问题，何乐而不为？于是他伪造了一张益阳信义中学的高中毕业文凭去报考，被劳动大学社会科学院经济学系录取，当时的同学有孟超、张庚、吕骥、徐懋庸等。

劳动大学的学生虽然食宿免费，但要参加一些学校的义务劳动，其中有一项是陪司务上街买菜。劳大的食堂由学生轮值买菜，负责买菜的同学可以自行调配菜谱。当时劳大的学生中江浙人和湖南人占据多数，湖南学生和江浙学生还因为吃辣椒的事情爆发了一场大冲突。有一次，劳大的学生在《申报》的《学校生活栏》里发表了《呜呼辣椒》一文，风趣地反映了这场风波。虽然周立波这时还没有入学，但这篇文章引起了他的注意。

入学后，有一天终于轮到周立波担任食堂采购。这一天，他走在上海江湾的菜市场，对这里的各种人生景象都感到新奇有趣，"在那里街道是狭而不平，铺面是东倒西歪，虽非是在繁盛的上海的远郊，但丝毫没有染到一点都市的气息，家庭手工业依然在那里流行着，打铁呀、编竹篮呀、做鞋呀、制衣呀，虽然远远地他

---

① 赵振鹏：《劳动大学的回忆》，《传记文学》第 37 卷第 4 期。

们听得到隆隆的汽机声，他们依然是用他们微弱的双手制造一切。一到早晨，江湾市的街道概化为了嘈杂的小菜场"。① 作为劳大的采购者有一个特殊的"权利"——可以享受 4 个同学才有的一份早餐，这些都引发了周立波这个大学新生的创作冲动。他以小妮为笔名，在 1929 年 11 月 29 日的《申报》本埠增刊"学校生活栏"发表了散文《买菜》，这是周立波首次公开发表的文章。这篇散文生动地描绘了他当时在劳动大学的生活和他在菜市场的见闻。文章发表后，周立波得到了他人生中的第一笔稿费 4 元，为了庆祝，他和同乡们一起打了顿牙祭。

　　周立波在劳动大学读书时，认识了进步同学任浩章和杭东流。杭东流发传单被学校当场抓住，连累到任浩章，两人学籍被开除。周立波很同情他们，受他们的影响，思想日益进步。经任浩章的介绍，周立波参加了党的外围组织——革命互济会。互济会的主要工作是组织群众游行，抗议捕杀革命者和募捐、救助被捕同志的家属。这个时期，周立波还经常参加"飞行集会"，这是地下党当时在上海市区宣传活动中采取的一种特有的形式。"人数不多，三五人，七八人，或十多人，以飞快的动作集中于一个地方，向群众进行宣传，散发传单，高呼革命口号，又以快速的行动撤走，时间不长，来去如飞，称为飞行示威，又叫飞行集会。"② 结合飞行集会散发传单是当时左联的一项主要工作，但"飞行集会"经常会遭到巡捕的"围剿"。当年"飞行集会"的亲历者雷溅波评价"飞行集会""是那个时候'左'倾路线的产物，曾给革命力量带来不必要的损失，但对于革命者来说，也曾面临生死考验，进行了英勇战斗"。③

　　周立波的革命活动很快被人发现了。1930 年 4 月末，周立波和几个进步学生正在筹备"五一"的革命活动时，收到了被校方

---

① 　小妮:《买菜》，载《申报》本埠增刊，1929 年 11 月 29 日。
②③ 雷溅波:《记一次飞行集会》，载《左联纪念集 1930—1990》(会议论文集)，1990 年 2 月 1 日。

开除的通知。周立波的人生导师兼好友周扬刚从日本回上海不久，他原本为周立波考上大学，解决了食宿问题而感到高兴，因此他对周立波被学校开除很不满意。他认为当时的周立波很单纯，但革命行动很幼稚，"好不容易找到个免费读书的地方，又被开除了！当时是立三路线统治时期，他跟着别人到街上去示威，搞飞行集会，被学校开除的。我没有责备他，但表示了不满，他不大高兴，他认为'你老是鼓励我革命，我参加革命活动了，你又对我不满意'。但我的确没有责备他。他当时很单纯，就是要革命！他还没有入党，只不过跟着立三路线搞了一些活动。他看到我对他这种革命行动不大热情，感到很难过"。①

被学校开除后，周立波的生计又成了问题，在上海无法立足，只好回到家乡益阳。

### 三、提篮桥的牢狱生活

在家乡住了三个月后，周立波收到周扬的来信，要他再返上海，合作翻译苏联文学作品《大学生私生活》。再返上海的周立波靠翻译为生，然而微薄的稿费不能完全解决周立波的生活，他仍然需要继续找工作来维持生计。经劳动大学同学介绍，周立波考入上海神州国光社当校对。关于这段时间的校对生活，周立波是十分苦闷的，尤其是对于神州社出版的一些文章他十分反感，他在后来的作品中回忆这段生活："自从没有挂虑的飘流的生活结束了，朋友们不得不为衣食各走各的路以来，生活里就再没有欢笑的歌，也没有醉人的酒了。每天坐在排字房隔壁一间小房子里面，用手指和眼睛校对许多粗糙的坏文章。到晚上，脑子里面装满了颠颠倒倒的铅字和乱七八糟的校对的符号，不能立刻去睡觉。走上晒台，呼吸着清凉的夜气，仰望着缀满明亮的星星的广阔和神

---

① 周扬：《关于周立波同志的一些情况》，载李华盛、胡光凡：《周立波研究资料》，知识产权出版社2010年版，第88页。

秘的天空，我真愿意我的两只手臂是两只粗壮的翅膀，能够向高远的不可知的境界里飞翔。"①

1932年1月28日，上海爆发了一·二八事变。国民党第19路军奋起抵抗日军侵占上海，为了支援19路军，神州国光社印刷所罢工委员会委员长周立波积极鼓动和组织工人罢工。2月6日下午，周立波正在印刷所附近张贴反日标语，被工头汤福彪阻止，两人发生打斗，工头打掉了周立波的眼镜，并把他扭送到戈登路租界巡捕房，告他"煽动罢工"，巡捕房的警探到周立波住处搜查，发现了一些进步书刊，坐实了他的罪名。对人生中首次入狱的情景，周立波一生难忘：

　　共产党员的头发总是留得很长的，1932年一·二八战争爆发后第九天晚上，上海戈登路巡捕房写字间的翻译发现了这个自以为是的"真理"，用流利的英语告诉站在壁炉两边的两个外国人。所有的眼睛立刻集中在我头上。大个子包探特别走到我的面前来，用英语严肃地问我："为什么头发要留这样长？""是不是每一个中国共产党员都是这样的？""留着长头发有什么秘密的用处吗？"等等。由于趣味和智力的不同，对这些问题，我们两个人有着不同的看法，在我看起来，这是一些痴呆的混蛋的问话，在他的眼里，却是很有修养的机智的研究。我不回答他，使他愤怒了，他从一张台子上，随手拿到一本有木板一样坚硬的封面的巡捕签到簿，以一种我来不及招架的速度，双手高举在空中，用劲打在我头上，这一下本来不过一二十磅重，但我倒下了，我相信不是因为受不起一击，而是由于太疲乏。从下午两点被捕的时候起，工头引去搜住所，包探带去拍小照，回到巡捕房来搜身体，打手印，问口供，一刻没有休息过弄得十分地困了。现

──────────

①　周立波：《第一夜》，载《谷雨》双月刊第1卷第4期，1942年4月15日。

在倒在水门汀的地板上，脸对着壁炉。烧得通红的炉子在向上迁移，渐渐地只剩了一团跳动的红色的火焰，不久又变成了浮游不定的许多黑圈圈，弥漫着墙壁，天花板和整个写字间，这以后我就不知道我的眼睛是张开，或是闭着，或是别的什么。醒来的时候，我发现自己蜷伏在写字间一角的一间铁屋里。①

周立波也忘不了令他入狱的罪魁祸首——工头汤福彪。7年后他在桂林再次见到汤时，对他恨得咬牙切齿。艾芜回忆："周立波同我坐在桂林的乐群社喝茶，忽然拿手触我一下，叫我看一个中年人，那人正走出茶社。当时周立波的脸色变了，尽量忍着他的恼怒。我问这是什么人？周立波在上海神州国光社做校对时，印刷所工人罢工，他帮工人说话，就是这个人——工人的头子，上海话所谓的拿摩温，专管工人的，把他抓去拘押，控告他是共产党，就这样在上海坐了几年的西牢。这个中年人叫汤××，在桂林科学印刷所工作，是上海迁来的。这是一九三九年的时候。"②

1932年4月18日，江苏高等法院第二分院开庭审判，周立波被判处两年半徒刑。周立波被捕后，周扬到处设法营救，还花了三四十块银圆请当时的"红色律师"潘震亚为他辩护，但他仍无法被无罪释放。为了周立波的事，周扬后来还找到神州国光社的总编辑胡秋原，请他帮忙保周立波出来，被胡拒绝了。

周扬与胡秋原的矛盾由来已久，九·一八事变后，胡秋原在救亡问题上与左联有着很深的分歧。为了宣传抗日，胡秋原决定由神州社主办的《读书杂志》和《文化评论》两社共同创办《抗日战争号外》，《号外》出来后，左联找到胡秋原，想要接手办

---

① 周立波：《第一夜》。
② 艾芜：《回忆周立波同志》，载《周立波研究资料》，第142—143页。

这个《号外》，胡秋原十分气愤："你们以什么资格来接收这号外？"① 为争夺主办权，左联采取了一些过激的行为，不仅喊出了"打倒十九路军"的口号，并且鼓动印刷工人罢工，不印《抗日战争号外》。② 因此当"左联"领导人周扬找胡秋原出面协调保释周立波时，胡认为"来煽动罢工的正是周扬"，③ 便拒绝了。后来周扬任《文学月报》主编时，有一位署名"芸生"（邱九如）发表了一首诗《汉奸的供状》，大骂胡秋原。这首诗虽然不是周扬亲笔所写，但能发表出来显然是得到了主编周扬的支持的。胡看后十分生气，也写了一首诗回骂，后来是冯雪峰出面调解，才平息了此事。④

周立波入狱后一个月，国民党政府与日军签订了《淞沪停战协定》，为缓和人民的反抗，颁布"赦令"，所有政治、刑事案犯减刑三分之一，周立波也因而被减刑为20个月。当时他被关在上海提篮桥监狱，同时被关的还有曹荻秋、吴黎平、孟超、彭康、杨放之。关于周立波在提篮桥的监狱生活，吴黎平后来有过一段回忆："我和立波同志是于1932年初，在上海西牢（提篮桥监狱的俗称）里认识的。上海西牢是帝国主义对中国一部分领土的殖民地式统治的一个象征。西牢的政治犯（共产党人及其同情者）原本与刑事犯关在一起，在20世纪30年代中期，政治犯举行罢饭斗争之后，帝国主义的监狱管理者就把他们同一般犯人分开，单独关在新牢监最高一层的四十个号子里。牢号宽约一米多，长约两米，三面是钢筋水泥，一面是铁栅栏，向着走廊。巡捕就在这走廊巡回。每一号子，有关一个人的，有关三个人的。我和立波同志曾关在比邻的号子内，也曾短时间关在一个号子内过，因

① 王礼锡：《战时日记》，载《读书杂志》，1932年第2卷第4期。

② 参阅梅方义：《回忆〈神州国光社〉与〈时代日报〉》，载《中华杂志季刊》1993年12月号。

③ 胡秋原：《论鲁迅并说到周扬》，载《中华杂志》1982年11月号。

④ 周扬：《关于周立波同志的一些情况》。

此，我得知他简单的身世"。① "西牢有英国巡捕、印度巡捕和中国巡捕，对犯人戒备森严。但我们政治犯中，仍有革命的组织，并通过收买个别中国巡捕与外边互济会组织取得联系，从而能在困苦的环境中听到党的信息。我们在狱内自然不能举行会议，只有在夜晚，在巡捕不多巡回的时候，通过一间房一间房挨次传话（那时叫'打电话'）方式进行宣传教育活动。"②

在狱中的周立波酷爱学习，仍坚持自学英语。周扬去看他时，给他送去了一本《英汉双解字典》，这成了他这段时间自学英语的主要参考书。当时提篮桥监狱的政治犯只能看《圣经》，那时吴黎平外面的朋友张庆孚设法给吴带了一本《资治通鉴》，周立波就借来如饥似渴地阅读。③ 为了不被看守发现，他机智地撕下《圣经》的封皮，套在《资治通鉴》的外面以作掩护。④

1932 年 12 月 7 日，周立波被转送到苏州，关押在江苏反省院。他隐瞒了在劳大参加革命活动被开除的那段历史，谎称自己是益阳教会学校学生因谋生流落到上海，因此被编入具有初中文化程度的犯人第二组。反省院规定犯人每月要交一次日记。周立波常把一个月的日记一天记完，里面写的全是蚊子臭虫咬人的琐事。反省院对他写的日记感到哭笑不得，于是批了一句："望你努力反省，蚊子臭虫不足患也。"⑤

反省院对犯人控制很严，每天都要给他们上课，并进行"考察"，每个月还要对他们进行一次审问谈话。周立波在审问谈话中与国民党的"训育员"一直针锋相对。有一次，周立波被审问谈话时，正值工农红军在四川、贵州一带长征，"训育员"说"红军走上石达开的老路了，共产党没有希望了"，周立波则反驳说，红军不是石达开的太平军，将来必会"柳暗花明"。按照法院判决

---

①② 吴黎平：《忆立波》，载《周立波研究资料》，第 126—127 页。

③ 同上引，第 127 页。

④ 参阅徐家俊：《周立波在狱中》，载《钟山风雨》2003 年第 6 期。

⑤ 周立波：《自传》。

书，周立波判刑两年后遇"大赦"，减刑 10 个月，实际刑期为 14 个月。然而刑满后，他仍未被释放。他诘问"训育员"，"我刑期满了，你们为什么不放我？"反省院只要组织演戏、唱歌等活动，周立波就编造各种理由和借口，比如不懂文艺、嗓子不好、对音乐不感兴趣等，一律不去参加。① 除此之外，反省院每星期都要犯人上几次国文和三民主义的课；每三个月，周立波就会被找去谈话，内容都是"你什么时候加入共产党的？"他总是回答"没有加入共产党"，然后敷衍地讲三民主义好。②

1934 年 8 月，周立波在江苏反省院的反省期满，父亲周先梯在学校找了同事周启福 ③ 签名具保后，周立波被交保释放。周立波在上海经历了 29 个月的关押生活，其中在监狱关了 21 个月，在苏州反省院关了 8 个月。这也是他人生中一次重要的考验，这次经历让他更加成熟，革命信念也更加坚定了。

---

① ② 参阅徐家俊：《周立波在狱中》，载《钟山风雨》2003 年第 6 期。

③ 周启福是周立波父亲周先梯的同事，也是周立波的中学同学，后来就读于黄埔军校武汉分校，回乡后在益阳第二高等小学教书。此人当时有进步思想，同情共产党。

# 第四章　左联文艺战士

## 一、加入左联

　　周立波从苏州反省院交保释放后回到上海，通过同乡找到周扬。这时他经历了两年多时间的牢狱折磨，身体状况很差，显然不适合继续留在上海参加革命活动和生活。周扬为他筹措了一点路费，要他先回家养好身体。于是，周立波动身回益阳清溪村老家，这是他离开益阳到上海后第二次回家乡。第一次是由于被劳大开除，在上海的生活没有着落，因生活所迫回到家乡，第一次回乡周立波是充满了不甘和无奈的。第二次则是因为经历了牢狱之灾，贫病交加。周扬给的路费在半路上就用完了，周立波只能靠当掉随身物品来换取路费。这一次的回乡对周立波来说是悲惨的，他后来写的散文《当》反映了他当时郁闷的心情："我走出当铺的时候，天在下雨，而且已经在黑了。雨的黄昏，是多么的沉郁呵。到了黄鹤楼的梯级上，我望着那倾颓的古郭，情绪很坏。虽然我知道大地不尽是荒废，阴雨也只有今天，可是今天呵，总有些抑郁。"① 虽然身体虚弱、穷困潦倒，但周立波对革命仍然有信心。回家休养了两个月后，他决心再回上海投身革命运动。此时他的儿子健明已经三岁，从出生以来没见过爸爸几次，这次爸爸狼狈地回到家，没过多久又要离去。家人苦苦劝周立波留下，尤其是妻子姚芷青不愿意丈夫再离开。但周立波坚持要走，还找了共青团员的妹夫雷夏一起做家人的工作。父亲周仙梯知道拗不过儿子，便为他筹措路费，姚芷青也只能同意，请了裁缝到家里为他做了几套新衣服。周立波临行前还到牙科诊所，把过去装的一颗金牙换了下来，以崭新姿态，重回

---

① 周立波：《当》，载《大晚报·火炬》，1935 年 1 月 15 日。

上海。

回上海之前，因为江苏反省院要求他每隔三个月写一封信报告在家情况，周立波事先写好了几封他在家耕种的信交给妹夫雷夏，让雷按时寄到江苏反省院，这样反省院就不知他的去向了。他这次重返上海后，不再用真实姓名周绍仪，正式改名立波，到延安后才加上"周"姓。

回上海后不久，1934年10月，经周扬介绍，周立波加入左联，两个月后又加入中国共产党，从此走上新的道路。加入左联和入党后，周立波与钱杏邨（阿英）、何干之编在一个小组。他在左联负责编辑《每周文学》。《每周文学》原刊名为《青光》，原为孔祥熙办的《时事新报》的副刊，后来《青光》与左联合作，让左联办一个副刊《每周文学》，每周发表一期，附在《青光》上。周立波在这个刊物上发表了不少文章，比如《剽窃与删削》《略谈刘海粟先生的海外画展》《诗人马查多的六十诞辰》《一个古巴的半个中国诗人及其作品》《纪念普式庚》《西班牙文学近况》《萧伯纳不老——为纪念他的生辰作》等。同为《每周文学》编辑的还有王淑明和徐懋庸，胡乔木、梅益、沈起予、凤子等是该刊的长期撰稿人，鲁迅和郭沫若也对《每周文学》给予了支持，在上面发表了一些文章。《每周文学》出了32期，于1936年6月2日被迫停刊。

周立波跟随周扬到上海是为了参加革命，他的梦想是成为一名拿"枪杆子"的革命战士，他原想通过左联到苏区去实现这个梦想，结果因为种种原因没有去成。1962年，他在大连会议上的发言提道："我参加左联是为了到苏区去，去不成，才拿起笔杆子，周扬同志让我搞评论。"[1] 在周扬的指引下，周立波以文艺评论作为武器进行革命活动，从此开始正式踏入文坛。

---

[1] 《周立波毒草选》，湖南省文联文化革命委员会1966年编印，第124页。

## 二、初拾理论武器

1930 年 5 月 1 日，周立波响应《大众文艺》杂志的征文，在该杂志的"我希望于大众文艺的"专栏上发表文章，以读者的身份提出他对《大众文艺》发展的建议。这篇文章是周立波踏入上海文坛伊始发表的第一篇带有评论性质的文章，也是从这篇文章开始，周立波逐渐参与左翼文艺运动中。周立波的这篇文章是在《大众文艺》杂志向各方征文，掀起"文艺大众化"讨论的背景下发表的。

"文艺大众化"是左翼文艺运动中的核心问题之一。这个口号的提出有着特殊的文化背景。虽然五四知识分子提出了"国民文学"概念和"平民文学"[1]，但他们所谈的国民、平民还只限于指城市中的小资产阶级和资产阶级的知识分子，即市民阶级的知识分子。新文学作品的读者主要也是这些市民阶级的知识分子，并没有普及到工农群众中去，文学与人民大众之间仍然存在明显的隔阂和距离，而能被这些工农大众所接受的一些艺术形式实际上使得他们在继续受到奴隶教育。这样的新文化运动就形成了两个文艺体系：一个是高高在上的精英文化体系。他们一方面宣传资产阶级的启蒙思想，另一方面又把艺术神秘化，主张"少数人领着多数人跑"、下层民众要努力获得提高以适应他们的创作，不可低就民众而毁了艺术。另一个是通俗文艺体系。在通俗文艺领域内，那些旧的章回体小说、说书、连环画等是工农大众等喜闻乐见的艺术形式，这些通俗旧文艺在群众中的影响很大，但它们包含了一些落后、陈腐甚至反动的封建思想，不能正确地引导群众，显然不符合当时时代的革命要求。进步的知识分子们创作出来的所谓"进步"的文艺不能被群众所接受，而群众能接受的文艺又不是进步的，甚至是落后、反动的。如果进步的文艺不能深入群

---

[1] 陈独秀在《新青年》第 2 卷第 6 号发表《文学革命论》，提出"国民文学"概念；1919 年初周作人发表《平民文学》。

众，就不能达到启蒙和唤醒民众的目的，左翼作家与人民群众的矛盾也就凸显了出来。为了解决这一矛盾，"文艺大众化"成为亟须解决的问题。

"文艺大众化"的第一次大规模的讨论发生在 1930 年 2 月，《大众文艺》编辑部召集创造社、太阳社的十几位作家举行"文艺大众化"座谈会，同时就"文艺大众化"专题向各方征文。《大众文艺》由郁达夫创办，杂志名称是郁达夫对日本正在流行的庸俗的"大众小说"的借鉴，他创办《大众文艺》的目的是"让文艺回到大众的手中，而不被局限隶属于一个阶级"，并以"不想以裁判官、天才者，或个人执政者（dictator）自居"来影射后期创造社空疏的文学主张以及宗派主义作风①。他的这种主张必然不能为坚持无产阶级文学观念的左翼作家所容忍，因而受到排挤，之后《大众文艺》成为左翼批评家讨论"文艺大众化"的阵地。第一次"文艺大众化"的讨论论及"文艺大众化"的目标、任务和形式等，围绕着革命文学运动如何才能改变文学作品不为工农读者所喜爱、而有封建毒素的通俗文艺却广泛流传的现状展开了讨论，涉及的问题非常广泛。鲁迅、郭沫若、瞿秋白、冯雪峰等一批左翼文艺界的领导者和先驱人物都参与了这次讨论。

在"文艺大众化"成为左翼文坛讨论热点的大背景下，初涉文坛的周立波也参与了此次讨论。他就"文艺大众化"问题对《大众文艺》提出了 4 点建议：

1. 每期要发表几篇很精练很平白的普罗文艺论文，把普罗文艺的理论基础树立起来。

2. 多发表意地沃罗基（意识形态）很严正的作品，把普罗文艺的内容充实起来。

---

① 郁达夫：《大众文艺释名》，载《大众文艺》第 1 卷第 1 期，1928 年 9 月 20 日。

3. 多附有趣的、有刺激性的、平易的漫画、插图。

4. 注意演剧运动；努力提倡社会剧。①

这是周立波最初发表的具有评论性质的文字，在这里他是以读者的身份对《大众文艺》杂志发表"以大众为对象"的文艺内容的建议，短短的四行字没有涉及深入的理论探讨。"文艺大众化"问题的第一次讨论结束不到两年的时间，紧接着第二次讨论就开始了，而且两次讨论中间有关对这一问题的论述也经常见诸报端。周立波除了参与了第一次"文艺大众化"问题的讨论之外，再没有就这一问题发表过任何理论性的文字，而且也没有发表过任何评论性文章，直到1934年底，报刊上才出现他的文艺评论文章。在他沉寂的这4年中，其中有20个月是在监狱里度过的，这是一个不能忽视的客观原因。但最主要的是，初涉文坛的周立波此时还没有对马列主义的文论进行过深入的探索和研究，因此还不具备较高的理论修养，不能像鲁迅、郭沫若、瞿秋白等左翼革命先驱人物那样对"文艺大众化"问题提出理论性的看法和主张。

虽然周立波对"文艺大众化"问题在理论上没有作出贡献，但作为左翼文艺青年，他却在行动上积极地参与"文艺大众化"的实践。1935年5月至9月间，周立波在上海《读书生活》杂志上开辟"文学讲话"专栏，一共发表5篇文章，对文学的永久性、文艺的特性、现实主义文学中的观察、选择以及如何读小说等问题进行阐述。《读书生活》是"文艺大众化"的实践园地，它的主要读者群是"店员学徒，及一切连学校那张铁门都不能走进的人"。②它在创刊时就申明它的"大众性"："不是那样供知识者发表讨论学问的读书杂志，恰恰相反，它在这最初的发刊的时间，不客气点说，它有诱导一般平日不大读书的人注意读书的作用，

① 周绍仪：《我希望于〈大众文艺〉的》，载《大众文艺》第2卷第4期，1930年5月1日。

② 《读书生活创刊词》，载《读书生活》第1卷第1期，1934年11月10日。

有时或者还不免要带一点诚挚得像一个先生的面孔。以后呢？就要使这广大无声的大众，大家在读书之余，说起话来，用自己生活的语言，本自己人生的经验，写出自己的感想与意见，与自己生活群团的人相探讨。所以《读书生活》一发刊就不想印出大批全国著名的作家的大名作为刊物的撰稿人，以资号召，因为我们用不着这些，我们要求的是大众自己的真实，如果这真实是浅薄的，我们不必为之掩饰。"①周立波当时作为名不见经传的撰稿人之一，以非常浅显的语言把文艺理论的相关知识介绍给了"大众"的读者。

### 三、与"第三种人"苏汶的论争

上海时期的周立波怀着对中国现实的不满和满腔革命热情，投入左翼文学文艺运动之中。他以左联青年的身份写了一批文艺论战性质的理论文章，言辞激烈，爱憎分明，对与左翼立场和观点不符的作家与文艺家都进行了毫不留情的批评，充满了一个左翼青年的青春冲动与激情。他批评胡适"做了企图迫害学生爱国运动的某侵略国的意识上最有效的传声筒"；批评韩侍桁对丹麦文学史家、文学批评家勃兰兑斯（Georg Brandes，1842—1927）的介绍没有飞出"鹦鹉"的笼门，是一种"剽窃"；批评画家刘海粟在国家的生死存亡之际还沉浸在艺术的"温柔气韵"之中，培养了"心悦诚服的性格"，"这都是奴隶的必备条件"。他看不惯"第三种人"苏汶的"文艺自由论"，在报刊上发文与苏汶进行了你来我往的辩论。

1935年6月17日，周立波署名一柯，在《大美晚报·文化街》上发表《理论检讨》一文，针对苏汶在《星火》创刊号上的《作家的主观与社会的客观》进行批判。苏汶在《星火》第三期上发表《答一柯先生》，针对周立波的批判进行了驳斥与辩护。1935

---

① 《读书生活创刊词》。

年 9 月，周立波在《大晚报·火炬》上发表《答苏汶先生》，对苏汶的驳斥与辩护进行了再批判。就这样，双方进行了你来我往的辩论。

左翼作家与号称"第三种人"的苏汶之间的论争始于 1932 年。曾是左联成员的苏汶于 1932 年 7 月发表《关于〈文新〉与胡秋原的文艺论辩》，提出了"第三种人"的概念来指称由于政治力量对文艺的干涉，而出现的创作困难的"作家之群"。此后，他陆续发表多篇文章一再强调自己"文艺自由"的观点，并斥责左翼利用革命话语的强权对文艺加以横暴干涉。针对苏汶的发难，左翼文坛于同年 10 月、11 月由鲁迅、瞿秋白、周扬、舒月等人撰文与苏汶展开激烈论争。他们的文章围绕着捍卫文艺阶级性与倾向性这个马克思主义文艺理论的基本原理，揭示出苏汶提倡的"文艺自由论"是为了消解革命文学的本质，从多个方面对"自由人"和"第三种人"进行批判。1933 年，苏汶编辑的《文艺自由论辩集》出版，宣告了这场争论的结束。然而，这场争论并没有彻底地结束。从苏汶宣告结束到 1935 年他创办《星火》杂志，这期间苏汶等"第三种人"与左翼文坛不断产生龃龉终至对立，这中间双方进行了激烈的理论争论，有时甚至发展成了互相讽刺与谩骂。直至《星火》创刊，这份杂志聚集了杨邨人、韩侍桁等一批支持苏汶的人，至此，"第三种人"在某种程度上形成了一个文艺集团，他们与左翼文坛的论争演变成了集团化的论争。

1935 年 1 月，苏汶在《星火》的创刊号上发表《作家的主观与社会的客观》，重申他的文艺自由观点。他认为文艺作品是作家借用客观事实来表现自己的主观，这种主观就是"艺术家的灵魂"。艺术家的灵魂应是独立、自由的，决定着作者对于客观事物的选择、配置以及表现法，它也是艺术品的灵魂。苏汶在这篇文章中还驳斥了所谓"本质说"，他认为通过事实透视到事物的本质，也是作家的主观在起作用，这里包含着作家的理解和分析，而且这是由作家自己的人生观和宇宙观决定的。他认为某些理论家或批评家已经预设了一种本质的认识，合乎他们预定的便承认，不合乎的便否定，他觉得这样做，艺术家便丧失了自己的灵魂。① 这是苏汶针对左翼文坛的理论家提出的"本质论"的批评。

1933年5月1日，周扬在《现代》发表《文学的真实性》一文，曾与苏汶就本质与现象的问题展开了争论。照周扬的理解，所谓"本质"，即体现历史发展规律的必然性，具体说来是革命的趋向。作家通过创作反映"本质"需包含两方面的要求：一是描写"含有积极的或进步的 moment（重大的）题材"，深入反映社会本质；二是把握"唯物辩证法"的方法，鲜明地体现出"必然的本质的东西"。② 苏汶批判"本质说"事实上是提倡文学的自由品格，有节制地限制文艺的功利性和倾向性，主张艺术的多样性，反对普罗文学是文坛唯一正统的现状。他在文章的结尾处声称"所谓文艺表现社会，是应该由一时代的文艺作品的总量共同的担负起这个责任来的，一个单独的作家，或一篇单独的作品，是必然的只可能表现他自己所能表现的一方面或一部分。……各个作家的主观固然是不同，但这些不同，都不能认为是互相排斥的，实际上，它们可以互相说明，互相补充着"。③ 他认为各种不同类型的文艺作品组合在一起才能真正地反映出整个社会的全貌来。

周立波以马克思主义的反映论为理论武器对苏汶的"作家的灵魂自由论"提出了批判，他认为"人是社会的动物"，人的思想和感情是作为社会现实的反映，"社会现实以及这个现实中的个人的地位等才是'艺术家的灵魂'的决定的基础"。④ 思想和感情既

---

① ③　参阅苏汶：《作家的主观与社会的客观》，载《星火》第1卷第1期，1935年1月。

②　参阅周起应：《文学的真实性》，载《现代》第3卷第1期，1933年5月1日。

④　一柯：《理论检讨》，载《大美晚报·文化街》，1935年6月17日。

然也是由社会现实决定，因此不可能自由和独立。另一方面，他对苏汶所说的各种不同的文艺作家根据不同角度观察写出的文艺作品构成整个社会的真实表示质疑，他认为真理只有一个，是独立于人类意识以外客观存在的，并不是经过了思维以后的产物。在历史的现阶段"便是要求解放的劳苦群众"。①

周立波与苏汶的论争可以看作是对1932年左翼文坛与"自由人""第三种人"的论争的延续，双方争论的仍然是"文艺自由论"中的一些老问题，而且由于论争的高潮已过，此次论争没有引起更多的理论家参与，因此双方各战两个回合便结束了这场争论。虽然周立波与苏汶的论争已经到了左翼文坛与"第三种人"论争的尾声，没有在文艺界引起较大的反响，但这次论争对周立波本人来说无疑有着重要的意义。这是周立波加入左联后参加的第一次文艺论争，与之前参与的"文艺大众化"讨论相比，他不再是以一个读者的身份提供建议，而是以左联成员的身份加入这场论争，而且通过自己对马克思主义文艺思想的学习和领悟，与苏汶展开了理论上的争论。苏汶等"第三种人"提出的"文艺自由论"，在今天看来是有一定的积极意义的。他们对一些文艺问题提出了很好的看法，尤其是关于艺术性方面，主张艺术多样性，关注文学品位等方面有许多可取之处。他们对左翼文艺"左"倾错误和表现，尤其是庸俗社会学和宗派主义持批判立场也是合理的，但他们的主张在对外遭受帝国主义侵略和压迫、对内遭受国民党政府的打压和迫害的严峻形势下，是非常不合时宜的，而且他们对左翼和左翼文学的批判难免遭到一心想要利用文艺实现救亡图存的进步青年的反击。周立波作为这些进步青年中的一员，错过了之前左翼文坛与"第三种人"的论争，当发现作为"第三种人"的苏汶再次重申"文艺自由论"的观点时，很自然地跳出来与之争辩，以维护左翼文学的正统性。在他与苏汶的论争中，

---

① 参阅一柯：《理论检讨》。

他的文章出现了"说教""巧辩""传播毒素"等过激的词语，而且还使用了一些讽刺性的话语来讥刺苏汶。这是一个刚加入左联的文学青年，血气方刚，但又不够成熟的表现。相比之下，苏汶则显得平和老练得多，他对周立波的讥刺不以为然，只是就周立波对他批判的观点予以反驳。周立波言辞激烈地为捍卫左翼文学的地位而批判苏汶的文艺自由论，是他不成熟的表现，同时也是由他所处的文艺集团秉持的激进的文艺思想造成的，但他在论争中坚持利用文艺救亡图存和解放劳苦群众方面是有着积极的时代意义的。

1936年，《星火》只出了一年便停刊了。"第三种人"在与左翼的文坛的较量中逐渐败下阵来。左翼文艺家通过对"第三种人"的持续批判与争论，逐渐巩固了左翼无产阶级对革命文学的领导权，"第三种人"的"文艺自由论"的影响愈来愈小，无产阶级的革命文学成为时代的大势所趋。周立波加入与苏汶的论争，一方面从某种程度上来说对左翼巩固无产阶级革命文学的领导权起到了一定的积极作用，另一方面，通过这次论争，他自身也得到锻炼，加强了理论修养，为日后的文艺活动打下了基础。

### 四、提出"国防文学"口号

周立波在左联时期加入的最有名的文艺论战是"两个口号"的论争。学术界普遍认为周立波1935年12月21日发表的《关于"国防文学"》一文拉开了有关"两个口号"的论争的序幕。"两个口号"的论争是历史的必然，然而周立波这篇文章的发表只是一个偶然。事实上最先提出"国防文学"理念的是周扬，他于1934年10月2日在《大晚报·火炬》上发表《国防文学》一文，首先将苏联的"国防文学"口号介绍到中国。这篇文章只是引介性质的，并没有把它上升到口号的高度，因而在当时的文坛也没有引起反响。

一年后，周立波因偶然在上海国际书店看到一本英文刊物，里面有一篇文章介绍了苏联文学界为抵抗帝国主义的侵略提出的"国防文学"(Defence Literature)口号,"我想我们也在抵抗日寇的侵略,国民党很轻易地丢掉了东三省,何不把它介绍过来,将国民党一军"。① 这篇文章发表在《时事新报·每周文学》上,《每周文学》创刊于1935年9月15日,周立波时任该刊的编辑。这个刊物是左联的文学阵地,由于稿费少,稿源不足,编辑们经常要自己写点文章来缓解稿件的不足,周立波写下这篇文章也是这个原因。《每周文学》后来成为"国防文学"重要的宣传阵地。令周立波万万没想到的,是他这篇文章介绍的"国防文学"日后会上升到联结中国文艺工作者统一抗战的文学口号,更是引发了左翼文学史上著名的"两个口号"论争。1977年周立波在与复旦大学学生谈自己参加"两个口号"论争的经历时说:"它不是论文,是文艺新闻性质的报导。我的短文是介绍性的,不是论战性的。我没有想到以后会引起这样大的风波,一直到四十年后的今天,还在争论。"②

　　周立波提出"国防文学"之时正是中华民族面临着生死存亡的紧迫时期。1935年,日军加快了侵华的步伐,他们策动华北各省脱离南京中央政府,实行"自治"(简称"华北事变")。在这"中华民族到了最危险的时候",如何联合一切力量投入抗日战争,成为当时中国共产党和一切爱国人士面临的重要问题。然而在这样紧张的形势下,由于叛徒告密,上海左翼文化界遭到破坏。1936年初,为适应抗日救亡运动的新形势,左联自行解散后,整个左翼文艺界处于溃散之中,国内形势又异常紧张,这个时候周立波重提"国防文学",仿佛一道曙光闪现,立刻引起左翼青年的关注,他们纷纷撰文讨论,表示支持"国防文学"的主张。在"国防文学"成为左翼青年们热议的话题时,周扬和夏衍仔细

---

① ② 周立波:《有关两个口号论争的一些情况》,载《湘潭大学学报》(哲社版),1978年12月。

研究了季米特洛夫在共产国际会议上的报告，根据这份报告的精神，正式提出"国防文学"的口号。① 这个口号得到许多革命作家的支持，并相继出现了"国防戏剧""国防诗歌""国防音乐"等口号。"国防文学"就是在这样的文化氛围下逐渐由一种文学形态演变成了一个政治口号。

"国防文学"口号提出后，周立波是坚定的倡导者，他一共发表了9篇文章拥护和支持"国防文学"，并且和反对的人进行论争。周立波非常强调"国防文学"的意义，即"解放民族的一种特殊武器"。他认为"国防文学"是以"劳动大众和他们斗争生活为内容的主体"，② 无产阶级仍然是"国防文学"的主体，其他有反帝要求的各种阶层是同盟，因此只要是有反帝的爱国人士都可以团结到"国防文学"的旗帜下。"国防文学"的民族性表现在"反映的是民族解放运动中的一切斗争情境，描写各种各样的民族英雄"③。反对者徐行针对周立波的这些观点发文进行了批驳，他否定民族资产阶级的反帝要求，指责周立波所说的"中国的资产者，有许多是还有着反帝的强烈要求的"④ 是在为民族资产阶级辩护。他否定中国建立反帝统一战线的可能性，反对文艺界的联合，认为"真正彻底反帝的社会层是中国出卖劳力的大众，只有他们是前锋，也只有站在这观点上的文学才是挽救中国的文学"。⑤ 徐行的这一观点未能科学理解阶级矛盾与民族矛盾之间的辩证关系，仍把阶级矛盾看成是当前中国的主要矛盾，但周立波在措辞上确实有不确切的地方。周楞枷也针对周立波的中国民族资产阶级有许多是有着强烈的反帝要求的观点提出了质疑，认为

---

① 参阅周立波：《有关两个口号论争的一些情况》。
②③④ 张尚斌：《"国防文学"和民族性》，载《大晚报·火炬》，1936年2月9日。张尚斌是周立波的一个笔名。
⑤ 徐行：《评"国防文学"——张尚斌：〈"国防文学"和民族性〉》，载《礼拜六》第128号，1936年2月22日。

不符合事实。① 周立波在后来的《为〈"国防文学"和民族性〉问题答周楞枷先生》中承认了自己措辞不当，并对这一观点进行了修正。他在文中也批评了周楞枷一味地反对民族资产阶级，未能看到中国"阶层关系的变动"，是不利于抗战的。

1936年6月，胡风发表《人民大众向文学要求什么》，文中提出了"民族革命战争的大众文学"的口号，从此文艺界展开了"两个口号"的激烈论争。此时周立波接受了鲁迅对左翼青年是"空头文学家"的批评，开始埋头翻译苏联的长篇小说《被开垦的处女地》(第一部)，而无暇顾及"两个口号"的论争。在这期间他除了发表《中国新文学的一个发展》和《为〈"国防文学"和民族性〉问题答周楞枷先生》两篇文章外，没有再写文章参与论争。

在周立波这里，"国防文学"与其说是一种文学观念，不如说是一种政治口号。他更看重的是这个口号团结抗战的功能，在他的一系列文章中他强调的是"国防文学"口号的正当性，而没有从理论概念、具体内容和思想形态等方面对"国防文学"作具体的阐释。他自己也承认他对"国防文学"的论述"全是关于中国革命运动的动力和性质的问题，似乎与文学无关"②。总的来说，"两个口号"论争的重点并不只是为了探讨创作理论本身，更多的是关注理论如何服务于日趋政治化的文学运动发展的需要，因此理论探讨并不占很大篇幅。此外，由于左翼文学圈的门户之见很深，各论者的政治正确性问题成了论争的关键。"两个口号"讨论的都是要在文艺界建立抗日民族统一战线，从双方的出发点看并不存在分歧。分歧主要集中在以什么样的形式来建立文艺界的统一战线，双方产生了激烈的论争是由左翼文艺界内部本身就存在着的宗派主义情绪和一些个人的恩怨及误会造成的。周立波作为左翼青年，又是"国防文学"的最早提倡者之一，也不可避免地

---

① 参阅周楞枷：《一个疑问》，载《文学青年》创刊号，1936年4月5日。
② 张尚斌：《为〈"国防文学"和民族性〉问题答周楞伽先生》，载《生活知识》第2卷第4期，1936年7月5日。

存在鲁迅当时所指出的"争正统"的情绪。这一点，周立波自己
也是承认的。多年后，张光年回忆周立波曾和他谈起过20世纪
30年代左联时期与周扬合作和鲁迅闹矛盾的事，周立波检讨说：
"那时我们年轻，我们是犯了错误，宗派主义，关门主义。我和周
扬都是20多岁，不懂事。这么多年了，原谅点吧！"①

### 五、早期的现实主义文学观

周立波在上海时期发表了不少对于现实主义的看法，这时的
周立波还未进入文学创作的状态，他对现实主义还只是停留在观
念的认识阶段，但是这种认识成为他后来文学创作的一个重要的
思想源泉。

1934年，周立波在《文学中的典型人物》中说道："典型人
物不是抽象的，理想的，典型人物的生产过程，是精密的科学过
程。如果说'一再的观察'是科学的主要精神，那一切不朽的典
型人物的创造者，差不多都有这种精神。"②这是周立波在谈到现
实主义文学中的一个重要问题——典型时所表现出来的科学认知
观点，他认为典型的创造过程就像在做一场科学实验一样："文学
典型的制作者，是用敏感代替了显微镜，用深入的眼力代替了 X
光线，在社会环境这个庞大的实验室里检出他们的结论……"③在
周立波的心目中，科学与文学有着相似的操作原理。由此，科学
的思维形式、思辨力度，科学的某些术语及内容，常渗入他的有
关文学论文的内理，或作为参照的体系、比喻的意象等，出现在
他的论证逻辑进程中。

---

① 转引自李辉：《与张光年谈周扬》，载《摇荡的秋千——是是非非说周
扬》，海天出版社1998年版，第66页。
② 张一柯：《文学中的典型人物》，载《大晚报·火炬》，1934年12月31
日。另载《周立波三十年代文学评论集》，上海文艺出版社1984年版，
第10页。
③ 同上引，第11页。

虽然周立波认为科学与现实主义文学的产生过程有许多相似之处，但是他深知不能将科学与文学创作等同起来。在谈到文学的本质时，他经常从文学与科学的区别着眼，得出他对文学理论的独特认识。写于1935年的《文艺的特性》中，他提道：

> 那末，文学和科学的区别在什么地方呢？
>
> 一个经济学家，收集许多现实的统计和其他具体材料，考察了每一材料的细节，审量了每一统计的数字之后，用简单的叙述的言语，表白他由于分析、研究所达到的单纯的经济的范畴，说明经济的本质的矛盾，再由这种单纯的经济的规定出发追究历史的种种阶段上的矛盾，然后作出一个指示人类进化的道路的抽象的结论。这便是科学。
>
> 不从抽象的观念出发，不从数字和概念出发，用艺术家的彩笔涂出生活的颜色，用艺术的手段表现自然和思想，使思想和自然在形象的系列中活生生地再现着社会的本质，矛盾和发展也在这里透露出来。透过这形象，我们认识了世界，认识了世界的矛盾和发展。这便是文学。[1]

周立波认为，科学和文学是认识世界的两种不同的方式，以经济学为例，科学偏重于数字和概念，而文学则是用形象的方式来认识世界。周立波在上海劳动大学上学时，主修的是经济学专业，他对经济学的知识是比较了解的。他把经济学的原理应用到了对文学理论的解释中，我们可以看出他的认识带有缜密的科学方法导引，深蕴着思维逻辑推理的必然性。

为了进一步说明文学与科学的区别，周立波认为不能把二者的区别放在处理的对象上，他以巴尔扎克为例，认为巴尔扎克"写小说的工作，完全是编纂风俗的历史的工作。而且确信，文学

---

[1]　周立波：《文艺的特性》，《周立波三十年代文学评论集》，第20页。

必须是社会的生理学。据现代一个伟大的作家的证明，巴尔扎克在他的小说里还尽了科学的发明的任务"。① 在这里，周立波从属于社会科学的历史学和属于自然科学的生理学的角度出发，肯定了小说的创作与科学的工作过程相似，但二者的区别在于文学更加生动，文学把科学的概念和研究过程形象化了。周立波在他早期发表的论文中多次提到文学与科学的密切联系，他认为这二者甚至是同体的东西，科学和文学的目的都是为了追求人间的真理，只是在形式上有区别而已。

　　周立波早期的现实主义文学观中所包含的科学认知还体现在他对观察的重视上。他曾以《观察》为题，发表了一篇对于新现实主义文学认识的论文。在这篇文章中，他把"观察"等同于现实主义的创作方法："新的现实主义要求作家无限多样的反映现实，要做到这地步，只有依照巴尔扎克的方法，用经常的观察补足心血来潮的灵感，渗进群众生活的核心，在那里和他们打成一片，或者照巴尔扎克的表现，连自己也化为了观察的对象，像那回教僧人一样，占据了人们的整个灵魂和肉体。这才是最现实的现实主义的创作方法。"② 在这里，周立波把遵从科学认知的现实主义所要求的"观察"作为了文学创作的首要前提。

　　周立波对现实主义的科学认知并非是他的独创，其源头可以追溯到现实主义在欧美的诞生与发展。韦勒克（Rene Wellek，1903—1905）在追溯现实主义的历史概念时认为，现实主义的概念并不是永恒的，它在不同的历史时期与不同的国家有着不同的意义。他认为我们应该把现实主义"当作一种反对浪漫主义的论战武器和当作一种既有包含又有排斥的理论来看待。……现实主义还意味着反对不大可能、纯属偶然以及非常离奇的事件，因为当时人们显然把现实看作是 19 世纪科学所构成的规律世界即一

① 　周立波：《文学的永久性》，《周立波三十年代文学评论集》，第 29 页。
② 　周立波：《观察》，《周立波三十年代文学评论集》，第 43 页。

个受因果支配的世界、一个即使个人可以有其个人宗教信仰而已经没有奇迹和神的超然存在的世界，尽管存在着地方和个人的差别"。① 这说明，周立波所接受的西方文学写实主义中的科学认知原则基本上遵循了欧美现实主义的文学传统，这也成为他早期现实主义文学观的思想来源之一。

如果说科学认知是欧美现实主义的文学的传统之一，那么社会批判则是欧美现实主义的另一个重要特点。周立波早期的现实主义观中也带有欧美现实主义社会批判的影响。虽然他没有就现实主义文学的社会批判性做专门的探讨，但是他在论述其他文学问题时经常引用欧洲一些批判现实主义文学大师们的观点，而且也对他们进行了评价，由此可以看出周立波对欧美现实主义社会批判的批判性接受。

周立波在《怎样读小说》一文中，论述了小说与现实的关系，他呼吁读者要以严肃的态度去读小说，因为伟大的作家都是带着无限的严肃和崇高的目的去写作小说的。他们的作品揭示了残酷的现实，也表现了丰富的人生。为了说明这一观点，他引用了巴尔扎克的《人间喜剧·前言》里的一段话：

> 凡读那称为历史的这一种枯燥而可厌的目录的人，总会觉到，一切国民和一切时代的文学者们，忘却了传给我们以风俗的历史。我想尽我的微力，来补这缺憾。我要编纂社会的情欲、道德、罪恶的目录，聚集同种的性格，而显示类型（代表底性格），刻苦励精，关于十九世纪的法国，做出一部罗马、雅典、谛罗斯、门斐斯、波斯、印度诸国惜未曾遗留给我们的书籍来。（根据鲁迅译文）②

---

① ［美］雷内·韦勒克著：《批评的概念》，张金言译，中国美术学院出版社 1999 年版，第 232 页。
② 周立波：《周立波三十年代文学评论集》，第 35 页。

为了进一步说明现实主义文学家们关于社会批判的观点，他进而引用了高尔基的话：

> 艺术家作为自己的社会层和自己的时代的客观的历史家而显现的例子是非常的多的。在这种场合，艺术家的任务的意义，是和研究动物的生存，和食饵的各种条件以及繁殖和死灭的各种原因，同时描写他们的残忍的生存争斗的姿态的自然科学者任务完全相同的。①

在这里，周立波非常钦佩巴尔扎克、高尔基等现实主义文学大师把科学研究方法运用于社会批判，从而形成一种社会批判与社会剖析相融合的作品。他十分提倡小说是"为人生"的目的，赞同鲁迅的小说的取材，"多采自病态社会的不幸的人们中，意思是在揭出病苦，引起疗救的目的"。②虽然周立波赞同现实主义社会批判性的特点，但是他从阶级的视角出发，认为巴尔扎克、托尔斯泰等是属于资产阶级的现实主义作家，他们在思想倾向上带有很大的局限性，因此也使他们的作品体现出强烈的内在矛盾。他认为巴尔扎克和雨果一方面"对现实的思维和知觉还是停留在传统的观念上，另一方面，他们的天才的透彻力却使他们观察到了现实的深处，看见了和他们的人生态度极不一致的东西"。③"在托尔斯泰的作品、见解、学说和流派中的矛盾，实在是骚然的。一方面，是不仅描写了俄罗斯生活的无比的情景，而且作出了世界文学中的第一流作品的天才作家，另一方面是模仿基督教的愚妄的地主。一方面是对社会虚伪和欺诈的最热烈，直接，真挚的抗议者，另一方面是'托尔斯泰派'，即称为俄罗斯知识分子的平

---

① 周立波：《周立波三十年代文学评论集》，第 36 页。
② 同上引，第 34 页。
③ 同上引，第 24 页。

凡的、歇斯迭里亚的、可怜的人。"①因此他对西方现实主义文学大师们的观点是以一种批判性的态度来接受的。

周立波早期的现实主义文学观中除了有来自19世纪欧洲现实主义文学传统的影响之外，苏联的"社会主义现实主义"是他早期现实主义文学观的重要思想组成部分。周立波对社会主义现实主义的接受体现在他对浪漫主义的认识上，周立波对浪漫主义有一个从否定到批判地接受的过程。1935年，他第一次在《申报·自由谈》上发表了对于浪漫主义的看法："环绕着浪漫主义者的周围世界，常常是充满了丑恶和平凡，一切作为艺术的原料的境遇和事物，差不多总是无价值、无色泽的杂质的堆积，在这表面，看不出任何艺术美，更没有人类的梦。"②由此可见，周立波此时仍然受到了欧美现实主义传统的影响，把浪漫主义作为现实主义的一种对立进行否定。虽然他否定浪漫主义本身，但是他对浪漫主义的核心——艺术的幻想进行了肯定，并且认为进步的现实主义离不开浪漫主义的成分——幻想。为了让幻想和现实这一对矛盾体在进步的现实主义那里实现统一，周立波把幻想的两种作用进行了区分，他认为存在于浪漫主义中的幻想是退步的，而现实主义中的幻想是进步和必需的。并且他引用了苏联文学批评家德米特里·皮萨列夫（1840—1868）和高尔基对于幻想和现实主义关系的阐述来说明他的观点。

周立波对现实主义和浪漫主义的这一认识依然可以追溯到他的启蒙老师——周扬那里。周扬早在1933年发表了《关于"社会主义的现实主义与革命的浪漫主义"——"唯物辩证法的创作方法"之否定》一文，第一次把"社会主义现实主义"作为一种创作方法引入了中国。③在这篇文章中，周扬就社会主义的现实主义与

---

① 周立波：《周立波三十年代文学评论集》，第24页。

② 周立波：《艺术的幻想》，载《申报·自由谈》，1935年3月7日。

③ 周扬：《关于"社会主义的现实主义与革命的浪漫主义"——"唯物辩证法的创作方法"之否定》，载《周扬文集》第1卷，人民文学出版社1984年版，第101页。

革命的浪漫主义之间的关系作了详细的说明，认为革命的浪漫主义和社会主义现实主义并不矛盾，而且可以包含在社会主义现实主义里面，并作为它的一个要素，与古典的资产阶级浪漫主义所谓的"革命的浪漫谛克"没有任何共同之点。周扬的这一观点是根据苏联的理论家吉尔波丁在 1932 年全苏联作家同盟组织委员会第一次大会上的一份题名《苏联文学之十五年》的报告而提出来的。从时间上来看，周扬对"社会主义的现实主义"这一理论的引进非常及时，而周立波此时对社会主义现实主义的接受可以说主要来自周扬的启发和苏联的理论影响。

社会主义现实主义的另一核心问题是 1932 年 4 月恩格斯在致《玛·哈克奈斯》的信中所提出的"典型环境中的典型人物"，自此文学界关于"典型"问题的讨论一直没有停止。1936 年，周扬与胡风之间的"典型"论争与"国防文学"论争一起构成了左翼文学界重要的两次论争，它标志着左翼文学界对社会主义现实主义文学的接受所产生的分歧。周立波虽然没有参加这次论争，但是早在 1934 年他就撰文发表了对"典型人物"的看法。他认为"典型"的艺术包含了 4 个特点：

1. 典型人物不是抽象的，理想的，典型人物的生产过程，是精密的科学过程。一切不朽的典型人物的创造者都具有"观察"的科学精神。

2. 典型不是现成的，伟大的艺术家不但是描写现实中已经存在的典型，而且常常描画出方在萌芽的新的社会的典型，这种典型起到积极教育大众、领导大众的作用，而文艺的最大的社会价值就在于此。

3. 典型的不是偶然的。许多作家往往抓住了一些偶然的事件当中的个别的人物，作为典型，个别地描写，不但要失去艺术的普泛性，在典型的社会环境之中找不到它的根底，而且因为这样，一定抓不住时代的本质。我们应当把握着整个范畴的人类的最性格的特征，研究他们的习惯、趣味、欲望、信仰、语法，把所得的结论造形出来，决不应当今天偶然碰到马路一个奇异的人物，立即照着容受进来的那样描摹出来。

4. 典型的不是单纯的，现实中的人物，是包含极复杂的矛盾的，而且，只有体现着这极复杂的矛盾的典型，才有极大的艺术价值，才有极大的社会意义。①

最后，他认为中国的文学除了阿Q以外，再找不出第二个典型，是因为：作家没有深入现实，研究人间；作家没有刻苦地学习，没有继承塑造出不朽典型的伟大艺术家的遗产；作家没有把握住新的现实主义的方法。他这里所说的新的现实主义的方法就是社会主义现实主义的方法。可以看到，周立波的"典型论"融合了恩格斯的理论和苏联理论家对它的阐释，例如他把普遍的／特殊的、必然的／偶然的、本质的／现象的、单一的／复杂的等对立统一的概念吸收到了他自己的认识体系中。

综上所述，周立波早期的文艺思想主要倾向于对苏联社会主义现实主义的接受，但是同样也受到欧洲19世纪现实主义传统的影响。这是与社会主义现实主义本身的生成与发展有关的。社会主义现实主义作为一种创作方法是在一个特定的历史时间和空间提出的，它既继承着俄国批判现实主义的传统，又是欧洲现实主义潮流的一个组成部分，因此它与其他国家的现实主义发展和其他文学思潮如浪漫主义、自然主义、形式主义等都有关系。周立波等中国左翼知识分子之所以把社会主义现实主义作为自己的理论指导思想，是因为两国政治在意识形态上具有相似性，他们能够在感情上认同苏联的革命文艺，加上对马克思主义的接受和民

---

① 参阅周立波:《文学中的典型人物》，原载《大晚报·火炬》，1934年12月31日，载《周立波三十年代文学评论集》，上海文艺出版社1984年版，第10—13页。

族救亡的迫切感，富含浓厚的革命浪漫主义色彩和强调文学的社会功能性的社会主义现实主义更容易引起中国读者的共鸣，因此它能够迎合中国整体的革命形势需要。有研究者曾经做出这样的结论："20 世纪 20 年代前期的文学创作，与其认为是受了西方现实主义文学思潮与创作方法的影响，倒毋宁说是受了'为人生的文学'这一口号的影响。前者仅仅是对后者的一种声援，一种补充，而后者所包括的现实主义的含义，实际上指的是现代中国作家对现实生活的主观态度，并不是具体的创作方法。"[1] 但随着周立波等知识分子对社会主义现实主义文学思潮的理论化探索，使得该思潮在各种文艺思潮中站稳脚跟，甚至发挥了带动潮流的作用。总的来说，中国对社会主义现实主义的接受是结合了外来影响和本土文学的发展需要而形成的。

---

[1]　陈思和:《中国新文学整体观》，上海文艺出版社 1987 年版，第 78 页。

# 第五章 "青年翻译家"

## 一、翻译俄苏文学作品

周立波在上海时期的一个非常重要的文学活动就是翻译，并且他的翻译生涯全部集中在这个阶段，离开上海后他再无翻译作品问世。他留下了上百万字的翻译文字（包括译介文章）。他的翻译体裁包括短篇小说、长篇小说、报告文学、游记、评论文章等，国别涉及俄苏、欧美、拉美等各国的文学作家与作品，他的译作《秘密的中国》《被开垦的处女地》等在文学史上产生了重要的影响。

周立波翻译的第一篇作品是苏联进步作家皮尼阿尔克的短篇小说《北极光》，1930年发表在《摩登月刊》第一期上。他不懂俄文，通过英文转译了这篇文章。《摩登月刊》是摩登社办的一个刊物。摩登社1929年11月在上海成立，是一批进步青年不满南国社的唯美主义倾向和个人主义思想作风，宣布从南国社独立出来创办的。"摩登社"的主要成员左明、赵铭彝、陈白尘等都是南国社的主要力量，他们"自立门户"以后开展"学校戏剧运动"，推动戏剧深入民间，成为"民众戏剧"。他们在上海的大夏、光华、复旦等大学和江苏南通举行巡回公演，演出的剧目有辛克莱的《小偷》、菊池宽的《父归》、莫里哀的《悭吝人》、米尔顿的《炭坑夫》和田汉的《生之意志》等。

周立波的翻译活动始于他人生失意之时。这时他因被劳动大学开除，生活难以为继，只好返回家乡益阳。他的恩师兼本家叔叔周扬此时也刚从日本回到上海。他时刻惦记着这位侄儿，三个月后写信给周立波，称在上海帮他找到了一个生计，即翻译文学作品。周立波接到信后兴奋不已，再次奔赴上海。周扬回上海后不久在亭子间认识了赵铭彝，经赵的介绍他加入了"摩登社"。周立波返上海后，周扬随即拜托赵也介绍周立波加入"摩登社"。"摩登社"解散后两人一起加入了左翼剧联。周立波和周扬都不擅长演剧，他们最向往的文艺团体其实是左联，但两人初出茅庐，刚从日本回来的周扬也只是个普通的"赤色群众"，虽然向往却无法直接进入左联。他们把加入剧联当作了通往左联的跳板。

因不会演剧，周立波感觉在"摩登社"无用武之地，再加上之前参加革命活动被劳动大学开除，他一度"对革命活动比较消沉，只想学文学，翻（译）书，并独立生活"。①为了能在上海立足，他开始埋头从事翻译。他与周扬合作翻译了苏联作家顾米列夫斯基（Lev Goomilevsky，1890—1976）的长篇小说《大学生私生活》，原名《狗胡同》。这部小说里的主人公霍洛合林是一名大学的学生干部，也是学校里倡导革命的积极分子，一天他偶遇学校臭名昭著的同学维娜，此后维娜不断地勾引他，又不断地拒绝他，他只能找别的"同志"来满足被维娜引起的欲望，最终使他堕落为一个纵欲分子。而女主人公维娜被男人玩弄、抛弃，虽然她是受害者，但是社会却把她当作异类来看，认为她堕落、放荡，因此被革命者们所嫌恶。她因而憎恶一切男人，并与许多男人有染，后来被一个与她发生过关系的人所杀害。在那个疯狂的革命的年代，书中的女主人公维娜以及其他的女性成为了革命的"牺牲品"。

从这小说的内容看，实在算不上进步的革命文学作品，但其中描写的"革命""恋爱"和"性"的主题非常契合当时的市场热点。1932年1月现代书局首版后连续印了三版，可见小说的受欢迎程度。周立波和周扬并不赞成小说中的青年男女对待恋爱和性的态度，他们在《译者的话》里说："这种现象虽是发生于苏俄的新社会的一隅，但是这是新性文化的过渡期的现象；这是一部分的，而不是普遍的；这是革命的过程中的许多的'苦恼'之

---

① 周立波：《补充说明》，未发表。

一，而决不是革命的归结与理想。现在的苏俄，正如这书的结论所提示的一样，已经体现了一种一夫一妇的、相互信赖的同志的恋爱关系。像这书中所描写的那性的混乱和性的苦恼之姿，在新的男女的脑海中，恐怕不久就会当作一个过去的现象而被遗忘罢。"①

《大学生私生活》出版后，周立波得了200元稿费，他的生活终于得以维持。生活的拮据使得周立波不得不选择翻译一些比较受市场欢迎的"流行文化"，靠翻译赚取生活费是他当时的生活状态。革命活动的失败和生活的重压令周立波喘不过气来，他渴望自由地追寻他的理想，这部译作完成之后，他开始用英语 Liberty（自由）的音译"立波"二字作为自己的笔名。

加入左联后，周立波开始有意识地翻译进步的文学作品，俄苏文学成为他翻译的首选。这也与当时整个左翼文学界关注和重视俄苏文学的时代大背景有关。苏联无产阶级革命的成功引起了全世界的震动，美国以及西欧的一些国家也对苏联产生了极大的兴趣。美国报章杂志派出了一批批观察员怀着"朝圣"的心态，到莫斯科去对社会主义建设进行新闻采访，他们感觉自己"身临一个渐露端倪的新时代"。如果说，过去人们还把苏联革命看作一个"实验"，认为"美国有足够的时间去等待这次实验的最终结果"，那么随着证券市场的崩溃，大萧条的来临，人们被苏联所描述的未来前景征服了，以为自己看到了"苏联的榜样不仅可以取代民主的资本主义，而且可以取代垂死的美国之梦"。② 由此造成许多作家狂热地"向左转"，在思想文化界，这个时期一个最突出的特点就是"社会批评分解成为道义控诉、文化反抗以及天

---

① ［新俄］顾米列夫斯基：《大学生私生活》（原名狗胡同），周起应、立波合译，现代书局 1933 年版，第 2 页。

② ［美］Richard H. Pells：《激进的理想与美国之梦——大萧条岁月中的文化和社会思想》，卢允中等译，上海外语教育出版社 1992 年版，第 73—76 页。

启式幻想的方式"。① 未来的光芒掩盖了一切困难和现实的缺点，"向左转"的知识分子把人类的命运和文化的前途都和苏联的命运与前途联系在了一起。所以当时纪德在《访苏联归来》的序言中说了一句极富勇气并发人深省的话：对于苏联的报道，"往往仇恨苏联的人说了真话，热爱苏联的人说了谎话，这种情况是太多了"。② 马赛尔·马尔蒂奈也曾感慨："对于踏上这片他们当作革命圣地的陌生土地的作家来说，敢于继续看到真实的情况，并且敢于大声说出他们的见闻是多么困难。"③ 当时的人们已经把维护苏联等同于维护理想、前途和光明。

　　左翼文学青年心目中的"革命导师"鲁迅、瞿秋白等发现中国和邻国俄国有着相似的国情，两国都遭受了封建主义的压迫，经济和文化也都比较落后，而俄国找到了一条革命的真理，被压迫者奋起反抗，获得了成功。他们号召"以俄为师"，对俄苏文学的翻译、介绍与研究就成为了探索苏联成功模式的一个新目标。瞿秋白就说："俄国布尔什维克的赤色革命在政治上、经济上、社会上生出极大的变动，掀天动地，使全世界的思想都受他的影响。大家要追溯他的远因，考察他的文化，所以不知不觉全世界的视线都集中于俄国，都集中于俄国的文学；而在中国这样黑暗悲惨的社会里，人都想在生活的现状里开辟一条新道路，听着俄国旧社会崩溃的声浪，真是空谷足音，不由得不动心，因此大家都来讨论研究俄国。于是俄国文学就成了中国文学家的目标。"④

　　1935 年，周立波接到了一个翻译任务，即为郑振铎主编的

① ［美］Richard H. Pells：《激进的理想与美国之梦——大萧条岁月中的文化和社会思想》，卢允中等译，上海外语教育出版社 1992 年版，第 117 页。
② ［法］安德烈·纪德：《访苏联归来》序，朱静等译，花城出版社 1999 年版，第 3 页。
③ 同上引，第 123 页。
④ 瞿秋白：《〈俄罗斯名家短篇小说〉序》，载《瞿秋白文集》第 3 卷，第 54 页。

"世界文库"丛书翻译文学名著。"世界文库"在筹备时就有一个很宏伟的计划，要翻译出版200种左右世界"第一流"的文学名著，"从埃及，希伯来、印度、中国、希腊、罗马到现代的欧美日本，凡第一流的作品都将被包罗在内"。①周立波选择翻译俄国古典作家普希金的中篇小说《复仇艳遇》。因为"世界文库"计划有变动，周立波译完后未能如期出版，然而，在普希金逝世100周年时的1937年，《复仇艳遇》以单行本的形式由上海生活书店出版。

《复仇艳遇》原名《杜布罗夫斯基》，是以小说主人公的名字命名的。小说主人公杜布罗夫斯基出身于俄国的地主家庭，他的父亲因得罪权贵含恨而死，家道由此中落。为了报仇，杜布罗夫斯基落草为寇，带领农民劫富济贫。在报仇的过程中，他爱上了仇人的女儿玛莎，为了爱情，他宽恕了仇人和情敌。当玛莎被逼嫁给他人时，杜布罗夫斯基心灰意冷，解散了他的部属，带着满身伤痛远走他乡。这部小说1936年时曾被改编成电影在中国上映，片名《复仇艳遇》是由国民政府电影检查会改的。《杜布罗夫斯基》反映的是主人公为了爱放弃反抗，最后落得晚景凄凉，体现了反抗者的无奈。改名为《复仇艳遇》后这种凄凉和无奈荡然无存，有的只是吸引人眼球的商业特性。可能是因为小说改编的电影在中国受到欢迎，这个名字已经深入人心，再加上为了躲避书刊的检查，周立波的译作出版后书名便沿用了《复仇艳遇》。

《复仇艳遇》出版时正值普希金逝世100周年，中国举行了大型的纪念活动，出版了一批普希金的纪念专刊和作品集，还建造了唯一的外国人纪念碑——普希金纪念碑。为此周立波还专门写了一篇论文——《普式庚的百年祭》来纪念这位俄国古典文学作家。他在这篇文章中介绍了普希金的人生经历、诗歌成就和小说成就，他十分欣赏普希金诗歌的"优雅"和"朴素"，也正是因为

---

① 郑振铎：《世界文库发刊缘起》，《世界文库》第1卷，生活书店1935年版，第4—5页。

普希金"诗句的文气",令它很难翻译成别国的文字。虽然普希金以诗人著称,但周立波更看重的是他的小说,可能是他的小说写得过于优美,周立波有意地模糊了他的小说与散文的界限,他认为普希金的小说"是这样的坦白和有力,就是在现在,也是散文里面的最优美的模范"。① 周立波十分强调普希金小说的"社会意义",他在论文中花了大量的笔墨介绍普希金的小说《大尉的女儿》《驿站站长》《铲形皇后纸牌》等反映社会现实的作品,它们都是以悲剧收场,"多少带着一种黑暗时代的凄凉情味",是"最有社会意味的普式庚的小说"。

左翼文学运动兴起以后,中国文坛对文艺大众化的热烈而经久的吁求,使普希金从保姆那里学习民谣、童话、传说、俚谚和俗语作为他创作源泉的经验受到格外的重视,成为普希金阐释中的一个引人注目的亮点。左翼作家杨骚为纪念普希金逝世 100 周年而写的《普式庚给我们的教训》,集中了这次"普希金热"中备受关注的三个方面,首先他主要谈到,普希金从保姆那里修得的东西"在他的诗才的发展上,可以说是最重要的维太命","不但使他的诗情丰富,而且在不知不觉之中使他对于俄罗斯的国民精神有着理解,使他的纯粹的俄罗斯灵魂觉醒了"。因而他断定普希金天才中含有的这种俄罗斯灵魂"说它是从保姆亚莉娜那朴素的口碑下生长出来的,当非过言"。普希金所以能成为俄国的诗圣,"就是为着他的诗情是民间的,他的语言是单纯通俗的,他的音韵又是自然响亮的","民间文艺是他的最大最得力的一个图书馆",他的才力正是"从朴素的民间文艺养育出来,因之他(它)能够普遍地侵入民间去",他和民间文艺密切的接触,是他"在艺术成就上的一个决定底因素"。② 而周立波受左翼文学的阶级意识的影响更深,他认为虽然"普式庚自己更带着充分的贵族精神",描写

---

① 周立波:《普式庚的百年祭》,载《现世界》第 1 卷第 12 期,1937 年 2 月 1 日。

② 杨骚:《普式庚给我们的教训》,载《光明》第 2 卷,1937 年第 5 期。

农民暴动的时候，"他始终带着一种贵族的观点"，"因为时代的限制，他的反叛社会的人物，总是带了一点安那其式的色彩"，但是"这一切都不妨碍普式庚的为人类自由而战斗的精神。他攻击着社会的不正。同情被蹂躏的弱小人物。对于宗教投以最大的不敬"。那种"不妥协，不屈挠的精神是一贯的"。① 因此，周立波从普希金身上找到了可以为中国革命文学提供成功的经验，他有意识地强化普希金现实主义作家的身份而淡化他浪漫主义诗人的形象。如果说，五四时期普遍认为普希金是浪漫派，"然其作品中含不少写实派之精神"②，那么到了20世纪30年代，认为普希金的创作是"彻头彻尾充满着现实主义的"③ 观点得到广泛认同。

由此可见，周立波对普希金的翻译热情来源于左翼文坛对普希金的推崇，同时他也希望通过译介普希金的作品把他为人类自由而战斗的精神带到中国，并且他认为普希金的创作属于现实主义作品，能够与中国的革命和文艺运动紧密地结合起来，从而起到"教训"作用。周立波对普希金的译介正应了胡风所说的"普希金和中国的会合并不是一件偶然的事情"。④

1936年11月，周立波人生中最重要的一部翻译作品——《被开垦的处女地》在上海生活书店出版了。这部作品周立波在1935年开始着手翻译，最开始的翻译是因为他专门盯着苏联文学，"见到是苏联的作品就翻译"⑤，哪怕没有钱，大家出钱自己印也要译，但由于工作繁忙，只译了三万字就作罢。功夫不负有心人，1936年，周立波得到了《世界文库》的赞助，《被开垦的处女地》被纳

---

① 周立波：《译者序言》，《复仇艳遇》，三联书店1950年版。
② 耿济之：《甲必丹之女·序一》，《甲必丹之女》，安寿颐译，商务印书馆1921年版，第2页。
③ 杨骚：《普式庚给我们的教训》，载《光明》第2卷，1937年第5期。
④ 胡风：《AS普希金与中国》，载罗果夫、戈宝权编：《普希金文集》，时代书报出版社1947年版，第333页。
⑤ 周扬：《关于周立波同志的一些情况》，载李华盛、胡光凡编：《周立波研究资料》，湖南人民出版社1983年版，第99页。

入世界"第一流"的世界文学名著得以出版。周立波不懂原文，只能通过英文转译，当时他找到的英译本是莫斯科苏联外国工人合作出版社出版的本子和加里的英译本，再以上田进本和米川正夫的日译本作为参照，将4种译本对照着重译。从7月起，周立波躲在酷热的上海亭子间埋头翻译，经过了4个月每天只睡三四个小时的紧张劳动，终于译出了这部三十多万字的小说。

《被开垦的处女地》讲述的是1929年开始的苏联全国农业集体化运动的历史事件。小说不仅设置了集体农庄的敌人富农和白党分子的极力破坏，也安排了具有两面性的中农如何艰难地与私有财产和观念告别，加入集体农庄的过程，更展现了苏共派往农村支援集体化的工人领导贫民，团结中农，打击敌对势力而完成社会主义改造的艰巨任务。这三条线索穿插交汇，反映出这个历史事件的纷繁复杂与波澜壮阔。

肖洛霍夫创作这部小说的动机缘于1930年苏联展开了轰轰烈烈的农业集体化运动，而斯大林也鼓励他"去实现新的创作构思"，肖洛霍夫后来回忆说："1930年，当发生在农村的，使农村彻底翻了一个身的那些事件——消灭富农，全盘集体化，农民加入集体农庄的群众运动等，还记忆犹新的时候，我按照鲜明的足迹写了《被开垦的处女地》。"① 两年后，这部小说就出版了。可以说，这部小说有很强的现实意义，而且非常迅速、及时地反映了当时苏联农业集体化运动的情况。小说问世后一直被苏联视为反映农业集体化运动的"典范之作"，② 有评论家认为他的作品"确实是巨匠的手笔。宏大的、复杂的、充满了矛盾但却奔驰向前的内容"③。作为社会主义现实主义的代表作家，他的这部在苏联广

---

① 肖洛霍夫：《肖洛霍夫文集》第8卷，草婴译，人民文学出版社2000年版，第110页。

② 徐家荣：《肖洛霍夫创作研究》，兰州大学出版社1996年版，第74页。

③ 卢那察尔斯基：《论巨匠》，孙美玲编选：《肖洛霍夫研究》，外语教学与研究出版社1982年版，第20页。

受欢迎的小说自然会受到密切注意苏联文艺动向的中国左翼青年的关注，他们无一不受到苏联无产阶级革命胜利的鼓舞，并亦步亦趋地紧跟着苏联革命文艺的指导方向。周立波在《译者附记》中也说到："十月革命前俄罗斯人民的生活是悲惨的，这本书里每一个重要人物，差不多都有一段悲惨的过去的插话。但是现在，他们都开始喜欢他们的生活了，而且还在尽力的开拓着人类的将来，他们能够笑，能够像达维多夫一样，胜利的，很有自信的说着'一切都属于我们，一切都在我们的掌握'。但是我们不能够，我们还生活在他们的'含泪'的'过去'。"① 在这里周立波认为中国的"今天"是苏联的过去，他把苏联的"现在"当作了中国未来的发展方向，认为走他们的道路，我们就能"像他们一样的欢愉的笑"。可见周立波翻译这部小说是为了向中国的知识分子介绍反映苏联农业集体化运动的社会主义现实主义作品，这部作品也寄托了他对未来中国无产阶级革命的想象。

《被开垦的处女地》最初由楼适夷1933年7月译出其中的片断刊登在《正路》上，1936年周立波和李虹霓译的全译本分别出版，李虹霓是根据日译本转译，郭沫若为他的译本作了序。但是比较起来，周立波的译本影响更大，流传更广。②1936年陈瘦竹发表《唆罗诃夫的近作〈处女地〉》，指出肖洛霍夫的优秀作品是接受19世纪俄国文学伟大遗产的结果，是深受托尔斯泰的写实主义的熏陶的结果。陈瘦竹对作家的才能赞赏不已，说肖洛霍夫"描写群众的手法真高明，一点不乱，而又热烈"。③

《被开垦的处女地》直接影响了周立波的第一部长篇小说《暴风骤雨》的创作。有评论者认为《暴风骤雨》"从主题到人物、从结构到语言，可以说从《被开垦的处女地》（第一部）中'拿来'

---

① 周立波：《周立波选集第7卷》，湖南人民出版社1984年版，第463页。
② 参阅徐家荣：《肖洛霍夫创作研究》，第131页。
③ 陈瘦竹：《唆罗诃夫的近作〈处女地〉》，载《国闻周报》1936年第13卷第5期。

了太多的东西，受到太多的影响，当然这属于初级阶段的尝试，还有模仿的痕迹，但小说中那老孙头的形象，简直活脱脱地出现了一个中国的'舒卡尔老爹'，不能不说是周立波从模仿到创造的写作成果，决不可对此持不屑一顾的态度"。①周立波的夫人林蓝17岁时读了这部小说，一直到老还把书带在身边。他们的儿子周小仪回忆说："《被开垦的处女地》自然成为周立波和林蓝之间的感情纽带。我记得1976年唐山大地震波及北京，全家匆忙出行时，他们简单的行囊里还放着这部书——一本发黄老旧的、包着牛皮纸封面的《被开垦的处女地》。这本书还在，但已物是人非，无人知晓其中的故事，剩下的只有沧桑岁月。"②这部译作除了影响到译者本人，还影响到了同时代的年轻人和后来创作"土改小说"的一批中国作家。比如曾任中共湖南省委第二书记、省人大常委会主任的万达同志，1937年在河南开封师范学院读书时，读了《被开垦的处女地》，将自己原名万世静改名为万达，达字即小说中共党员达维多夫的第一个字。丁玲在写作《太阳照在桑干河上》之前，也认真研读了《被开垦的处女地》，Л.波兹德聂耶娃在《太阳照在桑干河上》的俄译本序言中说："中国进步作家所以能提高到真实地反映新中国农村的建设工作和工人的自由劳动，并且表现共产党在这过程中所起的领导作用，多多少少是由于他们仔细研究了苏联作家的作品。因此我们完全有理由说，中国作家向着毛泽东所指示的新民主主义现实主义道路的转变，所以能这样迅速完成，是由于已经在苏联创立了社会主义的文学和中国作家的努力向它学习。"③周立波翻译的《被开垦的处女地》成为了后来中国"土改小说"的一个经典范本。

---

① 徐家荣：《肖洛霍夫创作研究》，第2页。

② 笔者2018年11月采访周小仪，周小仪口述。

③ ［苏］Л.波兹德聂耶娃：《〈太阳照在桑干河上〉俄译本序言》，袁良骏编：《丁玲研究资料》，天津人民出版社1982年版，第592页。

### 二、翻译欧美和弱小民族文学作品

周立波虽然受俄苏文学的影响很深，但是他对欧美与弱小民族文学和作家也很关注。他这时翻译了三部短篇小说，分别是美国作家马克·吐温（Mark Twin，1835—1910）的《驰名的跳蛙》、巴西作家洛巴多（Monterio Lobato，1882—1948）的《贵客》和爱尔兰作家詹姆斯·乔伊斯（James Joyce，1882—1942）的《寄宿舍》。这三部小说风格迥异。《驰名的跳蛙》是 19 世纪美国杰出的批判现实主义作家马克·吐温根据从酒店听来的笑话改编而成的。① 小说一经发表，就获得巨大成功，并奠定了马克·吐温在美国文学界的地位。小说通过一位喋喋不休的老人的叙述，向读者讲述了发生在美国西部古老矿区安吉尔小镇的故事。小说的主人公叫吉姆·斯迈利，此人嗜赌如命。为和他人打赌，他花费三个月时间，特地训练了一只跳蛙，逢人便押赌比赛，且常常每赌必赢。一天，他遇到一位陌生人。像往常一样，斯迈利又执意要打赌比赛。陌生人说他没有青蛙，叫斯迈利去池塘给他抓一只，结果就在斯迈利找比赛用的另一只青蛙时，陌生人偷偷向跳蛙嘴里灌了一把铁砂。铁粒下肚，青蛙虽试图跳起来，但最终只能以失败告终，斯迈利输掉了比赛和四十美元赌资。这位"赌圣"级人物连同他最引以为荣的卡县"名蛙"就这样栽到了一位看似老实的外乡人手里，结局出人意料。这部作品将幽默与讽刺融合在一起，流露出作者对社会问题的深刻洞察与剖析。

这部小说最初发表在 1865 年，从小说创作的年代背景及小说发生的地点——美国加州矿区小镇来看，我们不由得会联想到当时加利福尼亚的淘金热。在充满着淘金热的 19 世纪后半期，财富的多寡是能否进入上流社会的唯一标准。垄断企业、资本家不择手段地聚敛财富，金钱成为人们获得社会承认的重要手段，这样的社会风尚使美国的资产阶级在攫取财富时更加肆无忌惮，更加

---

① 贺小华：《幽默与讽刺之上的寓意构建》，载《作家》2010 年 4 月。

疯狂。来自四面八方的掘金者相聚同一个地方，目的只有一个，就是对黄金和财富最大限度地占有。在获取钱财，追求最大利润时，人们往往不择手段，不惜出卖道德标准，歪曲价值理念。因此，在滑稽可笑的情节掩护下，小说中外乡人采取不道德方式，通过灌铅取胜获得钱财的手段就如同采矿者们为了各自的利益而钩心斗角的生动再现。小说揭露了美国西部淘金时代人与人之间互相欺骗、追逐金钱、尔虞我诈的丑态和资本主义金钱至上的本质。

马克·吐温作为美国的左翼作家，在中国左翼青年的眼中，虽然不是百分之百的马列主义者，只能算作是"革命的同伴者"，但因为他们"生在资本主义最发达的美国"，能够从"内部"来暴露资本主义的丑恶，因而也"尽有充分的长处"，足以值得他们"翻译"与"仿学"。[①]周立波特别看重马克·吐温的"边区开拓者的蓬勃精神"，他认为马克·吐温以前，美国没有自己的文学，即使有霍桑、爱伦·坡这样著名的作家，但他们都继承了英国文学的传统，"是英国文学的模仿者"。他们并不关心本国的读者，只为了迎合伦敦的批评家，因此他们的作品不能代表真正的美国文学。而马克·吐温摆脱了英国文学的传统，背弃了权威，为美国市民描写了具有粗野、豪迈精神的西部莽原故事。马克·吐温摆脱传统、开拓新兴文学的精神无疑可以为中国新文学的"弃旧创新"提供"借镜"，这也是周立波选择翻译他的作品的重要原因。

周立波在译介马克·吐温时特别突出他是受到人民群众欢迎的现代美国作家这一特点。他撰写的《马克·特温的读者》一文特别对马克·吐温的读者群进行了分析。他把美国圣罗易公共图书馆借阅马克·吐温作品的读者作了一个列表，发现"马克·特温的读者，包含着各式各样的人，而学生之外，工人占最多数"。[②]

---

① 参阅郭沫若：《写在〈煤油〉前面》，《煤油》，国民书店 1939 年版。

② 周立波：《马克·特温的读者》，载《大晚报·火炬》，1935 年 8 月 8 日。

马克·吐温既有新文学的开拓精神，又受到广大人民群众欢迎，这为中国"文艺大众化"问题的解决提供了一个经验。

除此之外，周立波对马克·吐温幽默的风格十分感兴趣，他在评论中称马克·吐温是"笑的哲学家"，他的冒险精神里"充溢着轻浅的玩笑"，这种风格正是马克·吐温摆脱传统、背弃权威的表现，也是当时美国精神的象征。马克·吐温的幽默风格对周立波后来的文学活动也产生了影响。1941年周立波在延安鲁艺授课时，对幽默的艺术特点和创作风格进行了重点讲评，而且他后来创作的小说也充满了幽默的情趣。

周立波在翻译外国文学时，比较偏爱批判现实类的现实主义小说。巴西作家蒙特罗·洛巴托的短篇小说《贵客》与马克·吐温的《驰名的跳蛙》风格类似，讲的是由于土地贫瘠而想卖掉种植园的种植园主吕西卡多一直在寻找买家，一个富有而又有学识的年轻人提出要买下他的种植园。与其他挑剔的买家不同，这个年轻人从不讨价还价。因此，吕西卡多夫妇热情地款待了这位富有的年轻人，还计划将女儿嫁给他。年轻人回去后再无消息，原来他是个假装有钱人的骗子。这个骗子行走江湖多年，突然想金盆洗手了，所以他打算用骗来的钱买下吕西卡多的种植园。他娶了媳妇，请岳父继续为他种地，他就可以从此过着十指不沾阳春水的生活。吕西卡多得知后非常生气，当骗子再次出现时，愤怒的吕西卡多打了他一顿，就这样可怜的种植园主两次失去了卖掉种植园的机会。作家以幽默讽刺的手法揭露了资本主义社会尔虞我诈和奉行金钱至上的基本原则。周立波在译者附记中说："洛巴多代表着现代巴西及法兰西影响的文学的最近的姿态。他的小说是一种社会批评，他讽刺着巴西社会各方面的人物，有时多少带点马克·吐温的作风。"[①] 洛巴托的最高文学成就其实不在小说创作上，他是巴西最早的儿童文学家之一，在巴西文学史上享有

---

① 立波译：《贵客》，载《时事新报·青光》，1935年8月10日。

很高的地位，人们都称他为"巴西的安徒生"。①周立波不翻译他的儿童文学作品，而选择翻译他名不见经传的短篇小说，是因为只有那些揭露社会黑暗面、启蒙国民精神、唤醒国人奋进主题的外国文学作品，才能达到促使民众的觉醒，并号召广大无产阶级奋起革命的目的，也只有这些作品才能进入左翼青年的翻译视野。

洛巴托的《贵客》可以被归为弱小民族文学作品一类。周立波还同时介绍和评论了古巴诗人雷吉罗·彼德罗沙及其诗集，中亚诗人沙德内丁·艾尼及其诗歌，以及一批波兰作家及其作品。自近代以来，中国遭受了西方列强的压制和入侵，知识分子们不断地寻求强国之道，他们一方面学习西方先进的文化和文学成果，作为更新和复兴民族文化、进行文学现代化的主要资源，但另一方面，向强大的敌人学习这一过程本身，压抑了自身的民族情感，特别是积聚了太多被欺凌的屈辱感。中国在近代以来积累了太多被压迫的体验需要表达，太多的压抑感和屈辱感需要释放，需要在相应的对象身上寄托这一份情感。于是，包括周立波在内的一批现代知识分子在那些同样受到西方列强压制的弱小民族身上，看到了与自己同样的命运，在他们的文学中，听到了同样的抗议之声，体会到同样的寻求民族独立、人民解放的情感。他们为了唤起独立自强的激情，寄托屈辱的民族情感，促使新兴的中国新文学与民族现实命运的紧密结合，因而大力提倡、积极译介那些"被损害"民族的文学。周立波在译介弱小民族文学时说："真正能够同情中国解放的国家，除了苏联，首先是各弱小民族的人民，他们的声音使我们感到亲切，他们的反抗，更能在精神上给我们许多兴奋和助力，因此，弱小民族文学也是我们的友伴。"②

① 参阅［巴西］蒙特罗·洛巴托：《世界历史故事》，曾昭耀译，广西教育出版社1989年版，第1页。
② 周立波：《非常时期的文学研究纲领》，载《读书生活》第3卷第7期，1936年2月10日。

如果说周立波基于左翼文学立场，译介的主要是外国进步作家及作品的话，那么他选择译介爱尔兰意识流作家詹姆斯·乔伊斯的短篇小说《寄宿舍》却着实让人感到意外。《寄宿舍》与《驰名的跳蛙》《贵客》的风格完全不同，作家乔伊斯也并非"进步"作家，周立波早年曾经撰文对乔伊斯进行过介绍，文章的前半部分比较客观地介绍了乔伊斯在现代文学史上的地位，他的生活道路、其创作的流变与发展等，主要的评述基本符合事实，但后半部分对乔伊斯的评论则是满含批评和厌恶的。他认为"《尤利西斯》是一部怪书"，是"有名的猥亵的小说，也是有名难读的书"，"在一种无尽的语言的森林里，披荆斩棘，只能发见一些无价值的琐事和偶然的形象，不是脂肪过剩的人，谁也不需要它罢?"①《尤利西斯》里人物的特质是猥琐、怯懦、淫荡和犹疑，这本书没有一个标点符号，形式的奇异达到极点。"乔易斯的这种奇特的形式和他的空虚的内容紧紧联系着，对于文学，是无缘的。同样，他的显微镜的方法，他的'潜意识的实现'和'内在的独白'的方法，甚至他的描写外界的自然主义的手法，对于文学都没有裨益，因为这都带着静学的、矫揉造作的性质，是与文学应当有新鲜的内容和崇高的目的相违反的。"②

然而，在这篇文章发表之后的 4 个月，周立波在《申报·自由谈》上发表乔伊斯短篇小说集《都柏林》里的《寄宿舍》一文的译文。事实上，周立波对《都柏林》这部作品也没有什么好感，他认为《都柏林》里的人，都是一些没有热情、满腹利害打算的男女，这部作品"完全是都柏林的人们的灰色的狭隘的物质生活的速写，和幽凄的灵魂的捕捉。乔易斯的生物学的失败主义的思想的本质，在这最初的散文里，可以看出一个轮廓"。③

20 世纪 30 年代现代主义在中国掀起第二次高潮，④ 大背景下

---

① ② ③　周立波:《詹姆斯·乔易斯》，载《申报·自由谈》，1935 年 5 月 6 日。

④　参阅袁可嘉:《西方现代主义在中国》，载《文学评论》1992 年第 4 期。

零散的乔伊斯介绍文字略见增加，① 周立波的《詹姆斯·乔易斯》与费鉴照撰写的《爱尔兰作家乔欧斯》可以说是当时比较有代表性的评论文章，代表了中国文学界对待乔伊斯及其作品的两种不同的态度。费文介绍了《都柏林人》和《画像》，文章的重点放在《游离散思》(即《尤利西斯》)上。他认为《尤利西斯》"是一部包罗近代世界的一切——政治，宗教，实际，人道主义等等的作品"，有很多优点，但不能说该书是一种"新的"作品，而且有明显的缺点：一是"重局部而忽略整个的和谐"，二是"注重人的肉体方面，而忽略精神方面"。② 从今天我们对乔伊斯的研究来看，费鉴照所说的缺点是一种误读，但是与周立波的评论相比，要显得客观肯中得多。周立波看乔伊斯的出发点与苏联出版的《英国文学史纲》③ 完全一致，从中可以看出他受苏联文学批评的影响。苏联在 1935 年首译《尤利西斯》，刊载在苏联《世界文学》杂志上，该译文只选择了第一至十节进行了节译。④ 因此可以认为周立波对乔伊斯的认识来源于苏联，他本人可能并未读过原著，只是把苏联的评价照搬过来。⑤

---

① 高明：《一九三三年的欧美文坛》，载《现代》第 4 卷第 5 期，合订本第 856 页。杨昌溪：《朱士的〈优勒色斯〉的重见天日》《朱士著作之种种》，载《文艺月刊》第 5 卷第 3 号、4 号。[英] Hugh Walpole：《近代英国小说之趋势》，赵家璧译，载《现代》第 5 卷第 5 期。[英] Hugh Walpole：《现代英美小说的趋势》，赵景深译，载《文学周报》合订本第 8 卷。赵家璧：《帕索斯》，载《现代》第 4 卷第 1 期。

② 费鉴照：《爱尔兰作家乔欧斯》，载《文艺月刊》第 3 卷第 7 号，1933 年 1 月 1 日。

③ 如果我们将周立波此文跟阿尼克斯特著的《英国文学史纲》(戴镏龄等译，人民文学出版社 1959 年版)的第八章最后一节"现代主义·颓废派文学·詹姆斯·乔哀斯"部分对照读，会明显发现二者观点完全一致。

④ 苏联文学界第一次翻译《尤利西斯》是在 1935 年，系节译。第二次是全译，译者是维·欣斯基和谢·霍罗齐，1989 年起在苏联《外国文学》杂志第 1 期连载。参阅《外国文艺》1989 年第 3 期。

⑤ 参阅金：《尤利西斯来到中国》，载《光明日报》1994 年 12 月 7 日。

虽然周立波不满意乔伊斯的作品，但他还是把《都柏林人》里的《寄宿舍》翻译了过来。《都柏林人》并非令乔伊斯成名的意识流小说，而更具有现实主义色彩。《都柏林人》刻画了形形色色的都柏林小市民的形象，描绘了都柏林的社会生活和习俗风情，着重暴露小市民精神的麻痹、感情的虚伪和思想的冷漠僵化，并且在现实的叙述中，深深地隐藏着作家对这种庸俗、压抑和麻痹的都柏林生活和都柏林人的嘲讽、悲哀甚至绝望。在这个集子中，乔伊斯虽表现出了心理描写的娴熟技巧，但是意识流手法用得较少，而大多采用平实的甚至冷漠的叙述。周立波选择翻译《都柏林人》里的一篇，是因为他认为这部作品令乔伊斯"脱离了'文艺复兴'的诗人们的浪漫的传统，倾向于世界的写实主义者，模仿佛罗贝兰、莫泊桑和乔治·摩尔"。① 在周立波看来，虽然《都柏林人》的描写对象是不成功的，但乔伊斯写实主义的技巧还是倾向进步的。因此，从左翼文学的立场出发，周立波选择翻译了大名鼎鼎的意识流小说家的现实主义作品。周立波用左翼意识形态的标准来评判乔伊斯，结论过于武断，而且存在着明显的误读，但他的翻译从客观上来说推动了乔伊斯及其作品在中国的传播。

### 三、翻译报告文学

周立波最重要的翻译作品有两部，一部是后来被当作中国"土改小说"经典范本的《被开垦的处女地》，另一部则是被当作中国报告文学典范的捷克记者基希的报告文学集《秘密的中国》。

基希 1885 年出生于布拉格一个富有的犹太人家庭，上大学后他立志成为一名新闻记者，1906 年开始从事新闻事业，为布拉格德语报纸《波希米亚》担任记者。1919 年，基希加入奥地利共产党。1925 年，基希成为共产主义国际的发言人和执行者，同时担任共产主义宣传家威利·明森伯格管理的共产国际西欧分部出版

---

① 周立波：《詹姆斯·乔易斯》，载《申报·自由谈》，1935 年 5 月 6 日。

帝国的高层。在20世纪20年代末30年代初，基希到全世界旅行，足迹遍布美洲、欧洲、亚洲、大洋洲等，写了一系列报告文学集，记录了他在苏联、美国、中国和澳大利亚等的见闻。基希作为无产阶级新闻记者，特别关注社会百态和底层人民的生活，他经常去妓院、监狱、疯人院等地采访和搜集素材，写作了大量的报告文学。

《秘密的中国》是基希1932年旅行到中国，在中国的所见所闻集成的一本报告文学集，里面共收集了23篇报告文学，主题涉及中国社会的方方面面，反映了20世纪二三十年代中国上海、北平、南京三个城市的政治、经济、文化、社会生活等诸多现实状况。这本书既描写了中国底层老百姓，如黄包车夫、纱厂童工、苦力、即将被行刑的犯人、精神病人等的悲惨生活，也描写了被日军炮火摧毁后的中国城市的荒凉，还描写了在外国人统治下的上海租界的各种怪现象，同时还介绍了中国的皮影戏、京剧等富有"异国情调"的中国传统文化。

周立波认为《秘密的中国》一方面揭露了榨取中国的帝国主义者的丑态，也展现了受难的中华民族的悲剧，这不正是当下中国所需要的"国防文学"的主题吗？另一方面，报告文学正是中国所急需的反映现实、批判现实的一种文学体裁，虽然国内有柔石的《一个伟大的印象》和夏衍的《包身工》等优秀报告文学作品，但报告文学的总体创作情况并不理想，大部分的报告文学只注重煽情而缺乏事实的分析，正如周立波总结的："有许多还只能说是一种速写，而这种速写，虽然有感情的奔放，却缺乏关于现实事件的立体的研究和分析——常常忽视了事件的历史动态。"[1]因此急需找到一个报告文学的典范来让中国的作家学习，那么被认为是报告文学"元祖"的基希的作品最有说服力，而他描写中国的报告文学集《秘密的中国》就是最合适的范本。

---

[1] 周立波:《谈谈报告文学》，载《读书生活》第3卷第12期，1936年4月。

　　周立波十分欣赏基希反映事件时的历史性和深刻性，"他把事件的当前最重要的姿态，它的发生和发展的历史，它的特征，它的各种光景（Aspect）的对照，它所表露所含有的矛盾，以及它的发展前途和社会意义，都加以明快的记述"①，基希写人物时非常注重人物的群像描写，"把他们的生活和职业的特征，他们过去的历史，他们的前途，以及他们现在的境况，内在的团结和冲突，都批判的记述着"。② 周立波总结了基希报告文学的三个特点："正确的事实""锐利的眼光"和"抒情诗的幻想"。"正确的事实"是用正确的世界观观察和分析事实；"锐利的眼光"则是要对事实全面研究和调查，登高瞭远，对现实事件做立体地分析；"抒情诗的幻想"则是形象地表现事实。周立波以基希描写的战后吴淞为例，"旗上的太阳像一个圆圆的伤体，从它上面，鲜血的流，流向四周"③，这个例子既反映了战后吴淞的概貌，同时也充满了诗的想象。

　　《秘密的中国》原是基希用德语写的，周立波不懂原文，便找了英国记者迈克·达维德生的英译本来译。他译的《秘密的中国》中的《黄包车！黄包车》和《吴淞废墟》两篇最初发表在1936年4月的《申报周刊》和《通俗文化》上，后来左联的"国防文学"阵地《文学界》向周立波约稿，要他把《秘密的中国》全部翻译出来，按期一二篇陆续发表。可惜的是，《文学界》未能按原计划将译文全部刊出，只刊载了《士兵墓地的吉原》《污泥》《纱厂童工》三篇译文后便停刊了。

　　译文刊出后深受左翼青年欢迎，有人发文推荐这批译文："朋友，假使你没有看过基希的《秘密的中国》，你赶快找一本来看吧！……真的！朋友。你会看到许多你所不知道的中国的事。……你天天坐洋车，可是你知道洋车夫的实际生活怎么样？……

---

①②③　周立波：《谈谈报告文学》，载《读书生活》第3卷第12期，1936年4月。

基希在这本书里暴露了帝国主义者在中国争夺市场和廉价的劳力的狰狞面目，揭破了腐败的封建势力粉饰太平下面的丑恶和卑劣，素描了中国民众在帝国主义和封建势力双重压迫之下惨不忍睹的痛苦和挣扎。大胆，深刻，尖锐，幽默、讽刺，在每一字每一行里闪烁着，但整个书中所透露的是对于被压迫者的热的，伟大的同情。"[①] 此后报告文学这种文学作品也开始为人们所熟悉。

《文学界》上刊登的译文很快被严谨细心的读者找出了不少的错误。一个署名吴蒙的读者在 1936 年 10 月的《中流》上发表了《略谈〈秘密的中国〉——兼论立波的译文》，指出了周立波除《纱厂童工》以外的两篇译文中存在的 18 处错误：

1. 原文：chanting in unison

   立波君的译文：谐和的谈着话

   相当的译文：齐声地念诵着

2. 原文：the gaily plumaged Geishas

   立波君的译文：华美的饰着羽毛的暗笑着的艺妓

   相当的译文：穿着艳服的，莺声呖呖的艺妓（把艺妓比作鸟儿所以不用 dressed 而用 plumaged；不是说她们"饰着羽毛"。）

3. 原文：proceeds to the sacrifice

   立波君的译文：向牺牲者走去

   相当的译文：向祭品走去（此处的 sacrifice 指献给阵亡士兵的祭品，并不指阵亡士兵而言。）

4. 原文：movie camera

   立波君的译文：活动照相机

   相当的译文：电影摄影机（或称"开末拉"）

5. 原文：in face of the camera

---

① 吴蒙：《略谈秘密的中国》，载《中流》第 1 卷第 3 期，1936 年 10 月 5 日。

　　立波君的译文：在影戏片里的面孔上

　　相当的译文：对着电影摄影机

6. 原文：the cocktails are mixed with a cunning hand

　　立波君的译文：冰冻烧酒是用巧妙的技术搅和了的

　　相当的译文：谲巧的手混合了这些"鸡尾酒"（"鸡尾酒"是用二种以上的酒混合成的饮料。此处的"鸡尾酒"是指严肃的祭礼和下级军官的进窑子互相辉映成趣，并没有"冰冻"。）

7. 原文：Mukden

　　立波君的译文：奉天

　　相当的译文：沈阳

8. 原文：morally outlawed

　　立波君的译文：道德上的恶徒

　　相当的译文：活该没有权益的（这是照原文意译）

9. 原文："Scotish" Whisky

　　立波君的译文："苏格兰酒""威士忌"

　　相当的译文："苏格兰"威士忌酒（此处"苏格兰"并不是酒名，用""的意思是说这种威士忌酒并非真正苏格兰的威士忌）

10. 原文：The legitimists swear fealty to the "Tsar" Cyril

　　立波君的译文：君主政治派的忠义的证明"沙皇皇士西利"

　　相当的译文：正统派誓忠于"沙皇"西利儿

11. 原文：Accuse each other of corruption

　　立波君的译文：互相辱骂

　　相当的译文：彼此攻讦对方的腐败

12. 原文：But built on a rakish line

　　立波君的译文：却朝着邪行的方向

　　相当的译文：却长得漂亮捷利（rakish 在此处属于"航海

用语"，其意义与通常的 rakish 不同）

13. 原文：I tumble her

    立波君的译文：我接近她

    相当的译文：我把她翻过来看（用在此处的 tumble 有"检视"的涵义）

14. 原文：Dressed up in a disguise

    立波君的译文：扮作女的

    相当的译文：乔装改扮

15. 原文：the Union Jack Club

    立波君的译文：贾克联合俱乐部

    相当的译文：水手总会（这是该俱乐部的中文名称；直译是"英国国旗俱乐部"。Union Jack 即英国国旗）

16. 原文：their owners，steeped in school，reel

    立波君的译文：人都沉醉在酒精舞曲里

    相当的译文：它们（指上文"裤脚管"而言）的主人翁喝醉了酒，摇摇晃晃

17. 原文：Do look at them！

    立波君的译文：还有看看她们！

    相当的译文：真的看看她们吧！

18. 原文：Amur

    立波君的译文：阿穆尔

    相当的译文：黑龙江

从以上的误译可以看出，有的是周立波的理解错误，有的是英译本本身的错误，如地名的翻译。此时的周立波虽然翻译了几个短篇小说和普希金的中篇小说《复仇艳遇》，但他的英语水平还不够纯熟，未达到一个高水平翻译家的水准。译完《秘密的中国》后他的英语水平有很大的进步，在翻译《被开垦的处女地》时他的翻译水准有了明显的提升。

1937年8月，《秘密的中国》的译稿在八一三淞沪抗战时毁于日军的炮火。幸好上海的书店保留了一份校样稿，最终这本报告文学集于1938年4月得以在汉口出版。那时北平、天津已相继沦陷，《秘密的中国》里对北平的描写已经成为了一种伤心的追忆。周立波在译后记中说："这本书是作者六年前的著作，有许多地方不是合中国目前的形势的。但凡是他反对日本法西斯，描写日寇暴行的每一个字，都将有永远的价值。"①《秘密的中国》自出版后便成为报告文学作品的典范。黄钢回忆他在延安鲁艺当学生时，学生们经常靠背诵基希的《秘密的中国》中的一些篇章来学习写作报告文学。"基希冷静的风格及其对于中国旧社会的揭露和嘲讽，对于我那时的文学进修发生过深刻影响。"②

除了翻译《秘密的中国》，周立波在上海时还翻译了苏联作家高尔基、A.托尔斯泰等的报告文学集《白海运河》，全书译文约40万字，收录了苏联34位作家对白海运河修建过程的描写。白海运河是由几十个政治警察带领几万名犯人修建而成，建成后成为苏联一条非常重要的交通线。周立波翻译后，将《白海运河》中的《流沙·雪景的改观·百万工人》和《维格河决口》两篇分别在《四友月刊》和《战时青年》文艺栏发表。1938年，周立波到武汉后准备出版《白海运河》，他对译稿作了校正，还请人设计了封面。不幸的是，还未等到出版，译稿就在一次躲避日本飞机轰炸时丢失，成为了永远的遗憾。

---

① ［德］基希：《秘密的中国·译后附记》，周立波译，东方出版中心2001年版，第206页。
② 黄钢：《我是怎样写作报告文学的》，载王荣钢编：《报告文学研究资料选编》（下），山东人民出版社1983年版，第1121页。

# 第六章　创作起步：散文与诗歌

周立波在上海时期创作的一批散文和诗歌可以看作是他文学创作的起步，虽然这些创作无法和他日后的小说成就相提并论，学术界也几乎很少关注，但这些创作是他整个文学生涯中不可或缺的一部分，反映了他 20 世纪 30 年代刚走上文学道路时的人生经历和感受，最能体现他这时的文学观念和艺术风格，并始终贯穿他一生的创作。

## 一、散文：阴郁的人生、自然的诗意与激烈的批判

上海时期周立波创作了《向瓜子》《游行妓》《船上》《汨罗》《当》《农家的冬夜》《二等兵》《竹林》《雨》《纪念普式庚》《悼巴比塞》《无可言喻的悲哀》《科学小品文家高士其》《今天的感想》《辟胡适之谬》《怎么办》《谈亡国奴》《四年来的教训》等 17 篇散文。这些散文既有对底层贫苦人民的凄凉境况的描写，也有对中国南方农村淳朴的风俗人情和自然风光的书写，同时还有着对黑暗腐败的社会的揭露与日军炮火洗礼下的民族之痛的展现。这批散文既蕴含着直面人生的现实主义精神，又充满了浓厚的抒情意味，凸显了周立波早期文学创作的个性化的艺术特点。

上海时期的周立波为追求革命，远离家乡到了繁华的大都市上海，他的生活环境发生了极大的变化。在家乡当小学教员时的生活平淡而又闲适，到上海后生存成了他面临的最大难题。他必须做自己不擅长、不喜欢的事，生活给了他很大压力。除此之外，在上海的革命也与他的理想相距甚远，他的几次"革命活动"都遭到重创，参加飞行集会被学校开除，鼓动印刷厂工人罢工被逮捕入狱，这些都严重地打击了这个向往革命的年轻人。生活和革命的双重重挫令此时的周立波备感阴郁和寂寞，这种人生体验和

情绪也经常在他的散文中自然地流露。他在散文中写道："今天，我又碰到向瓜子。正是我有些阴郁，有些伤感的时候。我碰到它，好像在黑夜的瓦尔加（伏尔加）泛舟的人看见了科洛连柯的小小的火一样。"① "雨的黄昏，是多么的沉郁呵。到了黄鹤楼的梯级上，我望着那倾颓的古郭，情绪很坏。虽然我知道大地不尽是荒废，阴雨也只有今天，可是今天呵，总有些抑郁。"② "但是，我得自认，我是他的朋友。自认为是这样一位寂寞者的朋友的这心情是昭然的：因为自己也是寂寞者。"③ 这些文字分别是他从苏州反省院回乡养病、在回家的路上只能靠当掉随身物品来换取路费和儿时的朋友叶紫死后他在散文中写下的文字，这些文字表达了他上海时期的真实心情和情感体验。

阴郁的心情影响了周立波对自然风景的关照。其实周立波是很善于写景的，他的成名作《暴风骤雨》和《山乡巨变》展现了中国农村最原始、淳朴的自然风光，犹如一幅幅美丽的风景名画。然而在他20世纪30年代的散文里看不到任何如诗如画的美景，在他的笔下呈现的到处是灰沉凋敝的景象。他回乡途经汨罗江时看到的是"田野是一片灰白，那被三四个月烈火般的太阳烧焦了的水田和溪流，都裂着许多长大的口，好像要吞食地上的一切：那灰尘满叶的树木，那骷髅一样的水车木架，那凋敝倾圮的稻草茅棚，那一切荒墟，一切童山，还有那在田垅上走着的菜色的农民"。④ 路经黄鹤楼时，"武昌的黄鹤楼，是衰颓了，虽然有些近代人工的修葺，那只是增加了它恶俗的气味，和没落的东西的粉饰不了的寂寞，前面再也找不到汉阳的树，和鹦鹉洲的萋萋芳草，玉笛的渺茫，更在神仙以上。有苔的断砖的大堆，补上一些水门汀几条花冈石，几个假装古香古色的黄瓦屋，就是黄鹤楼的全

---

① 雅歌：《向瓜子》，载《大晚报·火炬》，1934年12月11日。
② 雅歌：《当》，载《大晚报·火炬》，1935年1月15日。
③ 立波：《为叶紫喜》，载《桂林日报》，1939年10月30日。
④ 雅：《汨罗》，载《大晚报·火炬》，1935年1月5日。

貌"。① 当他回到阔别已久的家乡时，他看到的是"清明老三的家搬走了，那茅屋已经没有人住，那猪栏拆了，牛栏也倒了，仓是空空的，那曾是通红炙热的火炉，于今，因为上面有屋漏，生满了青苔大草。野的竹鸡，在房里飞进飞出"。② 这些景象的色调基本上是灰色的，让人觉得荒芜颓败，营造了一种沉重肃杀的氛围。自古以来文人们对风景的描写决不仅仅只是对自然风光的简单描摹和欣赏，更多的是借景抒情，渲染一种心境。周立波是在借灰沉的自然风景抒发他面对沉闷现实的压抑和无力抵抗的迷茫痛苦。

周立波 20 世纪 30 年代的散文还花费了较多的笔墨描绘了社会底层穷苦人民的人生百态，通过这些小人物的悲剧来映照社会的困境和道德的沦丧。在《游行妓》中，周立波刻画了与他同往Y县的几个妓女船客。她们轻狂、势利，而且生活荒淫糜烂，周立波除了对她们的"不争"进行了批判以外，也对她们这些"以颜色为买卖的人"总有一天颜色会衰退的凄凉场景感到同情。《船上》描述了周立波从长江到上海的船上所遇到的形形色色的船客，其中有"卖掉所有家具，得了九块钱做盘费"去上海"淘金"的老太婆，有瘦成黄皮包骨、三天没吃饭偷了"淘金"老太婆所有家当——九块洋钱而遭人毒打的小伙子，还有在"帝国主义掩护之下自在过瘾"的抽大烟客……五六百个船客封闭在驶在长江的船舱里，狭小的空间浓缩着社会底层人物的众生相，反映了社会道德的沦丧和老百姓的生存困境。《汨罗》描绘了卖馄饨的小贩为节约成本，向火车上的旅客贩卖"臭老鼠肉"馄饨，虽然心存歉疚，但为了生计，歉意终究变成了一种麻木。这个小贩"端着那碗，很慢很慢地走了几步，又回过头来，道歉似的，但终于没有说什么话，走了"。③ 还有小站里生意惨淡，艰难讨生活的 11 岁卖茶小姑娘，"她太矮，而且这里又不是月台，她立起脚尖，还是

---

① 雅歌：《当》。
②③ 雅歌：《农家的冬夜》，载《大晚报·火炬》，1935 年 2 月 7 日。

不够我的手"。①《当》记录了周立波为了筹到回乡的路费，一路从上海到武汉两度进入当铺的故事，在当铺里他遇到了许多和他一样生活困窘的当客，与他们形成鲜明对照的是当铺旁欢喜的舞客和浓妆艳抹的舞女，还有面孔阴暗"吃人"的朝奉们。这篇文章直接描摹现实生活，刻绘了落魄的知识分子、破产农民、黄包车夫等社会底层民众的悲惨生活，反映了尖锐的社会矛盾，暴露了普遍的阶级压迫现象。

虽然周立波的散文有着强烈的批判现实的意味和对现实不满的痛苦压抑，但他始终渴求着光明。他把向瓜子比喻成光明，"是的，我也爱它，爱光明的东西，是和光明本身一样地可爱的"②，"看了这生前是那么热烈追逐着光明，死后又引人神驰展望的向瓜子，一定要鼓起了不少'活下去'的勇气吧"③。他把屈原的抒情诗句里写到的"恐美人之迟暮"中的"美人"看成是光明，"他这'美人'是光明的具体，光明是迟早要来，这是和明天的太阳会剥去夜的黑衣一样的真确"④。即使在表达对象征黑暗的"雨"的厌恶时，在文末他也不忘呼唤光明："我就是这样深恶痛绝雨和爱雨的人，我以这同样强烈的程度，炽爱着太阳和爱向太阳的男女。"⑤

周立波1935年8月22日发表在《申报·自由谈》上的《雨》是他上海时期写的所有散文中最独特的一篇。他20世纪30年代的散文大部分是对现实情景的描绘，是对他自身的遭遇和他的所见所闻的评价，文章中抒发的情感也来源于现实，可以说他的散文绝大部分都是写实的。其中只有一个例外，那就是《雨》。《雨》中没有叙事，是一种"独语"式的话语风格，即作者一直在自言自语，没有他人的参与，只有诉诸于自己心灵深处的内心独白。

---

① 雅歌：《农家的冬夜》。
②③ 雅歌：《向瓜子》。
④ 雅：《汨罗》。
⑤ 立波：《雨》，载《申报·自由谈》，1935年8月22日。

这种独语是通过强化自身的心灵感受来揭示自我的生命体验，从而达到一种内省式的审美追求。周立波在《雨》中把"雨"作为抒发他强烈情绪的载体，他通过对"雨"的意象的建构来呈现他当时感伤、寂寞的情怀而又对黑暗社会深恶痛绝的情绪的宣泄。

"但我却深恶痛绝雨。雨是最没有情热的东西。他潮坏光明，销损了花枝的强健，更冷落了人间来往的路。他好象滂沱的眼泪，但这泪是毫无情义的，冷冷的没有一丝热意和咸味，不是人间的。"①"雨萧条的下，打在小窗上。想起刚才捻开灯，一瞥之下，看见白色的窗帷被屋漏滴湿了，到明天，那湿处要留下一块黄色的痕印。又转弯抹角地想到了十几省的浊水上面无数浮肿的人尸。"②"雨可恶。可是他又这么钝感，一点也不觉到被人嫌恶了，老是不停不息地滴，滴在屋顶上，飘在窗台上，发出啾唧的无耻的声音。"③从这些语句中我们可以看到周立波对"雨"的嫌恶。"雨"是周立波散文中经常出现的意象，既是他生活的自然环境，也是他观察外部世界的参照，"雨"是周立波与外部世界的联系，更是他感慨人生的重要手段。在周立波这里，雨既没有"夜雨潇湘"般的诗情画意，也没有"春雨贵如油"般的珍贵美好，有的只是"冰冷无情"和令人厌恶。

周立波的《雨》还借用了神话故事。然而这个神话故事并无完整的情节描述，讲故事不是他的主要目的，他更多的是通过故事的一些意象来构筑他此时的心境。他说："有一顶夜光珠宝镶造的王冠，戴着可再挨受一个月的淫雨，又有一座猛火熊熊的活火山，山里面有一颗烧死了的美丽的女人戴过的烧不熔的戒指，你要那样，戴了那雨里的王冠呢。还是去取那火中的戒指？"④周立波从王冠、火山、淫雨、美丽的女人、戒指等这一系列意象中产生出一种苦闷而又热情的复杂思绪："我说，去取那女人的戒指，取得了，永远做个死了女人的男子也罢，取不到，而且就因

①②③④　立波：《雨》。

此烧成了灰也罢，都比看着不冷不热无爱无仇的日常生活里的灰色的雨点好。"[1]

随着日军侵华战争的推进，周立波的散文主题发生了变化，从他1935年9月18日发表的《今天的感想》开始，之后他写的一批散文的重要主题就是对日本帝国主义侵略罪行的愤怒谴责和号召全国人民团结起来共同抗战。一方面他通过客观描写展现日本侵略者的罪恶现场，《四年来的沉痛教训》描绘了上海被日军毁坏后的城市具象："宝山路一带被烧掉的民房，宏大的东方图书馆、商务印书馆工厂的瓦砾和残垣，由炮台湾到吴淞，到江湾，到通天庵，到庙行大场，以至于昆山一带的一切大的建筑物，小的庐舍，被焚劫的惨象至今都还在。"[2] 他还展现了日军残暴的施暴现场："北四川路一带同胞男女的陈尸，有的脑浆迸出，有的肚皮被剖开，肠子曳地，有的裤子被剥掉，露出稀烂的下身。"[3] 同时还描写了战争中人民的苦难："由闸北被烧掉的工厂里逃出来的工人，被炸毁的商店里逃出来的店员，被轰掉的草棚里逃出来的车夫苦力的妻子和母亲，一群群，有的带着破棉絮，带着锅子，抱着幼小的儿女，逃到租界上，到夜晚，看着自己家里的火烧的红焰，睡在寒风呼号的马路上。"[4] 被烧掉的民房、瓦砾和残垣、尸体、脑浆、肠子、逃难的老百姓、红焰等画面构筑了一个惨烈的战争现场，同时也是对敌人罪行的最直观的控诉。另一方面，周立波在这类主题的散文中不再抒发个人的情绪，转而为抗战呐喊，为救亡图存呐喊，呼吁中国人民团结起来共同御敌。他在文章中呼喊："不做'亡国奴'，是目前中国最大多数的人民的一切中心之上的最中心的目的；要达到这目的，我们只有一致团结起来，参加救亡运动！消灭一切明中暗里的汉奸卖国贼！"[5] "我们要：消灭汉奸及一切汉奸组织。不愿意做亡国奴的一切民众联合

---

① ③ ④　立波：《雨》。

②　立波：《四年来的沉痛教训》，载《大晚报·火炬》，1936年1月28日。

⑤　立波：《谈亡国奴》，载《大众生活》，1936年1月28日。

起来！'一·二八'精神万岁！"① 这时周立波的散文由表现自我转向表现民族革命战争这样大的社会主题，他的社会意识和责任意识也比过去大大增强了。

## 二、诗歌：形式与情意

周立波在上海时写了《海滨拾诗》《饮马长城窟》《可是我的中华》《牵引你的》《也曾想》共 5 篇诗歌，这些诗歌数量少，艺术成就也不算高，正如他的自我评价："做诗我不过是好玩，做了就撕，撕去了还记得的，就拿出来给朋友们看看，也不过是玩玩。"② 这个评价也恰恰可以证明周立波把做诗当作早期文学创作的小练笔，说做诗是"好玩"并不是他轻视诗，而是他的一种自贬，他认为自己做不好诗，只不过是一个"门外汉"："我以为诗真不易，要在短短的辞句之间，再现人间盈溢的情感，真醇的智慧，那不是我所能够做到的。我只能做到在诗的门外的一种自我的游戏。"③ 虽然周立波诗歌的艺术成就无法和他其他文类的创作相比，但这批为数不多的诗歌艺术风格鲜明，代表了他早期的文学旨趣。

周立波上海时期的诗歌体裁都是新诗，与他的散文侧重写实叙事不同，他创作的诗歌全是抒发情意的，充满了浪漫主义的气息。周立波很擅长写景，他诗里的浪漫主义色彩大部分通过风景描写自然流露。同他这时的散文一样，他的诗歌中有许多的风景描写，5 首诗歌里全都有风景建构的自然环境。但有意味的是，与他散文里灰沉肃杀的风景不同，他诗歌里的风景展现的都是祖国的美好风光。

最难忘记的，

---

① 立波：《四年来的沉痛教训》。
②③ 立波：《也曾想·跋》，载《大晚报·火炬》，1937 年 2 月 7 日。

是微风十月的秋山里，
飘荡着的
标致的蓝布小围裙；
那正是洁白的山茶花，
杂着红叶，斑斓的
掩映在青松林里的时节，
金色朝阳，
已经布满林间，
花片上的露珠还滴。
谁最美丽？
是含露的山茶花
是花下的人的微笑
还是人的情意？①

这是他的诗歌《可是我的中华》的一部分，"微风""山茶花""红叶""朝阳""露珠"等意象共同构成了他家乡的"风景图"，作者用"洁白""斑斓""金色"等描写色彩的词语构筑了一个明亮而又艳丽的美丽山林的景象。然而，周立波并不只是沉浸在对家乡美的怀念中，他话锋一转：

四年前北地江山的消息，
恶信频传。
那海上的盗寇，
你的仇敌，
抽出刀来，割切你的身体，
说这块是他的，
那块也是他的。

---

① 《周立波选集》第4卷，第232—233页。

我没有做声，

也从此竭力想忘记个人幸福的梦和追忆，

我知道，

这是我还报母亲大地的爱的时候。

向苍天，

我默默地发誓了：

"用我所有一切的血和精力，

献给她，

去医治她的伤体，

去消灭她的仇敌！"①

在这首诗里，家乡的美好景色与祖国被侵略、被分割形成一种鲜明的对比，更加衬托了侵略者的可恨。周立波在这首诗中还鲜明地表明了自己的情感，即抛弃"个人幸福的梦和追忆"，愿用"一切的血和精力"来"还报母亲大地的爱"。这是一首充满家国情感抗争诉说的诗歌，作者描写美景的目的是为了控诉破坏家园的侵略者。

周立波的诗歌"融古化欧"，意象丰富，把传统古典诗的资源有机地融入了白话新诗的创造中。在《南方与北方》中，前半部分是古典诗的意象：

在北方，有多少悠远的周秦遗迹，

在南方，有多少奇拔的三楚精神。

韩侯岭上，有汉将千古伤悲，

汨罗江里，有楚臣百代的遗憾。

……

谁能找得出苏武的乡愁，

---

① 《周立波选集》第4卷，第233—234页。

> 昭君的悲切,
>
> 还有那孟姜女的贞筠,
>
> 杨贵妃的美丽,和岳武穆的忠心? ①

"周秦遗迹""楚臣百代""苏武""昭君""孟姜女""杨贵妃""岳武穆"等古典意象建构了中国壮丽的古代历史河山。而诗的下半部分全是新诗的意象:

> 到了春天,请你到南方的山野里来散一散步吧,这里有灿烂的繁花无数,
>
> 到了春天,请你到北方的原野里去散一散步吧,那里有新麦的芳香遍野。
>
> 到了秋天,请你望一望北方,那里的远山,象是一层层的天际的轻云,由浓而淡,由淡而销了,
>
> 到了秋天,请你看一看南方,这里的稻熟,使农民笑了。
>
> 在春天,南方少女的薄薄的衣袖里,会飘出迷幻的胸乳的温香,象温风吹进了栀子花丛又吹进你的鼻里,
>
> 在秋天,北方牧羊人的哀婉的歌声,会随着风,飘到很远,很远,引起那远处的人们的无尽的幽情。②

这里新诗意象的景,不一定是周立波亲身经历的景,此时的周立波并未去过北方,这里"北方的原野""新麦""远山""北方牧羊人"等一系列北方风景的意象应该是他的想象。作者把各种景观按照从南往北、从春天到秋天的顺序依次排列,象征着中国从南往北幅员辽阔的国土正在经受全面的苦难。周立波在这首诗里把古典诗的意象与新诗的意象交杂在一起,展现了中国从古到今的

---

① 《周立波选集》第 4 卷,第 243—244 页。

② 同上引,第 244—245 页。

悠久历史和从南到北的辽阔山河，诗里既有"新""旧"时代的对比，又共同建构了中国江山的符号，唤起人们热爱祖国河山的爱国之情，作者在诗的末尾也明确地抒发了自己的爱国情感：

> 我只晓得，
> 
> 这一切，都是祖国的，
> 
> 而我，
> 
> 我要告诉你，
> 
> 亲爱的先生，
> 
> 我是永远的，永远的爱我祖国的一切。①

　　周立波在上海时期创作的诗歌书写的都是时代的主题，抒发的是反抗侵略、热爱家园、鼓舞家国独立的战斗的情感。周立波在这些诗歌里更看重情感的释放，不太注重诗歌的韵脚、对仗等形式的排布。比如《南方与北方》里句子长短不一，对仗也不工整，但是利用一系列古今的意象符号建构了一幅气魄雄浑、广阔而又深远的时空雄图。

　　周立波在上海时期的诗歌不太"引人注目"，一方面是数量少，另一方面也可能是他比较注重"情意"而忽略形式。正如他批评其他诗人"有些新诗只剩了脚韵，有些诗，只是精致的字句的游戏，更有少数的诗，简直不成话。……都只留连于形式，或斤斤计较于技巧的祈求，这是诗的末运"。② 他认为"形式不过是诗的骨骼，情意才是诗的血肉"，所以他的诗歌不够精美雅致，还没有形成自己成熟的艺术风格，只是他走上文学创作道路的"练笔"而已。

---

① 周立波：《周立波选集（第四卷）》，第 245 页。

② 周立波：《周立波选集（第六卷）》，第 59 页。

# 第七章　战地记者

## 一、担任史沫特莱翻译

1937年上海八一三事变后，上海党组织决定进步文艺工作者和著名作家分两队撤离上海。第一队的舒群、沙汀、罗烽、任白戈、艾芜、白朗等20多人去重庆。第二队的周扬、周立波等11人去延安。到南京时，舒群加入了周扬这一队。周扬一行12人9月13日离开上海，9月25日到达西安。这一天正好八路军115师在晋北平型关歼灭日军第5师团一千多人，取得抗日首战大捷。在八路军西安办事处大门前，周扬、周立波等与抗战英雄合影，人人脸上露出喜悦的笑容。

周立波到达西安时，八路军已开赴抗日前线，八路军总司令部驻扎在山西五台山附近，急需新闻记者前去采访，向国内外报道八路军的情况。美国进步记者史沫特莱受到邀请，来到了西安。西安八路军办事处负责人林伯渠与周扬商量，决定周立波、舒群留下，暂不去延安，担任八路军随军记者，到八路军总司令部工作。周立波同时担任史沫特莱的翻译。

史沫特莱从小生活贫困，在她16岁那年，母亲因劳累过度、营养不良去世，为了不重蹈母亲的生活，她离家出走，去摸索自己的人生道路，开始了长期的半流浪生活。在艰难的岁月里，她当过报童、侍女、烟厂工人和书刊推销员等。19岁那年，她刻苦自学，考进了一所师范学院，她凭借突出的写作才能当上了学生刊物的编辑。后来经常为报刊写稿，写了不少同情底层人民、揭露社会黑暗现实的作品。[1] 由于她幼年的贫苦生活，和毕业后她

---

[1]　参阅［美］珍妮斯·麦金龙、斯蒂芬·麦金龙：《史沫特莱》，汪杉等译，中华书局1991年版，第2—3页。

的一些亲身经历①，她的思想非常激进，积极参加各种政治活动。1927 年她在德国时参加了争取男女平等权力的活动，在此期间她结交了许多德国左翼人士。1929 年初她来到中国，她最初来中国时只关注中国女性的地位问题，也发表了不少此类主题的文章。她来到中国后，亲眼目睹了在帝国主义侵略战争和蒋介石内战的破坏下，中国社会矛盾重重，女权运动并不是当下中国最重要的问题，中国必须进行一场社会和经济的革命才能从痛苦中走出来。1931 年，史沫特莱卷入了上海的德国左翼人士遇到的危机。希莱尔·牛兰夫妇被怀疑因在上海组织了反帝大同盟分部的共产国际官方人员而被捕，史沫特莱加入了救援牛兰的行动。在这个过程中，她结识了茅盾、鲁迅等人，开始和左联作家有了密切的联系，并向西方世界极力宣传左联的工作，首次向西方介绍了关于中国文学艺术的新社会现实主义运动。②1936 年，左联解散后，史沫特莱在上海的朋友圈也瓦解了，所以，她离开了上海，想去前线。

　　史沫特莱对中国的报道是她一生最重要的作品，《中国红军在前进》《中国在反击》《中国的战歌》等专著，以及为德国《法兰克福报》、美国《时代》杂志、英国《曼彻斯特卫报》等撰写的大量关于中国的报道，都客观真实地向世界介绍了中国军队尤其是中国共产党领导的八路军和新四军浴血抵抗日本侵略的英勇事迹。1950 年，史沫特莱贫病交加，在伦敦去世，而那时她正在辗转赶往新中国的路上。次年，她的这一愿望终于实现，其骨灰被安放在八宝山，朱德为她题写了碑文："中国人民之友美国革命作家史沫特莱女士之墓"。

---

① 1918 年 3 月，她曾因支持印度流亡者争取民族独立的斗争，被指控为企图煽动反抗英国统治的叛乱而被关押。1923 年她的一个弟弟被送往欧洲战场，行前，他曾要求见一见被关押的姐姐，竟不能如愿。同年，她那当小工的弟弟也在一次工伤事故中死去。——参阅同上。

② 参阅［美］珍妮斯·麦金龙、斯蒂芬·麦金龙：《史沫特莱》，汪杉等译，第 171—190 页。

周立波对能以史沫特莱翻译的身份奔赴前线非常兴奋，此时的周立波虽然在上海期间翻译了许多外国文学作品，但是他的英语口语不太流利，陪同史沫特莱访问的两个月里，周立波的英语口语得到迅速提高，以至于后来美国军官卡尔逊见到他时称他"能说一口流利的英语"。①周立波和史沫特莱在前往前线的途中，他们见到了日军对中国村庄的疯狂轰炸，见到了无数受伤的中国士兵的惨状，这一切加深了史沫特莱对日本帝国主义的仇恨。在八路军指挥部，她见到了朱德、彭德怀、贺龙等许多八路军将领，她对他们产生了崇拜之情。史沫特莱是一个无神论者，在访问过八路军后，她把八路军当作了自己的信仰。有一次，一位美国传教士老太太乞求上帝保佑她，她说："你信赖上帝，我信赖八路军。我们八路军将尽一切努力在这里保佑你。"②史沫特莱完全把自己当作了八路军的一员，把那位美国老太太当作了被保护者（他者），而不认为自己也是一个置身在异国环境下的他者。在周立波的翻译帮助下，她与八路军将领们经常在一起讨论国际国内形势，他们的谈话为共产党的领导人提供了重要的信息。史沫特莱也将一路上的所见所闻发往国外的报纸，让全世界对中国战争以及中国共产党的军队有所了解。麦金龙夫妇1978年采访周立波时，他回忆当时史沫特莱的工作非常神速，他们白天访问，夜晚她便把所得的材料用打字机整理出来。除了写单篇的文章外，她还把大量的笔记以日记形式整理出来，这就是翌年在纽约和伦敦出版的《中国在反击》。也许她的写作刺激到了周立波，以致后来他陪同卡尔逊考察时萌生了要把自己的所见所闻写成报告文学集的想法。③

随同史沫特莱采访八路军总部的两个月时间里，周立波克服种种困难，在行军之余，翻译了重要文献《抗日救国十大纲领》。

---

① ③　See Evans Fordyge Carlson，"*Twin Stars of China*"，Dood，Mead & Company New York，1940，p.35.

②　［美］珍妮斯·麦金龙、斯蒂芬·麦金龙：《史沫特莱》，第246页。

这份文献原题为《为动员一切力量争取抗战胜利而斗争》，是毛泽东起草的关于形势与任务的宣传提纲。针对国民党提出的《抗战建国纲领》，毛泽东提出了共产党的十大救国纲领，后来统称为《抗日救国十大纲领》，成为整个抗战时期中共的行动纲领。为了让史沫特莱读懂这份文献，周立波将之译为英文。史沫特莱随后将周立波翻译的英文稿发到了美国、欧洲一些通讯社，向全世界公布了中国共产党的这一重要文献。在前线采访中史沫特莱用英文撰写了访谈录《访问朱德总司令》，周立波将这一访谈录翻译为中文在国内报刊上发表。在一个战地行军的环境里，周立波把这篇几千字的英文稿件很快翻译出来，得到了史沫特莱的高度赞赏。

虽然史沫特莱有周立波和舒群两人的陪同，但是显然史沫特莱与周立波更亲近些。"史沫特莱几乎像母亲似地关心着周立波的智力发展和身体健康。周回忆起那时他对朋友亲热地称呼史沫特莱为'老太'。史沫特莱则认为他当八路军太年轻，太文质彬彬了——就像一条离了水的鱼。"① 他们也时常讨论一些文学问题。史沫特莱认为周立波与舒群都是名副其实的知识分子，他们远离人民大众的生活，不可能写出中国人民斗争的真实故事。在文学见解上，史沫特莱与周立波的观点更接近些，她不太认同舒群的文学观："其中有个叫舒群的作家，他首先感兴趣的是'艺术风格'。如果你就某一著作向他请教，他要讲给你的第一条就是那本书的艺术风格如何如何。然后你才能从他的谈话中窥测出一些有关的内容。不错，立波倒是注重文章的内容的。但目前的生活这样的艰苦，他常常因过于疲累而无法利用自己的经验。我想，随着时间的推移，他会得到锻炼而能够适应目前这种艰苦生活的。"② 可见，史沫特莱比较看重文学作品的内容而非形式，这是她一贯以来注重作品的政治层面多于美学层面的结果，她认为在

---

① ［美］珍妮斯·麦金龙、斯蒂芬·麦金龙：《史沫特莱》，第 246 页。
② 同上引，第 134 页。

这一点上周立波与她是相同的。但是，同时她认为周立波还摆脱不了知识分子的气息，需要在艰苦的生活中"锻炼"。

### 二、华北前线采访

1937年10月16日，周立波、舒群与史沫特莱由八路军某部干部周桓①带领，坐火车到潼关，转乘窄铁轨上的火车去山西省省会太原。18日，他们到了太原八路军办事处，受到正在这里的周恩来的热情接见。周恩来向他们介绍了抗日形势和八路军的情况，还为他们画了去八路军总司令部的路线图。在太原，周立波、舒群陪史沫特莱采访了山西军政首脑阎锡山、从绥远抗战退下来的傅作义将军和其他军官。

10月底，周立波、舒群与史沫特莱向八路军总司令部驻地五台山出发。汽车在山谷里颠簸，中午来到五台山上的全民抗日救国会总部，吃了中饭，稍微休息了一下，朱德总司令的卫兵请他们去位于五台山下南茹村的八路军政治部。在这里，周立波见到了朱德和任弼时，这次会见令这个刚从亭子间里走出来的青年激动不已，直到1977年周立波对这次会见还记忆犹新：

> 我初次见到朱总司令是在一九三七年九月，我们两个文艺工作者和美国作家史沫特莱一行，从西安八路军办事处出发，过黄河，经太原，到达八路军前方总司令部。总部驻在五台县一个农村里。村边有一块空地，在两头的柳树上钉着篮板，这是一个篮球场，是这个村庄和别的村庄唯一不同的醒目的特点。
>
> 因为史沫特莱是外宾，又是周总理介绍来的，我们到后不久，就蒙总司令和任弼时同志接见了。总部门外，没有哨

---

① 周桓，辽宁人，参加过二万五千里长征，解放战争时任第四野战军政治部副主任。中华人民共和国成立后任沈阳军区政委，开国上将。

兵，进了院子，才看见两个手执大刀的战士在门里站岗。总司令和任弼时同志到院子里来欢迎我们，和我们一一握手，然后一同走进正屋，在方桌边的几把椅子上坐下。总司令约莫五十来岁，中等身材，十分壮健，浓黑的眉毛下，眼睛很明亮，没有留胡子，脸上露出亲切的微笑。他是四川仪陇人，说的是略带四川口音的普通话。总政治部主任任弼时同志，个子比总司令矮，年纪比较轻些，但上唇留着剪得整整齐齐的小黑胡子。他是湖南湘阴人，说话带一点湖南口音。

总司令是中国历史上少有的智勇兼备的英雄，是身经百战的元帅。我在没有看见他以前，想着他一定是个非常威严、高不可攀的人物，但一见面，才发现我的想法完全是主观臆测。坐在我们近边的是一位微笑着的和蔼可亲的长者。他坦率自然，从容文雅。他穿一身半新半旧的灰棉军装；除了年纪，没有一点与普通战士不同的地方。他语调温和，一开口就问：你们看到了毛主席的《为动员一切力量争取抗战胜利而斗争》吧？这是我们党中央政治局最近通过的文件，里面提的"十大救国纲领"是我们党对于抗战的主张。只要全国军民坚决地贯彻这十大纲领，我们就一定可以达到保卫祖国、战胜敌寇的目的。

这时候，弼时同志起身进里屋，拿出三本小册子，分送给我们。我一看，正是毛主席的这篇著作。

总司令接着又说，太原快要沦陷了。但这也没有什么了不得。日本军的弱点是很多的。他们的军队是帝国主义的野蛮无比的侵略军，又是在异国作战，他们终究是要失败的。毛主席命令我们八路军在山西坚持游击战。有我们在，敌寇要在山西横行，是办不到的。最后胜利一定是我们的。

总司令说得很冷静，却充满了信心。①

---

① 周立波：《朱总司令事迹片段》，载《人民文学》，1980 年 2 月。

这次会见后，周立波、舒群、史沫特莱三人便随八路军总司令朱德一道行动。有一天，部队在一个山沟里就地休息时，周立波和史沫特莱看见朱德坐在不远处的一块石头上，就走过去向他问候。警卫员从挎包里拿出石榴来，放在石头上。朱德请周立波、舒群和史沫特莱吃石榴。他关切地问他们，长途行军累不累？他还说，在中国，学会走长路是很有好处的。这是这位总司令从中国长期革命战争中，特别是从长征中总结出来的一条经验。八路军所面临的国内外敌人都非常强大，他们控制了全国水陆交通线，又有飞机、大炮等先进武器，而八路军只有小米加步枪，外加两条腿和敌人周旋。

有一次，八路军行军进到汾河两岸的平原，经过临近洪洞县的一个市镇，镇上的居民听说八路军来了，都跑出来看，街道两边密密麻麻，站满了人。进市区以前，朱德下马步行，他不想被人发现，于是夹杂在战士们的行列里，但还是被人发现了，而且很快就传开了。好奇的人们涌上来，把朱德围住。警卫员和参谋们好不容易挤开一条路，让朱德出了市镇。周立波走在部队的末尾，听到市民赞扬朱德总司令的话，十分感叹。

周立波、舒群、史沫特莱随朱德部队南移，途中，他们路遇广阳伏击战。广阳伏击战是八路军继平型关战役后的又一次胜仗。广阳是距太原不远的一个不足 200 户人家的小村镇，是到太原的必经之地。11 月 4 日下午，日军 4000 余人进入广阳，遭遇林彪 115 师伏击部队，伏击战打响了。伏击部队从山间林中杀出，将日军队形分割成两段，枪声、炮声、喊杀声响彻山谷。5 日晚战斗结束，林彪部队胜利，撤出广阳。日军不甘心失败，于 6 日又派两个联队杀回广阳。八路军 115 师 343 旅在 129 师以陈赓为旅长的 386 旅配合下，再次设下埋伏。7 日下午，日军进入伏击区，八路军迅速出击，激战一小时，再次获胜。八路军三天内在广阳两次设伏，打了一个漂亮的伏击战，写入了八路军军史。

周立波和舒群、史沫特莱在离火线不到一里路的 115 师指挥所近距离观察了伏击战从部署到结束的全过程。舒群回忆，一场凶猛的战斗就在史沫特莱、周立波和舒群他们驻地的山的另一面展开着。他们能听到机关枪开火的粗犷的交响曲。在黎明时分，胜利的声音传了过来，史沫特莱、周立波和舒群高兴得跳了起来，飞快地翻过山的那一面，到达了战场，看见几百匹载重的从敌人手里缴获的马匹和骡子。整个山谷蔓延向南方，山谷一片欢腾，战士们大喊、大叫、大笑着……史沫特莱、周立波和舒群跑了一个又一个村庄采访，为从火线抬下来的伤员包扎伤口，并和日本战俘谈话。此后，他们三人还跟随林彪的部队，埋伏在山脊上，俯看着敌人通过山谷，敌人的野战炮炸出一条血路，而敌人的飞机则整天在他们头上盘旋。这种紧张刺激的战斗生活让周立波觉得新鲜又快乐，他给周扬写了一封信，报告了自己这两个月的前线生活和感受：

一个多月的战地生活，使我变成了一个不同的人。我们从五台县出发南下，步行了三分之一的山西，经过了十几个县的地域，每天走五六十里、八九十里不等。学会了骑马，也学会了跑路，晚上还能摸着走夜路。每天都是四点钟左右起来，每天都换一个新地方。这种行军在当时有点苦，现在想起来，真正有味。新鲜的印象和观感，时常出现在脑里。朱总司令说："走惯了，停一天不走，就不舒服。"这是真的，我现在就想马上回到前方去，去听那清晨和深夜的军号，去冒那冷得入骨的风雪。有一次，落了一天雪，我们在那盖着深雪的山路上面，一步一跌，一步一滑，皮鞋陷在雪里，被弄掉了。连骆驼也走不动了，卧在满是雪水的路中。我们扶着一根手杖，赛过了骆驼，居然也和老红军同时到达了目的地。那一望无涯的雪的山岭，那接连不断的骡马，都是可爱的。

八路军在广阳打仗的时候，我们到过一一五师的师部。住的地方隔火线只两三里路，可以清楚地看见敌人烧毁民房的红焰，烟满山谷；也可以看见敌人开山炮的火光。前线是那么紧张有味，我们都不想离开。到那里的第三天，正想再前进去看我们的战士和敌人肉搏冲锋的真景，敌人发现了我们的目标，一个山炮弹正落在我们眼前几步远的石岩下，把一匹马震得跳起几尺高。那时我们正在院子里吃饭，炮弹震起的泥块和灰尘，落在我们的饭碗里。①

战斗结束后，林彪送给周立波一匹东北战马，任弼时送给他一双日本长筒靴、一些糖果饼干和肉罐头。

11月15日，周立波、舒群与史沫特莱在晋中万安镇采访了八路军副总司令彭德怀。彭德怀和他们谈了当时的国际形势，分析了中国抗日战争的前途和八路军的任务。彭德怀特别强调，4个月抗战的经验告诉人们，单靠军队还不够，要动员民众，组织民众起来抗日。周立波根据这次谈话写了他此次行军的唯一一篇新闻报道《彭德怀将军论抗日形势》，发表在12月10日的《新学识》上。这篇报道虽然不如他后来创作的报告文学那样有文采，但传达了许多重要信息，可以称得上是一份宝贵的中国共产党抗战文献。

11月底，八路军总司令部南移洪洞县后，周立波、舒群与史沫特莱住在总司令部附近的一个村庄里采访总司令部的活动，还担任了八路军总政治部敌工部的工作人员，教育被俘的日军官兵。对于这段经历，周立波后来回忆，朱德工作很忙，稍微清闲一些，他要警卫员买几斤牛肉，亲自在炕边灶上切菜、炒牛肉，请周立波、舒群和史沫特莱吃便饭。朱总司令是川菜烹饪能手，周立波

---

① 立波：《信》，《战地日记》，上海杂志公司1938年版，第72页。

等三人尽情享受了他炒的鲜嫩可口的牛肉丝。①

　　转眼到了12月中旬，宋庆龄请史沫特莱到武汉为八路军募集资金、筹措药品，于是周立波等三人便离开洪洞县，回到西安。史沫特莱已经把八路军当作自己的亲人了，离开前，她坐在田野里哭了好久。她说："我走遍世界，没有找到一个家，现在找到八路军这个家了，我不愿意离开呵。"② 这次前线之行，周立波与舒群、史沫特莱结下了深厚友谊。周立波与舒群在上海左联时就是战友，这次在山西前线又度过了两个月难忘的战地采访生活，两人分别时，周立波写了一首诗赠舒群：

　　　　潇洒临风日，
　　　　悲歌沉醉时。
　　　　残春怀胜季，
　　　　余勇上征骑。
　　　　同行逾二月，
　　　　劳燕忽东西。
　　　　男儿别无泪，
　　　　书此报依依。③

　　此次前线生活的经历让周立波一扫之前亭子间生活的阴郁，仿佛一下子找到了人生的方向，他说："我打算正式参加部队去。烽火连天的华北，正待我们去创造新世界。我将抛弃纸笔，去做一名游击队员。我无所顾虑，也无所怯惧。我要无挂无碍地参加华北抗日的战争。我爱这种生活，战斗的，而又是永远新鲜的。"④

①②　周立波：《朱总司令事迹片段》。

③　立波：《书简与诗》，载《文艺》（半月刊）第2卷第5期，1938年12月25日。

④　立波：《信》。

### 三、担任卡尔逊翻译

陪同史沫特莱访问八路军的任务结束后不久，1937 年底，周立波接到八路军总政治部主任任弼时的电报，称有一位美国友人现在洪洞县八路军总司令部，请他再次作为翻译陪同去晋察冀边区实地考察八路军抗日的情况。周立波到达洪洞县八路军总司令部一看，原来是"老熟人"。来人是美国驻华使馆参赞、罗斯福总统的前副卫队长埃文斯·卡尔逊（Evans Fordyce Carlson，1896—1947）。周立波第一次见他是 1937 年 10 月在西安，卡尔逊当时就对周立波的印象很深："他是一个很机敏的小伙子，热心而且理性上非常诚实。我们之间发展了一种很深的友谊。"①

埃文斯·卡尔逊 1896 年 2 月 26 日出生于纽约，他从小就不安分，曾两次离家出走，第一次是在 11 岁，后来回家了。第二次是在 1912 年，从此他再也没有回去过。离开家后，他做过行李搬运工、铁路报务员等工作。1912 年 11 月 6 日是美国总统选举日，他一向崇拜的英雄罗斯福也参加了竞选，这使得这个 16 岁的孩子对竞选活动格外关注，经常跑到街头去听演讲。有一次他在街上观看竞选活动时，突然萌发了要去参军的念头。当时参军的法定年龄是 22 岁，只有 16 岁的埃文斯隐瞒了年龄，侥幸被录取，做了一名炮兵。入伍三年，由于一直没有机会参加战争，他感到生活空虚，这与他的个性和抱负不符，因此，他决定退役。退役之后他找到了一份推销员的工作，不善于经商的他生意糟到连给家里寄圣诞礼物的钱都没有。他开始厌恶自己的工作，反思过去在和平时期的陆军生活，决定重返军队。1922 年 4 月他加入了美国海军陆战队，1925 年 1 月他所在的第四团被派到中国执行特殊任务。②

---

① Evans Fordyge Carlson, *"Twin Stars of China"*, p.66.
② 参阅［美］米契尔·布赖克福特：《卡尔逊与中国》，刘山等译，生活·读书·新知三联书店 1985 年版；曾厚德：《口琴与匕首》，中国青年出版社 1991 年版。

在去中国之前，卡尔逊对中国有很深的偏见。当时在军营里流传着这样一种看法："中国佬是一伙子群氓，他们常常大打出手。有那么一个名叫孙中山的家伙挑起了一场反对政府的革命。他也许在若干年前就动手了，也许刚开始，无论如何，这些该死的革命者同俄国的赤色分子没有什么不同。他们想把曾是中国最好的朋友——所有的传教士和美孚石油公司的人员通通赶出中国去。不过，他们是美国人！他们正在受到威胁，遭到屠杀和强奸。那么派我们海军陆战队去保护美国人的生命和财产是起码的理智。无论如何，我们要制止中国佬变成赤色分子。"① 当卡尔逊受命前往中国时，他认为是去那里镇压暴民的。舰队里有一份备忘录，里面记录了有关中国的情况和美国军队在中国执行任务的原则，这可能是卡尔逊所在部队的将士们了解中国的唯一途径，综合起来有以下几点：

在中国的美国公民系按照两国签署之条约从事合法贸易者；

我方承认中国人民反抗其本国政府之权利，但我方至少应保护美国公民……商界代表……免遭草菅人命的国家之法律损害；

中国如果认为我国同其签订之条约（该条约给予我国任何外国在我国都不得享有的权利）是不平等和不公正的，让其铭记其往昔之野蛮行径及其所欠十亿美元之债务；

所有欧洲大国、美国以及日本均决心使它们通过条约而获得的在上海之外国租界不受"往往是背信弃义、有奶便是娘的军阀们、蒋介石之流"的侵犯；

目前只有赤色俄国援助中国人民，并企图把中国拉到它

① ［美］米契尔·布赖克福特：《卡尔逊与中国》，刘山等译，生活·读书·新知三联书店1985年版，第122页。

那边去；

　　最后，"中国人并无管理自己的能力"。①

　　这份备忘录以帝国主义傲慢的口吻表达了对中国的蔑视与误解，这也是卡尔逊对中国最初理解的来源。

　　第一个动摇卡尔逊偏见的人是他的同事布里斯托尔（Mark L. Bristol，1868—1939）海军上将。他早在1911年就来到了中国，而且对中国的革命局势抱着非常乐观的态度。②他坚持他的情报官员要具备有关中国的扎实的知识，他还主张允许中国人参加所有外国的俱乐部。他说："我们在各方面都平等地对待他们吧。因为事实上，他们丝毫也不比我们低下。"③他还鼓励卡尔逊亲自去前线调查研究一番。对卡尔逊来说，这是新鲜的事。他在负责的美国军官和文官中还没有遇到过对中国如此认真和如此友好的人，他原来认为的只要教训中国人去尊敬外国人就足矣的态度，发生了变化。

　　第二个动摇卡尔逊偏见的关键人物是埃德加·斯诺（Edgar Snow，1905—1972）。卡尔逊对斯诺描写的八路军将领感到好奇，有一次，他问斯诺："他们（朱德、毛泽东、周恩来等中共领导人）到底是什么样的人？"斯诺回答说："他们是谦逊而诚挚的人，说话办事都老老实实，一丝不苟。拿中国人总是'爱面子'这个习惯来说，他们就要破除这种习气，欢迎批评与自我批评。逃避和拖延是他们的主要敌人，他们总是及时而又积极地处理当下的问题。"④卡尔逊将信将疑，决定亲自去看一看，见一见这些"神

① ［美］米契尔·布赖克福特：《卡尔逊与中国》，刘山等译，生活·读书·新知三联书店1985年版，第124页。

② 参阅［美］哈雷特·阿班：《民国采访战》，杨植峰译，广西师范大学出版社2008年版。

③ ［美］米契尔·布赖克福特：《卡尔逊与中国》，刘山等译，第137页。

④ See Evans Fordyge Carlson, "*Twin Stars of China*", Dood, Mead & Company New York, 1940, p.35.

奇"的中共领导人们。这个决定马上得到了美国总统罗斯福的支持，美国政府对中国抗战，特别是中国共产党领导下的八路军战区的情况十分关注。罗斯福秘密嘱咐卡尔逊，要求他把在华了解到的情况以写信的方式告知，"这些信我们保密，只有你我二人知道"。① 因此卡尔逊的考察并不仅仅只是为了个人的兴趣，他是作为海军情报观察员去考察"中国人是怎样作战的。更为重要的是，日本人是怎样打仗的"。①

卡尔逊在八路军指挥部见到了"传说"中的中共将领，在周立波的翻译下，卡尔逊同司令部的各种人谈了话，包括总司令朱德、政治部主任任弼时、代理总参谋长左权等，他们访问了八路军的高级和低级军官，也有班长和列兵。卡尔逊直言不讳地向各级官兵指出了中国军队的问题和缺点，他还与朱德讨论了罗斯福总统发表的"孤立侵略者"的演说和西班牙的局势，还有意大利对满洲国的承认等话题。②

卡尔逊并不满足于只是参观八路军指挥部，他希望去前线看看八路军到底是怎样与日本人作战的。他向朱德提出要去日本军队比较集中的五台山地区，朱德派了周立波作为翻译陪同他前去。一路上，周立波陪同他去各个驻军部队考察军事情况，去老百姓的村庄体察民情，他们同吃同住，晚上一起在烛光下写各自的日记，③ 他们在此行中彼此之间加深了了解，他们之间的友谊也更牢固了。卡尔逊在日记中写道："两个'红小鬼'、立波和我一起组成了四个人的集体，我们睡在一张坑上，日子一天天地过去，我们之间逐渐发展出了丰厚、和谐的友谊。"④ 卡尔逊在去五台山的途中看到了中国老百姓的善良和坚强，日本人的野心和凶残，以及八路军官兵的大无畏的爱国精神和不屈不挠的坚毅。在周立波

---

① ［美］米契尔·布赖克福特：《卡尔逊与中国》，刘山等译，第 153 页。
② 参阅［美］米契尔·布赖克福特：《卡尔逊与中国》，刘山等译，第 174—175 页，Evans Fordyge Carlson, *"Twin Stars of China"*, pp.67—80。
③④ See Evans Fordyge Carlson, *"Twin Stars of China"*, p.90.

的翻译陪同下，卡尔逊比较容易地与八路军的各级官兵和当地的老百姓进行了交流，更好地理解了八路军的一些军事策略，以及当地的民风民情。他也从周立波那里了解到了更多的中国文化：卡尔逊在阜平县的公堂里看见公案上放着一个巨大的用锡铸的"山"字，他从未见过，也不能理解，周立波解释道："这是封建中国的法官的公案上搁笔的东西，它的形状象个'山'字，含有'执法如山'的意思。"① 所有的这些都冲击着他来中国前对中国与中国人的前理解，他开始越来越认同斯诺对中国以及中国八路军的描述，以致后来他在给罗斯福的信中对中国红军进行了客观的评价：

> 中国共产党的"共产"并不是我们习惯上使用的那个共产的意义，它的经济计划不包括"共产"土地和重新分配财产。我更愿意称他们为自由民主，也许社会主义民主（但并非纳粹）。他们寻求平等的机会和诚实的政府。
>
> 共产党对"统一战线"和对作为中华民族和人民的最高统帅蒋介石是十分忠诚的。
>
> 八路军已经发展和完善了一套抵制侵略的方式，如果把这套方法延伸到中国的其他地方，将会有效地抑制日军的渗透。
>
> 八路军的将领们发展了一组解决生活问题的态度，他们的行为更接近于我们自己的方式，而不像其他大的中国群体那样。
>
> 我深信这个群体会继续抵制日本的侵略。
>
> 朱德，这支军队的指挥者告诉我，共产党渴望在战争结束之后继续与国民党友好相处。
>
> 根据当前在山西的形势，我确信八路军会继续抵抗，即

---

① 《周立波选集》第5卷，湖南人民出版社1983年版，第93页。

使日军在长度和广度上更大地占领了这个省。①

同时，他还在信中表达了对中国的同情。也正是因为周立波一路上的陪伴，他的一言一行都无不在影响着卡尔逊对中国人的看法，此时卡尔逊头脑中的中国"满地是暴民"的形象已经完全消失，周立波在他心中的形象在某种程度上也代表了他对一部分中国人的看法。临和周立波离别时，他在日记中写道："立波和我要在临汾分别了。……离开这个勇敢而又谦虚的同伴，我有一种深深的刺痛和遗憾之情。我和他之间有一种珍贵的友谊，因为他始终如一的忠诚，并且时时刻刻专心致志于自己的本职工作，即使当我的神经紧张，不能很好地控制自己的舌头时。"②

周立波的两部报告文学集——《晋察冀边区印象记》和《战地日记》记录了他在陪同卡尔逊考察途中的所见所闻，卡尔逊经常出现在他的笔下。虽然卡尔逊的书中对他满是赞扬，但是作为中国共产党员的周立波，基于政治和阶级立场的不同，始终与卡尔逊保持着一段距离："因为他是统一战线的对象，我们尽量避免了争执，虽然我们的嗜好、主张和性格，是像年龄一样，还有距离。"③ 这两个有着不同文化背景和阶级立场的人并非像卡尔逊所说的是"和谐"的友谊关系，他们之间依然存在着激烈的文化冲突。他们在去往刘伯承部队的所在地锦州时，曾遇到一个美国传教士，卡尔逊十分兴奋，而且对这个传教士极尽赞美之辞："他被证明是诚挚的和有实际经验的基督徒，而且因为他不矫揉造作的生活方式，受到当地中国人的高度尊敬。"④ 卡尔逊也因为这个传教士帮助了当地农民提高养殖技术而倍感骄傲。可是，周立波对

---

① Hugh Deane，"*Evans F. Carlson on China at War，1937—1941*"，China and Us Publications New York，1993，pp.22—24.

② Evans Fordyge Carlson，"*Twin Stars of China*"，p.125.

③ 《周立波选集》第 5 卷，第 205 页。

④ Evans Fordyge Carlson，"*Twin Stars of China*"，p.94.

此却不以为然，他只用一行字对这位传教士进行了描述，甚至都没有提到他的姓名和传教士的身份："他到这里来，有反日的目的。在这一点上，他是我们的同路人。"① 即使这样，周立波也承认通过与卡尔逊一个多月的相处，使得他对美国人有了一种新的认识："更要紧的，是他使我知道也有另外一种美国人，他们不像银幕上的美国人的油滑，当然也不像社会主义者的意识明确，对于许多问题他缺乏理解，但是凡被他理解，而且相信了的事，他就会紧紧抓住。像他这样一个生长在资产阶级社会的人，是重视个人的情谊的，但是他对美国的国家利益的看重，又在个人情谊以上。"② 周立波对卡尔逊的评价褒贬参半，一方面，作为个人，他对卡尔逊十分友好，也愿意和他交朋友。他认同卡尔逊一切以国家利益为重的思想。另一方面，由于彼此信仰的不同，他始终不能把卡尔逊当作革命的"同路人"，正如他自己所概括的："卡尔逊的信仰，是真像一个军人一样的单纯。他的生活的主宰不是虚无缥缈的上帝，而是实际的国家的利益和个人的成就。美国的实际主义和俄国的革命精神的结合，是受到了伟大的列宁赞扬的革命家的气质，但卡尔逊离革命是太遥远了。"③

## 四、晋察冀边区行

1937 年底至 1938 年春，周立波随卡尔逊考察了晋察冀边区。晋察冀边区地处恒山、五台山、燕山山脉连接地带，战略地位十分重要，控制着日军入侵华北进而入侵全国的咽喉要道。1937 年11 月 7 日，根据中央军委命令，成立了晋察冀军区，聂荣臻任司令员兼政治委员，下辖 4 个军分区。1938 年 1 月 10 日，成立了晋察冀边区行政委员会，这是敌后共产党领导的第一个抗日民主政权。由于这一地区的战略地位，晋察冀根据地的创立具有十分

---

① 《周立波选集》第 5 卷，第 31 页。
②③ 同上引，第 206 页。

重要的战略意义，对日军侵华全局战略带来巨大挑战，严重破坏了日军后勤补给和战略纵深的稳定，引起日本侵略者极大恐慌。从 11 月 24 日开始，日军由平绥、平汉、正太、同蒲等铁路沿线出动，兵分八路围攻晋察冀根据地。晋察冀根据地军民在军委和军区领导下用游击战方式实行反击，入侵日军陷入到处碰壁、四面挨打的困境。至 12 月 21 日，日军退回铁路沿线，损失人员达 1000 多人，大量武器弹药和军用物资被八路军缴获，"八路围攻"以失败告终。

1937 年 12 月 26 日，周立波陪同卡尔逊在一支八路军小分队护送下，从洪洞高公村出发，于 1938 年 2 月 19 日回到洪洞，历时 52 天，行程近三千里，两次通过日军封锁线，爬过八座大山，走遍了晋察冀边区的 40 余个县。从出发的第一天起，周立波便开始写日记，从 12 月 26 日至第二年 2 月 19 日一直没有间断，后来以《战地日记》为名出版。卡尔逊首先考察的是中国共产党领导建立的第一个抗日民主政权——晋察冀边区行政委员会。在这里，他们重点考察了八路军的几次重要战役，在会见 120 师师长贺龙时，贺龙向他们介绍了雁门关伏击战的过程，聂荣臻向他们介绍了 1938 年 2 月 9 日进行的平汉路破袭战，129 师师长刘伯承和 386 旅旅长陈赓向他们介绍了昔阳七亘村伏击战和夜袭阳明堡日军机场的战况等。在会见陈赓时，为了纪念这次愉快的交谈，他把从日军那儿缴来的一把军刀和一支自来水笔分别送给了卡尔逊和周立波。周立波在日记中记下了这次会面：

> "这把刀杀了六个人，"陈赓同志说。在正太路旁的一次白刃战争中，我们一位战士，从日本兵手里夺了这刀，又接连地在它的旧主人的另外五个同伴的躯体上，接触了五次。最后，它和他的受了几次枪伤的新主，一同倒在地上的血泊里。但是这时日寇败退了。使用这刀的勇士被救了回来。
>
> 我看着这把浸过这样多敌人的血的短刀，觉得它好像是

古代侠客的匕首。刀身很短，却非常锋利。鞘和柄都是白木做的。刀身插进鞘里的时候，柄就和鞘衔接起来，象是一根短棍。短棍上嵌镶着几个银色的星点。这是一把精致的小刀。

"我拿了这把刀，会永远地记着你们这一旅"。卡尔逊说。

吃饭的时候，陈赓同志拿了一罐日本牛肉给我们，也是胜利品。这次在昔阳七亘村战斗中，他们缴获了许多食物。里面有几百罐牛肉，一千多包"压缩口粮"。军中正缺粮，用这些缴获物，维持了半个来月。①

在晋察冀边区考察中，卡尔逊广泛接触了八路军师、旅和团级将领刘伯承、林彪、宋任穷、徐向前、张浩（林育英）、陈赓、陈锡联、贺龙、宋时轮、徐海东、黄克诚等，了解了他们抗日必胜的信念和指挥才能，和他们交上了朋友。会见这些将领时，卡尔逊最关心的两个问题是他们战斗的实例和他们对抗日战争做的军事分析。八路军将领通过卡尔逊了解国际政治军事形势，卡尔逊通过将领们了解中国共产党的抗日理念与作战计划。卡尔逊在后来写的书里说："总司令朱德、政委任弼时、参谋长左权和其他的八路军领导人都非常的热情、真诚。尤其是朱德总司令，给我留下了深刻的印象。我惊奇地发现，八路军领导人身上的这些特点与传统的中国格格不入，这使我在很长一段时间里认为自己到了一个新的世纪。而培养这种品德正是八路军宗旨的一部分。"②卡尔逊通过考察后得到三个结论："一、这一次中日战争表现了日本不是第一等强国。二、只要中国能够继续抗战，能够抗战到底，世界给与中国的同情与援助，会日益加多。三、日本国内，不久会发生革命。日本帝国会崩溃。"③

这次考察结束后，卡尔逊发回美国的军事报告中如实汇报了

---

① 《周立波选集》第 5 卷，第 165 页。
② 邹理：《周立波年谱》，第 78 页。
③ 《周立波选集》第 5 卷，第 158—159 页。

八路军的情况，传递了关于中国共产党的积极信息。他看到了边区的官兵平等，军民鱼水情，找到了自己向往已久的有道德的人的社会。他写道："面临日本侵略者的进犯，地方政府和军阀撤走了，抛下没有作战经验的平民百姓。这个时候中国共产党的队伍来了，除了自己作战，他们还尽心尽力地教农民们如何运用游击战保护自己、守卫家园。"① 回到汉口，卡尔逊告诉大家，日本人没有完全征服华北，虽然他们有现代化武器却无法战胜中国人民，八路军的作战经验和智慧都超过日军。

在晋察冀边区考察行程中，周立波与卡尔逊一行遇到了许多困难和危险，也有不少的乐趣。他们夜宿阎锡山新建的兵房时，煤气中毒，险些丧命。周立波在日记中记下了这惊险的一幕：

> 昨夜睡在阎锡山新建的兵房里，中了煤气，几乎死去。
>
> 这所兵房是阎锡山花了二十万元修造的，是山西境内漂亮的建筑物。以前没有住过人，现在做了第八路军刘师随营学校的校址。我们所住的房间，除了门窗以外，没有通气孔。到晚上，寒气很重，我们屋子里生了一盆木炭火，门窗全关了。睡到中夜，呼吸忽然不灵，头也很昏，我知道不对，立即起来，想去开门，从床边到门边不过五尺远，跌了五六跤，脚膝跌在粗糙的水门汀地板上，擦去两块皮，血流出来，但终于打开了房门，一接触冷空气，人就好了。
>
> 卡尔逊也和我一样跌倒在地上，他还能说话，我上厕所去了的时候，他请那位因我们的吵闹引来的警卫员移去火盆，向他说了一句生硬的中国话。指着火盆，他说：
>
> "太多的气。"
>
> 这是这次旅行中危险的一夜，差一点死了。不死于沙场，

---

① 邹理：《周立波年谱》，第 78 页。

却死于小小的木炭火钵的旁边，那才是碰了鬼。①

年初的华北十分寒冷，周立波在行军中双脚冻伤，不能走路，很痛苦，但他不太在意，还借机讽刺了一下日本军部：

> 别了宋出来，和田守尧同志到师卫生部去找医治冻脚的药。我的脚在这个冬天，因为初到北方，冻裂了几次。有的裂口，深至半寸，常常出血，而且发痛，不能走路，卫生部的同志拿了一瓶新近缴获的日本凡士林药膏给我，用缴获的羔皮，供给部又替我做了一双皮袜和皮鞋，谢谢日本军部，给我们送来这些东西，我的脚已经不再怕冻了。②

周立波最爱的是书报，行军中他得到了一份《大公报》和一本《三国演义》，爱不释手，这是他这次行军中的一件大乐事：

> 在刘师长的临时办公处看见了一份"大公报"，好久没有看见报纸了，连广告也都读完。
>
> 今天中午，偶然在我寄宿的房子的神龛背后，找到一本封面破了而且满是灰尘的石印《三国演义》，这快乐是难于忘记的。《三国演义》我看过好几遍。这次看这本没有头尾的残书，更增加了兴趣。因为它所记述的好多征战之地，正是近六个月来我所经历的地方。象长安、潼关、安邑、寿阳都是我所熟悉的。汉献帝被几个强盗将军赶出都城，临时建都于安邑。这安邑就是同蒲路附近的一个小城。曹操初出山东，和鲍信一道，与黄巾军作战于寿阳。寿阳不就是现在被敌人占领了的正太路的一个大站吗？③

---

① 《周立波选集》第5卷，第156页。
② 同上引，第160—161页。
③ 同上引，第176页。

他还在日记中记载了他们与刘伯承 129 师宣传队同行的乐趣：

> 至武乡县，途中有刘师宣传队同行，很热闹。宣传队中多"小鬼"，最大的不过十五岁，都快乐聪明，有自尊自觉的意识。中途在一个小村庄休息的时候，宋任穷同志叫了一个十二三岁的小孩子来，向我们介绍："他是他父亲用篮子挑了参加红军的。"
>
> 第八路军有许许多多年纪只有十二三岁的"老红军"。
>
> 这些"老红军"，站在路旁边吹奏口琴，十几个口琴合奏救亡歌。
>
> "奇妙的音乐。"卡尔逊称赞。①

在行军中，周立波沿途看到了许多美好的景色，欣赏了北国山川的雄壮与秀美，还品尝了许多"美食"，这些都令他十分欣喜。

周立波在这次考察中还结识了令他终生难忘的挚友田守尧。田守尧出生于 1915 年，比周立波小 7 岁，1931 年参加工农红军，1934 年担任红 25 军营长，参加了长征，和周立波同行时是八路军 115 师 344 旅的团长。当时田守尧在平型关战斗中左腿受了伤，伤还未全好，他就要回晋北部队，因此与周立波、卡尔逊同行。

田守尧有丰富的战斗经历，一路上向周立波介绍了许多战地行军的经验，为周立波的行军和写作提供了许多帮助。周立波脚冻伤了，田守尧扶他去治伤，帮他上药。1938 年 1 月 22 日，周立波、卡尔逊和几十个到延安去的学生在两个武装连队护送下越过正太路日军封锁线，在离娘子关只有两里地的一个山头上，周立波病倒了，睡在地上起不来，口特别渴。这时他们抓到的 4 个汉奸有两个逃跑了，很快敌人就会追上来。田守尧很着急，却十

---

① 《周立波选集》第 5 卷，第 153 页。

分冷静，他叫警卫员找来了凉水喂给周立波喝，给他按摩，终于周立波能起来了，和战友们"动身疾走"。对此，周立波终生难忘："在娘子关前的大山上我病倒时，田守尧比什么人都更关心我。我至今不能忘记。"①

1943年3月，田守尧赴延安途经江苏连云港市赣榆区小沙东黄海海面时，与日军巡逻艇遭遇，一场木船与铁艇的海战打响了，31岁的田守尧和妻子陈洛连等16人在这场战争中壮烈牺牲。在延安的周立波闻讯十分悲伤，写下了《悼田守尧同志》一文。周立波写道：

> 我们一定会很快胜利。很快的，在中国，不会再有日本兵，不会再有法西斯，新民主主义的旗子会插遍全国，这样我们就可以在全中国的土地上自由地走来走去了。到那时候，我们再来好好祭奠你，守尧同志，带着无限的尊敬和追怀，我们走到海边上，指着海，指着波涛汹涌处，告诉我们的后代，叫他们永远记着而永无懈怠：这是我们的英雄埋骨的地方。他叫田守尧，安徽六安人，新四军的一位旅长，共产党员。1943年8月殉难于苏北海面。死时31岁。和他同时遇难的，有新四军的一位师参谋长彭雄同志，和其他许多的无名英雄。②

### 五、《晋察冀边区印象记》《战地日记》

1938年1月19日，周立波、卡尔逊一行重返洪洞。此时周立波的兴趣不在写作，他痴迷于前线的战争生活，只想写一两篇文章就回部队。然而朱德在八路军总司令部给他交待了一项重要任务——写文章宣传八路军和敌后根据地。为了更好地执行这个

---

① 《周立波选集》第5卷，第49页。
② 周立波：《悼田守尧同志》，载《解放日报》，1943年9月10日。

任务，争取好的写作环境和出版条件，3月初周立波来到长江中游的华中重镇武汉。

1938年10月日军占领之前，武汉成为全国抗日的中心，国民党政府许多机构都在武汉，中共中央长江局也设在武汉，周恩来担任了国民政府军事委员会政治部副部长，郭沫若担任政治部三厅厅长。大批文化界人士在党的领导下开展了轰轰烈烈的救亡运动和抗日宣传。在山西前线分别的舒群也在2月的时候由延安来到了武汉，和丁玲一起创办文艺刊物半月刊《战地》杂志。周立波到武汉后，读书生活出版社总经理黄洛峰热情地接待了他，为他租好了房子，还准备了衣物。应舒群之约，周立波为《战地》杂志写了《几叶日记》，此后，便关在房子里埋头写《晋察冀边区印象记》。1938年6月，读书生活出版社出版了《晋察冀边区印象记》，此书的封面由画家丰子恺设计并题写书名。

《晋察冀边区印象记》是周立波出版的第一部文学创作作品，收录了24篇报告文学，其中《游击队的母亲》还被翻译为俄文，刊载在苏联1938年第八期《国际灯塔》杂志上。这本书出版后不久，1938年7月2日，汉口《全民周刊》发表了署名为罗之扬的评论，这是最早评论周立波作品的文字。文章认为《晋察冀边区印象记》有着和基希的《秘密的中国》相同的意义，它详细地介绍了晋察冀边区的战况，带来了八路军胜利的好消息，称这本书写出了"战斗与自由的中国"。

1938年6月25日，汉口的上海杂志公司出版发行了周立波的第二部报告文学集《战地日记》，收录了《晋北途中》《晋西旅程记》《信》三篇文章，以日记的形式记载了周立波从1937年12月26日到1938年2月28日陪同卡尔逊访问八路军52天的行程。

《晋察冀边区印象记》和《战地日记》的出版表明周立波的文学创作向前跨进了一步，和上海时期相比，已经形成他文学创作风格的雏形。他以基希为师，但又不单纯地模仿基希的创作和艺术风格，而是融入了当下中国对报告文学创作的要求和他自己的理解与创造。

周立波的报告文学融汇了新闻报道的写作技巧。他采用蒙太奇的写作手法，蒙太奇作为电影的主要叙述方式，来源于法文 Montage 的音译，原义为组合、装配之意。它主要表现为画面切换与组接，以达到在跨时空地压缩或延伸现实时间、表达叙述者对表现对象的强调或省略，获得去杂取精之生动叙述的效果。①《晋察冀边区印象记》共 24 篇文章，报告了包括边区军事、行政、统一战线、社会、建设、财政、教育、文化等方面的情况，从整体上看，仿佛一组组长镜头，各个具体的篇章又像电影的特写，将整体中的局部事件进行了放大。周立波以长镜头加特写的方式把整个边区的情况呈现在了读者的面前。

周立波还十分注重报告文学的文献性。他把材料分析引入作品中：在描写边区的经济建设时，他引入了军政民代表大会对增进农业生产的政策条文；在描写房山战斗中第二连的英勇无畏时，引用了悼念牺牲战士的祭文；在描写九华山的情况时，回顾了古代这里曾经发生过的历史事件……这些表明了周立波并非单纯就事件进行采访报道，他善于运用材料进行分析，呈现作品的立体感。

周立波的报告文学文学性很强。他的作品体现出较强烈的跨文体性，融入了小说和随笔文体的因素，比如在《徐海东将军》一文中他采取了白描的笔法："传说中，他是那末勇敢；想象里，他是应该有些粗鲁吧；事实却相反，他倒象个温文儒雅的书生，有浑圆的脸孔和灵活的眼睛，笑起来，左眼下的枪伤，象是生在上颊的一个酒靥。"② 这种小说的笔法能够较好地刻画出人物的性格。除此之外，周立波的报告文学还有大量的景物描写，他描写

---

① 参阅尹鸿：《当代电影艺术导论》，高等教育出版社 2007 年版，第 91 页。
② 《周立波选集》第 5 卷，第 45 页。

阜平的山景："睡睡又起来，往四围一看，尽是山头，有的很高。山岳是世界上许多美的东西的一种，特别是那高插入云的，就是荒山，也带些神秘。"① 他在描写东冶镇紧张的战争故事时，却是以美好的景色来结尾的："在暮色里，遥望这英雄喋血的巍峨的山岭，有些神往。在暮色里，西望滹沱河结了坚冰的河面，还显着耀目的白色……"② 如果说周立波上海时期看到的祖国大地的景色是灰沉的，那么他在敌后根据地看到的却是一片美景，因为此时他的心境发生了变化。上海时期他的生活无着落、革命不得志，令他痛苦、迷茫，看不到未来的方向。上了前线后，他被八路军英勇的将士们和敌后根据地可爱的老百姓们深深地感动着，因此祖国大地的美景一下子变得明朗、美好起来，而这些似乎与前线的紧张战情有些格格不入。

周立波的报告文学还具有"抒情诗的幻想"。在《晋北途中》他描写战士们听到枪炮声，"灵魂会颤动，热血会沸腾，正好象古代的战士们，听到进军的战鼓一样"③，他在《平原上》描写牺牲的战士张振海时，"他的留在人间的血衣的影子，渐渐地扩大，升腾，变成照耀一切的圣洁的光辉，好象黎明时节平原之上升起的太阳的万道金光一样"④，等等，这些关于文学想象的描写充分体现了周立波的作家气质。

总之，周立波在创作报告文学时，时刻牢记朱总司令交给他的任务——宣传八路军和敌后根据地，因此他没有遵循基希以批判现实为主的报告文学基调。虽然他的作品有对日本帝国主义者侵华罪行的批判，但这不是主要内容，他的作品还是以正面歌颂为主，歌颂边区军民英勇抗敌，共同建设的美好情景。

---

① 《周立波选集》第 5 卷，第 91 页。
② 同上引，第 108 页。
③ 同上引，第 172 页。
④ 同上引，第 238 页。

## 六、皖南之行

《晋察冀边区印象记》和《战地日记》写完后，八路军武汉办事处安排周立波跟李克农到上海去做地下工作。周立波一心想参加八路军到前线去，而且他认为上海很多人认识他，不利于开展地下工作。于是八路军武汉办事处安排他做翻译。1938 年 7 月，他被委派担任苏联塔斯社记者瓦里耶夫的翻译，到了位于安徽著名的九华山下的贵池、青阳等地，了解江南抗日情况。

江南是新四军所在地。1937 年 10 月 12 日，南方 8 省的红军与游击队改编为国民革命军新编第四军，叶挺任军长、项英任副军长。新四军组建后英勇战斗在江南抗日前线，屡建奇功。周立波陪同瓦里耶夫访问了国民党军队某部司令顾祝同、新四军副军长项英，考察了长江南岸对日防务，看到了江南军民在困难条件下坚持抗战，誓死保卫九华山、保卫武汉、保卫全中华的感人情景。

在皖南南陵，周立波路遇山洪暴发，掉进了水里。好在有惊无险，他从水里爬了出来，鞋袜被水冲走，脚被石头戳破，受伤严重。于是他请假回益阳清溪村老家治疗脚伤，住了近一个月。这是他离家 10 年里第三次回益阳老家。此次回到家乡与前两次不同，这时的周立波已是一位经历了上海左联和华北抗日前线锻炼的"战士"了。他在家休养时，多次到离家不远的蔚南女中①，向师生报告华北八路军和江南新四军抗敌事迹，和蔚南女中的创办者林伯森、党支部书记林煦春讨论办学方向和政治态度，建议在蔚南女中开展地下党团活动。

在家乡，周立波撰写了《九华山下》一文，9 月 24 日发表在广州《抗战文艺·武汉特刊》。文章赞扬了抗战军民的英勇斗志，也流露出对江南前方种种不如人意的事的忧虑，比如武器装备落

① 蔚南女中由益阳籍进步人士林伯森 1930 年于长沙创办。1938 年春，因日军轰炸长沙，搬到益阳板桥蜚英山下周氏南堂公宗祠。这里成为了中国共产党益阳县委活动阵地，许多共产党员在这里任教。

后、战地服务团领导工作不力、国民党军队后方在战争紧张的情况下"麻将牌也同时在响""戎装的妓女在哗笑，多情的饶将在胡调"等，但周立波在文章结尾还是表达了对抗战必胜的信心："在泥路上我又看见纵横着的浅浅的草鞋的痕印。我的眼前浮现一群穿军服穿草鞋的年轻的男女，他们正在困难中前进，他们要永远保卫九华山，保卫大武汉，保卫我中华民族充满魅力的江山和充满光荣的历史。"①

　　9月中旬，周立波回到武汉。这时的武汉形势非常紧张，处在沦陷的前夕。日军大举进攻，于10月占领了武汉。八路军驻武汉办事处和中共长江局正在部署撤退。眼见武汉即将沉陷，周立波心中不免产生"忧愁"。9月23日夜，他即将离开武汉之际，写了一首诗《别了！武汉》：

> 别了，武汉！
> 我们相识不到四个月，
> 却成了好友。
> 你扬子江的长流，
> 江汉关的车马，
> 黄鹤楼的夜，
> 都别了！
> 有无数要说的话，
> 都被秋风吹做了忧愁；
> 雄大的武汉是不喜欢忧愁的，
> 那么我也没有说的了。
> 我只盼望你永远自由，
> 你的自由，

―――――――
① 《周立波选集》第5卷，第295页。

会销解你的朋友们的忧愁。①

9月24日，周立波由中共南方局安排离武汉赴长沙。从1937年7月离开上海到西安，1938年9月底离开武汉去长沙，是周立波一生中不平凡的一年。9月25日，刚到长沙的周立波给友人写了一封信，回顾了自己这一年来的经历：

到今天为止，我们分别一年零三天了，别后我到过五台两次，最后一次是过封锁线去的。

从北方回南以后，在汉口住了三个月，专门写书，此后又到了江南一次，回家一次，现在又准备到长沙去办报。这一年中，旅行了九省，跑了万余里。……

这次抗战，进步的地方很多，使人感奋。但也有许多人借此升官或发财，有许多人借此神气。尤其是文化方面仍有一部分人积习未除，很糟。……②

这一年中，周立波亲眼目睹了抗日前线将士们的英勇战斗，也亲身经历了若干次炮火连天的战斗。虽然刚刚30岁，但他在血与火中锻炼成长为一名坚强的革命战士。他的信念在抗日烽火的考验中愈发坚定，他的理想在革命斗争的锤炼中不断升华，他成了一位在炮火中锻炼成长的中国现当代作家。

---

① 立波：《别了！武汉》，载《文艺》（半月刊）第2卷第5期，1938年12月25日。

② 立波：《书简与诗》。

# 第八章　受命办报

周立波离开武汉来长沙后，租住在近郊韭菜园一户农民家里，他和八路军长沙办事处取得了联系，等待分配工作。1938年广州和武汉失陷后，日军想打通粤汉铁路，利用汉口王家墩机场大规模轰炸长沙。蒋介石飞到长沙召开军事会议，部署长沙保卫战，决定实行"焦土抗战"。周立波在这个重要时刻来到长沙，长沙城正是一片恐慌之时。铁路、公路、码头挤满了人，进出城的道路挤得水泄不通。到处堆满物资，许多地方布满干柴、茅草、燃油。武汉失守后大批难民、伤兵涌向长沙。长沙城的商铺、旅舍住满了人，一部分民宅也被临时征用住进了伤兵。10月7日，周立波目睹此状，撰写《三至长沙》一文，成为见证长沙危难的重要历史文献。

## 一、沅陵办《抗战日报》

11月11日，长沙的北大门岳阳沦陷，长沙万分危急之时，周立波接到通知，到八路军办事处所在的寿星街2号接受分配任务。在这里，他见到了周恩来，周恩来面授他到沅陵办《抗战日报》，并交给他一部印刷机器、一套铅字、八百元经费和两位印刷工人，还派了长沙八路军办事处的汽车送他至沅陵。周恩来交代周立波："要办一个统一战线的报纸，对国民党政府办的事，凡是有利于抗战的，我们就要赞扬；凡是不利于抗战的，我们就要批评。"①

《抗战日报》是由田汉最初创办的中共领导下的公开合法的抗日统一战线报纸，并持有国民政府颁发的"中华邮政登记二类

---

① 《周立波选集》第4卷，第222页。

新闻报纸"执照。报纸于 1938 年 1 月 28 日上海抗战 6 周年纪念日时在长沙创刊，国民党湖南省主席张治中为报纸题词："勇往迈进，抗战到底"。1938 年 7 月，日军轰炸长沙，《抗战日报》停刊。11 月 3 日，国民党湖南省政府迁往沅陵，沅陵成为湖南政治中心。周恩来指示《抗战日报》也随之迁到沅陵复刊。

11 月 12 日，周立波坐长沙八路军办事处的汽车，带着印刷设备和印刷工人离开了长沙，走新修的湘川公路赴沅陵。湘川公路于 1936 年 9 月 9 日全线通车，是湖南与大西南后方的唯一陆上通道，每天有全国各地来的车辆，很是热闹。周立波乘坐的汽车到益阳时发生故障，司机要返长沙修车。周立波只得停留在益阳。

周立波离开长沙的当晚，发生了载入史册的长沙"文夕大火"。按照原定计划，当日军进逼长沙城，军队撤退之前，以点火为号，由警察把燃烧物点燃，将长沙焚烧，实行"焦土抗战"。由于国民党政府组织工作的失误，12 日深夜一处失火，引起全城放火，11 月 13 日凌晨整个长沙火光冲天。大火烧了五天五夜，离长沙一百多里的益阳都能看见长沙方向天空一片通红。据统计，大火使 3000 余人丧生，数十万人无家可归，财产、文物损失无法统计。这场大火与重庆防空洞窒息、黄河花园口决堤，被史家称为中国抗日战争时期的三大悲剧。因为 11 月 12 日电报为"文"字，大火发生于 13 日凌晨"即夕"，所以称为"文夕大火"。周立波在晚年写了回忆文章《长沙大火前后》一文："在离开长沙一百里外的宁乡，也能看见冲上云霄的一股股黑烟。整个长沙完全湮没在火海里了。"[1] 周立波在益阳十分担心周恩来的安全，也十分感谢危急时刻把汽车让给他们的长沙八路军办事处的同志。

未等第二辆车来，周立波回清溪村探家后经安化走山路到了沅陵。11 月下旬周立波到达沅陵后担任《抗战日报》副主编，并兼党支部书记，主编是廖沫沙。此时，各个机构、难民、伤兵涌

---

[1] 周立波：《长沙大火前后》，载《芙蓉》第 1 期，1980 年 3 月。

到沅陵，小小的县城聚集了 20 余万人口，住房紧张。地下党组织为报社租好了房子，地址是沅陵镇龙兴街马坊界 14 号周举仁家。这是一座两层楼的木板屋，一堵土墙围了一个院落，和明清民居一样有个八字形大门，院子不大，地坪约 50 平方米。堂屋两边房间是报社办公场所，楼上是报社人员卧室。穿过堂屋，走到屋后，上一个木楼梯，到了山坡上，有几间茅草房是印刷厂。这时，《抗战日报》主编廖沫沙、作家欧阳山、草明、木刻家张望夫、周立波表弟林岳松、田汉舅父蒋寿世等也到了沅陵。经过紧张的筹备，11 月底《抗战日报》复刊了。

《抗战日报》复刊后的一个重要宣传任务是刊登毛泽东的《论新阶段》。《论新阶段》是毛泽东 1938 年 9 月至 11 月在延安召开的中共扩大的六届六中全会上的政治报告，报告指出中国抗日战争将进入一个新阶段，抗日战争发展的新阶段即是抗日民族统一战线的新阶段。报告批判了王明"一切经过统一战线"的错误，论述了中国共产党在民族战争中的地位，正确分析了抗日战争的形势，确定了党在抗日战争新阶段的任务，对党领导抗战进行了全面的战略规划。周立波与报社编辑人员一道，从 1939 年 1 月 14 日开始，连续 11 天，用整版篇幅全文连载了《论新阶段》。当时在南方，只有《新华日报》与《抗战日报》两家报纸全文刊登了《论新阶段》，让江南人民听到了党中央、毛泽东的声音，了解了中国共产党的抗日主张。在沅陵的国民党有关部门先是反对刊登，后来又阻挠发行，在廖沫沙和周立波的领导下，《抗战日报》克服了重重困难，终于刊登了这篇文章。

抗日以来，长沙、沅陵等地最棘手的是伤兵与难民问题，这也是张治中任湖南省政府主席的第一个政府会议的主要议题。1938 年下半年，涌入沅陵的伤兵与难民增多，与当地老百姓发生了许多纠纷，1 月初时凉水井发生了伤兵与本地老百姓的冲突流血事件。周立波到凉水井调查情况后撰写了一篇社论《伤兵休养与难民生活问题》。周立波认为伤兵为国家流过血，应该受到优待，目前应该设法把他们集中起来安置，并增加他们的物质供应。趁着伤兵们在后方养伤的时候，要提高他们的文化水准，实施抗日教育，为伤兵征募书籍和图画，成立时事讨论会和读书阅报会，让他们不和百姓为难和闹事。周立波发现，湘西一方面缺乏劳动力，一方面又有很多无业的难民。他建议政府："奖励难民参加生产，组织垦荒队，设立垦殖区。特别发动难民参加交通的建设和住室的建造，鼓励私人资本，建立许多小规模的手工业工厂，以安置难民。"①

这篇社论立意很高，文笔平和，通篇说理，既分析了形势，又提出了解决办法。社论发表后，在社会上引起了很大的反响，沅陵县城由此掀起了一股慰问伤兵、送文化到伤兵医院的热潮。当时"一致剧社"还临时编写、赶排了几出宣传抗日的街头剧，深入各伤兵医院和难民集聚的乡镇演出，起到了很好的宣传效果。《抗战日报》的声望也在伤兵、难民和群众中得到快速提高，成为他们最喜欢阅读的一张报纸。

周立波在沅陵办报的条件十分艰苦，办报经费来自报社办的一个电影院和一家缝纫机厂微薄的收入。1939年1月，周立波的妻子姚芷青携8岁的儿子周健明来沅陵，一家三口终于在沅陵团聚。然而他们的生活却非常艰难，姚芷青在难民缝纫厂工作，后来由韩淑仪②介绍加入了中国共产党，改名为姚陵华。儿子周健明则被送进孤儿院。姚芷青回忆了他们一家在沅陵的艰苦生活：

> 在沅陵办《抗战日报》时没有经费，就在报社门前开办

---

① 周立波：《伤兵休养与难民生活问题》，载《抗战日报》，1939年1月19日。

② 韩淑仪（1913—1952），湖南长沙人，1926年考入徐特立任校长的长沙稻田师范读书，1937年12月进入八路军驻湘办事处工作，1938年5月入党，10月在沅陵的难民妇女缝纫机厂工作，同时从事党的地下工作。中华人民共和国成立后曾任长沙市妇联组织部长，1952年病逝。

了一个有声电影院，靠门票收入维持办报。《抗战日报》的社长是田汉、廖沫沙，主编是周立波，编辑有雷夏、林岳森等，记者有丁务淳、梁春阳、韩淑仪。当时周立波在沅陵办《抗战日报》时生活相当艰苦。为了生活，我只好将大孩子周健明送到孤儿院，自己到缝纫工厂做缝纫活。周立波生病是新路书店经理彭少彭同志接济他养病，我也用微薄的工钱买点东西给他吃。①

## 二、中共沅陵县委宣传部长

周立波到沅陵不久后，一天一位同志秘密通知周立波到新路书店楼上参加会议。周立波心生怀疑，便向廖沫沙报告了此事。廖怕他上国民党特务的当，便派人送他到新路书店。周立波到了后才知道原来是受邀参加地下党沅陵县委会议。

长沙"文夕大火"后，国民党省政府一些机关迁到沅陵，许多救亡团体与大批流亡知识青年、文化人也汇聚沅陵。中共中央南方局为了加强这一地区工作，于1938年10月建立了中共湘中工作委员会和中共沅陵县委。在沅陵县委领导下，沅陵地区在宣传党的抗日政策，开展抗日救亡活动，批判汉奸卖国分子等方面做了大量工作。周立波在会上汇报了《抗战日报》党支部的工作，驻沅陵办事处工作人员戴立人在八路军长沙办事处主任徐特立的授意下，会上提名周立波担任中共沅陵县委宣传部长兼管统战工作。此时，沅陵县委由丁务淳②、陈德明③和周立波三人组成。周立波担任地下党沅陵县委领导之

---

① 姚陵华口述，张宗高、张必禄记录：《姚陵华同志谈〈抗战日报〉》，载中共沅陵县委党史办公室编：《辰州烽火》，1987年4月编印，第332页。

② 丁务淳1916年出生，又名周宏明，清华大学毕业，原任长沙市委书记，1938年11月11日跟随湘岸盐务处到沅陵。中华人民共和国成立后在电力部、中央直属机关党委任职。

③ 陈德明，女，担任沅陵县委组织部长，中华人民共和国成立后在中央统战部工作。

后，除了编报外，还要做许多党务工作，十分繁忙。他到衡光毛巾厂组织"工人业余读书会"，发展新党员。他还担任了中苏友协湖南分会①党支部工作。统战工作方面，周立波的任务是做湘岸盐务处处长赵君迈②的工作，争取他支持抗日救亡活动。赵为人狡猾，虽然他的盐警队有一些地下工作者，但力量薄弱，周立波的统战工作成效不大。他后来对这段工作经历有过回忆：

> 一九三八年底到一九三九年五月，党派我到沅陵主持《抗战日报》兼任了中共沅陵县委宣传部负责工作，同时做了一些统战工作。党曾派我去跟国民党的赵君迈接过几回头，赵的盐警队有我们党的工作者，但力量很薄，且不稳定。赵为国民党中（央）军校的爪牙，人很滑头，不过是想利用我们，因此，盐警队的工作在我在时并没有多大开展。③

1938 年 4 月 21 日，周立波以《抗战日报》记者的身份到湘西采访，行程共 15 天，5 月 5 日回沅陵。他根据这 15 天的采访经历写作了《湘西行》《湘西苗民的过去和风俗》《雾里的湘西》等文章。

周立波走访湘西时非常关注苗民的历史和风俗。他讲述了自汉朝以来苗民经历的几次大的战事，包括汉武帝时刘尚、马援征苗被苗民战败；乾嘉时期陶侃征讨苗民，清朝动员 7 省兵力，花了 3 年才得胜；以及当时苗妇梅先率领族人为丈夫复仇的故事。

---

① 中苏友协湖南分会于 1938 年 11 月从长沙迁到沅陵，成员有翦伯赞、谭丕模、吕振羽、杨荣国、张天翼等。

② 赵君迈是湖南省政府主席赵恒惕的同父异母弟弟，1932 年一·二八淞沪抗战中率税警一团与十九路军并肩作斗，后出任湖南盐务局局长。中华人民共和国成立后曾任全国政协常委。

③ 《周立波同志给沅陵县委的一封信》，载中共沅陵县委党史办公室编：《辰州烽火》，1987 年 4 月编印，第 287—288 页。

这些都反映了苗民骁勇善战、勇于复仇的特性。周立波一路上还对苗民的各种风俗感到好奇，他描写了苗民的天王祭祀、以刺杀牛来卜吉凶的"椎牛会"、青年男女借唱山歌、跳舞恋爱、婚嫁的"猴儿鼓"等。

周立波在走访中了解到，几千年来，苗民们厄运连连，但始终保持着民族的独立性，他们独特的风俗习惯和语言也保存了下来，但遗憾的是，湘西苗民只有语言没有文字，他认为要帮助苗族摆脱目前的厄运就是帮助他们建立自己的文字系统，其中的捷径就是苗语拉丁化，而前提就是要把苗族团结到统一抗战当中来。他说："苗语拉丁化成功的重要的条件是苗族参加反日、反封建的斗争，取得自身独立和解放。"①

周立波一路上还看到了湘西抗日救亡工作的一些问题。他在泸溪看到救亡团体数量多，成绩却不理想，原因是："有的团体自身原不想工作，而想要工作的，又多遭误会，多被阻挠。几个流亡青年集资举办的'抗战小图书室'被解散了，'战时书店'连孙夫人宋庆龄先生的书都被禁卖。多少有些荒凉的气象，笼罩这城市。"②泸溪省立常中被"老顽固"统治着，他钳制青年学生言行，不支持他们抗日，而常中附小的学生为难民伤兵募捐，被人骂哭了，擦干眼泪继续行动。湘西所里的情况也和泸溪相似，中学生被校长和教师控制着，"背诵死书，不问国事"，他们受制于被学校开除的威胁，特别是那些免费上学的青年们，一旦被开除将会流离失所，因此过去活跃在乡间积极宣传抗战的"青年战时服务团""已经象一个服了安眠药的大汉一样沉睡了"。周立波为此感叹湘西的夜"是很寂寞的。四野的蛙声，和一把胡琴的不十分圆润的音调，都不能改变这情境"。③

---

① 《周立波选集》第5卷，第320页。

② 同上引，第322页。

③ 同上引，第323页。

### 三、桂林编《救亡日报》

1939年4月到5月间，湖南形势变坏，中共湖南省工委安排部分党员离开沅陵，周立波接到周恩来的任命，被调到桂林编《救亡日报》。

《救亡日报》于1937年8月24日创办于上海，是上海文化界救亡协会，简称"上海文救"的机关报，最初由"上海文救"与国民党人士合办。郭沫若任社长，夏衍和樊仲云（国民党）任总编辑，汪馥泉（国民党）任编辑部主任，周寒梅（国民党）任经理。上海沦陷后，《救亡日报》迁往广州，1938年10月21日广州沦陷后迁桂林。

《救亡日报》能在桂林出版，一方面是因为桂林的政治形势十分复杂，桂系的国民党将领李宗仁和白崇禧与蒋介石有很深的矛盾，这为《救亡日报》扎根桂林创造了机会；另一方面源于周恩来鼓励白崇禧抗日取得的成效。1938年10月24日晚，白崇禧、周恩来等撤离汉口去长沙。路过湖北省沙市时，白崇禧的汽车抛锚。周恩来邀请白崇禧坐自己的车。一路上，周恩来向白崇禧宣传党的抗日民族统一战线方针，鼓励白崇禧坚持抗日。因受到周恩来的影响，白同意在桂林设立八路军办事处，也同意在桂林恢复《救亡日报》社，并资助开办费200元。[①] 经过艰苦的筹备，1939年1月10日，《救亡日报》在桂林复刊，郭沫若担任社长，夏衍担任总编辑。1941年皖南事变后，《救亡日报》被勒令停刊。

抗日战争时期，武汉、广州失守后，桂林成为大后方抗日文化中心，扛起了中国抗战文化大旗。1938年10月到1940年皖南事变之前，到桂林的文化界人士有1000余人，进步文化团体多达40来个。有不少文化人为《救亡日报》写文章，为《救亡日报》的生存与发展贡献了力量。《救亡日报》虽然是共产党领导的一份

---

① 参阅文丰义等：《血铸的丰碑——中国抗战文化》，广西师范大学出版社2003年版，第258页。

报纸，但它与党报又有所不同。周恩来指示《救亡日报》要"坚持抗战、团结、进步方针，办出独特风格来，办成一份左、中、右三方面的人都喜欢看的报纸"。经过编辑同仁共同努力，这张八开版面的报纸吸引了许多文化人投稿。连日本进步文人鹿地亘、池田幸子等也常有文章在这份报纸上发表。报纸日发行量也由最初3000份扩大到一万余份，在江南各省、港澳和南洋一带发挥了宣传抗日的积极作用。

周立波在《救亡日报》的工作条件不比在沅陵时主办《抗战日报》好多少，据曾任中国社科院文学所所长的许觉民回忆，"报社人员的生活十分清苦，每月只拿一点生活津贴，平时的饮食只是糙米饭和一盆蔬菜"。① 当时周立波与艾芜在桂林比邻而居，艾芜回忆："晚间他去《救亡日报》上夜班，编报纸新闻，一直过着记者的艰苦生活。翻山越岭，到处采访，辛苦备尝，还得在编辑室中，熬更度夜，努力工作。南方的晚上是不烤火的，冷冻大，很难熬下去。立波告诉我，脚都肿了。但他笑着告诉我，没有叫一下苦。"②

周立波在繁忙的编务工作之余，在桂林时还撰写和翻译了不少文学作品。1939年6月至12月《救亡日报》共发表了周立波的8篇作品，包括通讯《湘西的苗家》《湘北胜利侧影》、报告文学《湘西苗民的过去和风俗》、评论文章《叹诉与做》《江南敌兵哀语》、翻译文章《为什么莎士比亚为苏联人民所珍爱》《亚美尼亚的绘画》等。

周立波在桂林时得知叶紫因贫病在家乡去世，十分悲伤，在《救亡日报》发表《为叶紫喜》，悼念这位儿时的朋友和左联的"战友"。他与夏衍、艾芜、廖沫沙等在桂林的文化工作者共同商量救助叶紫遗孤事宜，刊登《为援助叶紫遗孤募捐启事》。《启事》

① 许觉民：《忆桂林〈救亡日报〉的人和事》，载《出版史料》2003年第1期。
② 艾芜：《回忆周立波同志》，载《周立波研究资料》，第142页。

刊登后，广大读者和文艺界同仁捐款近30000元，由桂林《救亡日报》社转寄给了叶紫的家属，缓解了他们经济上的困难。

在桂林，周立波还参加了一些抗日文化活动。1939年7月4日，桂林文艺界在南京饭店举行聚餐会，商讨成立中华全国文艺界抗敌协会桂林分会筹委会事宜。周立波与巴金、艾青、艾芜、舒群、田汉、夏衍、方振武、胡愈之、王鲁彦、宋云彬、焦菊隐、赖少其、白薇等被推选为筹备委员。

1939年底，周立波接到周扬发来的电报，要调他去延安工作，于是，他离开桂林，奔赴他心中向往已久的革命殿堂——延安。

# 第九章  鲁艺执教

## 一、充满激情的鲁艺教员

1937 年 1 月，中共中央领导机关由保安迁驻延安，延安成为领导抗日战争的中心，丁玲、周扬、周而复、柳青、欧阳山、刘白羽、柯蓝、康濯、贺敬之、秦兆阳、丁毅、杨绍萱、齐燕铭、艾青、李青、田间、郭小川、杨朔、萧三、贺绿汀、萧军、艾思奇、严文井、何其芳、沙汀等一大批进步文化人士来到延安。中华全国文艺界抗敌协会延安分会，边区文化界救亡协会，延安平剧研究院、陕公剧团、鲁迅研究会等一批大文化社团随之涌现。延安的文化活动一派繁荣。1938 年 8 月，周扬出任鲁艺学院负责人兼首任文学系主任。周扬在延安"站稳脚跟"后没有忘记他的"小老弟"周立波，虽然革命形势与战争将他们分隔两地，但他们一直有通信，知道周立波经过前线炮火的锤炼，又有在沅陵和桂林从事办报和文化抗战活动的经验，已经成长为一名革命者了，于是发电报调他到延安。

周立波到延安时，心情十分欢畅，他觉得长久以来他追求的光明终于在这里找到了。一到延安，他就写了一首表达他愉悦心情的诗：

> 我要大声的反复我的歌，
> 因为我相信我的歌是歌唱美丽的，
> 像阳光相信他的温暖，
> 像提琴相信他的调好的琴弦，
> 像青春相信他的纯真的梦境，
> 像那朵飘走的云，相信他的自由轻快的飞奔。
> 在早晨，我站在黄土山岗的山腰上，

金黄色的太阳光，正抹着山顶，

酸枣刺上的露珠还滴着。

我望着青色的麦野，清亮的延河，矮小的泥屋和起伏的
山陵，

和走着的人们，

我希望早风

把我的歌带走，

跨过麦野、河流和山陵，

吹进那些泥屋，

吹给那些人们，

也带给远方和远方的人们，

让他们相信，让大家相信，

生活里有很多美丽的东西，

像白天有着很好的清早，

像春天有着很好的青草。

……①

到延安后周立波担任了鲁艺文学系教员兼编译处处长，负责讲授
文学系"名著选读"这门课。从 1940 年初到 1942 年 4 月，他讲
授了高尔基、法捷耶夫、绥拉菲摩维奇、涅维洛夫、普希金、莱
蒙托夫、果戈理、托尔斯泰、屠格涅夫、陀思妥耶夫斯基、契诃
夫，以及歌德、巴尔扎克、司汤达、莫泊桑、梅里美、纪德等十
余位外国作家和他们的多部作品。他的讲课是在现实主义的框架
下展开的，他选择的外国作家和作品几乎全部来自法国、俄国和
苏联的现实主义文学，他的讲课遵循从古典到现代、从法国到俄
国和苏联、从批判现实主义到社会主义现实主义的逻辑，条分缕
析、层层深入地分析。他的授课方法是先让学生读作品，开会讨

① 周立波：《一个早晨歌者的希望》，载《周立波选集》第 4 卷，湖南人民
出版社 1983 年版，第 250—251 页。

论，然后才是教师讲授。周立波的讲课深受学生的赞赏。据当年的学员回忆，周立波经常穿一件破旧的深色呢大衣，戴一副断了一条腿、用绳子系起的近视眼镜，身躯高大瘦削，两颊深陷，可是脸上显现出奕奕的神采，浑身透露朝气。当年他 30 岁出头，正是风华正茂的年龄。①

鲁艺是以"团结与培养文学艺术的专门人才，以致力于新民主主义的文学艺术事业"为目标而设立的学校，也是较早地向正规化、专门化方向努力，并且取得了很大成就的学校之一。周立波在鲁艺任教时，鲁艺师生对外国文学作品的阅读、欣赏甚至到了迷醉的地步，而周立波作为教授外国文学的老师，更是引领了这股风潮。冯牧曾经回忆第一次在鲁艺见到周立波时的情景：有一个穿着灰色棉大衣的人，手里拿着一本英文原版的《雪莱诗选》，一边散步，一边大声地诵读着。同行的老师曹葆华告诉冯牧，这是即将为文学系学生讲名著选读课的周立波。周立波看见冯牧手里拿着的两本英文书，先是询问了他的英语水平，然后说："以你的水平，读菲尔丁的书还太早。我建议你先读惠特曼的这几首诗，读懂了以后，再读别的。"他从冯牧手里拿过《草叶集》，在目录上画出《大路之歌》《从帕门诺出发》《船长呵》等诗篇后又还给他。果然没过多久，他出现在了文学系的名著选读课堂上了。②

周立波的"名著选读"讲授提纲论及十多位外国作家和他们的多部作品，他对西欧、俄国和苏联的更多的著名作家及其作品进行了比左联时期更为深入、系统的研究。他主讲的名著选读有他本人的艺术见解和褒贬尺度，分析细致入微，阐释条理清晰，显示了形象思维和逻辑思维统一的特点。周立波的课在学生中赢得了极高的声誉，听课者最多的时候达到二百余人，"课堂"也从

---

① 葛洛：《悼念周立波》，载《北京文艺》1979 年第 11 期。

② 冯牧：《窄的门和宽广的路》，载《中国作家》1988 年第 2 期。

文学系的小院子搬到了鲁艺的篮球场上。有人说，周立波讲授名著选读是鲁艺历史上"最具浪漫色彩的篇章之一"。①

周立波在分析和阐释外国作家作品时所使用的尺度基本上是人的尺度、人性的尺度和人道主义的尺度。比如，他认为蒙田的散文体现了"对于人性的深深的透视"；② 对于司汤达和他的《贾司陶的女主持》，他探讨的是"人性和美学的既有的和可能的原理"，主要研究"对于人生的认识和对于这所认识的东西的表现"③，他还指出"人性"是"真的天才经常的陪伴"，"性格的对话"要求"最准确的关于人性的知识"；④ 在论述《浮士德》的主题时，他写下了这样的文字："人能做什么？人的界限。自然的大和人类的小，人生狭小的苦闷"⑤；他说高尔基是"看出了灵魂里面的东西，看出了复杂的人性"⑥ 的；他明确指出法捷耶夫的《毁灭》主题是"新人的诞生"的主题，"新的道德的建立，人的淘汰，人的提高"⑦ 的主题。

周立波还把这一尺度与社会历史的分析结合起来，他认为外国作家的一个重要特点是"把人物的缺点，写做是社会环境的罪恶，没有抽象的好人和坏人"⑧；在论《罪与罚》时，他说道："决定人类命运的，不是历史的运动，而是个人的内在的东西。"并引用陀思妥耶夫斯基的原话："人的内在，紧紧的锁着的内在的世界，进行自己的考验，外部的世界只是作为内部的考验的材

① 岳瑟：《鲁艺漫忆》，载程远主编：《延安作家》，陕西人民教育出版社1992年版，第232页。
② 《蒙田和他的散文》，《周立波选集》第6卷，湖南人民出版社1984年版，第252页。
③ 同上引，第255页。
④ 同上引，第268页。
⑤ 《周立波鲁艺讲稿》，上海文艺出版社1984年版，第52—53页。
⑥ 同上引，第125页。
⑦ 同上引，第129页。
⑧ 同上引，第138页。

料。"① 在对托尔斯泰所作的分析中，他一方面认为，托尔斯泰是"一切人性的洞察者"，是"站在人生的最高峰，看清了人生的来路和去路"的，② 其作品表现了作家对生命意义的探寻，对于"创造永久的人性"的追求。另一方面，他也指出，俄国资产阶级革命的长处和弱点、力量和限制都体现在托尔斯泰的人格、观点和作品里，托尔斯泰摆脱了贵族观念的束缚，深刻地提示了一切不合理的现象的根源。

周立波在讲授名著选读时还十分重视艺术赏析和美的品鉴。陈涌在回忆周立波的授课时说道：

> 立波同志有精致的艺术口味。他欣赏法国梅里美这样雍容、优雅的作家；他讲究文体，他翻译的基希的《秘密的中国》便是十分讲究文体的。这和他的性格的某些方面和他的整个文化修养大约是分不开的。但当时他对梅里美似乎太激赏了，记得《西班牙书简》写到一个强盗在一些贵妇人面前竟彬彬有礼，以至这些贵妇人虽然明知道他是强盗而且明知道他的用意，也都觉得受宠若惊，几乎是自愿地把自己的戒指给了他，而立波同志对这些地方也真有点津津乐道，赞叹备至。当时也有一些同学，虽然也敬服梅里美在艺术上的精湛、完美，却更倾向于俄国文学的强烈深厚，博大深雄。他们是非议过立波同志的欣赏趣味的。③

周立波对美的品位也影响到了鲁艺的学生。他讲课中的安娜成了一些女学生心目中的偶像，连安娜的眼睫毛都令她们神往。安娜身穿黑丝绒裙的高贵优雅的风度令她们倾慕，她的个性、姿态甚

---

① 《周立波鲁艺讲稿》，第 307 页。

② 同上引，第 103 页。

③ 陈涌：《我的悼念》，《周立波研究资料》，第 153—154 页。

至眼神都成了学生模仿的对象。①

虽然周立波对外国文学的鉴赏有"精致的口味",但是社会主义现实主义仍然是他选择接受外国文学的一个主要的价值尺度。他提出不但要表现"'Life as it is'（按照生活本来的样子），而且要表现'Life as it is going to be'（按照生活将要成为的样子），和'Life as it ought to be'（按照生活应该成为的样子），因为我们改造人的灵魂的境界"。② 因此在联系中国新文学创作的实际时，他针对中国新文学作品的主题大都"局限在小资产阶级知识分子上面"的状况，主张"一定要走出这狭窄的小巷，走到大野"，"一定要突破知识分子的啾啾唧唧的呻吟，吹起响亮的军号"，"把农民、工人，兵士，甚至狱中的囚徒介绍到文学里来"。③

周立波授课的讲稿共 22 篇，8 万多字，经过了战火和"文化大革命"，艰难地保存了下来。1982 年，他的夫人林蓝找到北京大学精通俄国文学和西欧文学的学者李明滨和孙凤城共同整理这份讲稿。林蓝在整理讲稿时说："延安当年物资极端匮乏。立波同志的这些讲稿，是在那时书籍奇缺，难以找到参考资料的情况下，是在那时极为珍贵的棉籽油的昏黄闪烁的灯苗下，是在那时视为最高级的各色油光纸上，是在那时鲁艺东山窑洞里的无数寒冷的冬夜与凉爽的夏日写成的。在讲稿上那些细小难辨的密密麻麻的字里行间，倾注着立波同志为党培养文艺接班人的无尽的赤诚和心血！当时，立波同志讲授的'名著选读'，不仅使文学系的同学为之痴迷，也受到其他各系同学及教职员工的热烈欢迎，大大提高了同学们的文学知识和欣赏写作水平。故此，解放后，工作在全国各条文化战线上的延安鲁艺的老同志们，每当回忆起在延安鲁艺度过的可贵的青春岁月时，必然要谈起立波同志的'名著选

---

① 参阅王元培：《抗战时期的延安鲁艺》，广西师范大学出版社 1999 年版，第 160 页。

② 《周立波鲁艺讲稿》，第 41 页。

③ 同上引，第 149 页。

读'课，都对立波同志怀有深切的尊敬之情。"①

周立波的文稿经过林蓝和两位学者的整理后，在《外国文学研究》杂志分别以"西欧作家与作品""沙俄作家与作品"和"苏联作家与作品"为题刊发。徐迟在《读周立波遗稿有感》一文中说："我们感到，这份《立波遗稿》真正是我国近代文艺理论研究的极为重要的一个文献，更是一件弥足珍贵的美学的瑰宝。……我们今天读起来感到很亲切，可以感到象作家就在面前讲话的模样，它那么动人，用着珠玑似的精彩的语言。读它们就是一种享受，一种艺术的享受。它讲出来就和一般理论家的口气不一样，和美学家的文风也不大相同。"②"外国文学名著选读"这门课程在周立波的精彩讲解下成了鲁艺文学系的精品课程，提升了鲁艺的教学水平与学术水平。周立波也借此对自己多年的翻译和学习进行了归纳和总结，提高了自己的文学素养。

## 二、试笔短篇小说创作

周立波首次小说创作的尝试是在延安鲁艺时期，这个时期既是他作为小说家的起点，也是他整个文学创作方向的转折点。1941年6月6、7日，《解放日报》连续刊载了周立波以陕北农村生活为题材的短篇小说《牛》，这是他人生中的第一篇小说，也是他的第一部写农村生活的小说。随后他又发表了《麻雀》《第一夜》《夏天的晚上——铁门里的一个片断》《阿金的病》《纪念》等一批描写上海提篮桥监狱里囚犯们生活的短篇小说，后来这5个短篇结集为《铁门里》出版，《铁门里》和《牛》一起成为周立波小说创作的开端。周立波突出的个人风格在他最初的这6个短篇里尚未形成，可以说他的这些创作"学生腔"十足，这与他后来的小说形成鲜明的对比。

---

① 《周立波鲁艺讲稿》，第159—160页。

② 徐迟：《读周立波遗稿有感》，载《外国文学研究》1982年第2期。

1941年3月，周立波与木刻家古元到延安县的碾庄帮助农民办冬学，在农民刘南起家住了50多天，同这里的农民交上了朋友。《牛》的主人公张启南，就是以刘南起为原型。鲁艺文学系毕业、时任碾庄副乡长的葛洛1978年回碾庄看望乡亲，乡亲们问那个"戴眼镜的周立波"的近况，还回忆周立波趴在土坑上写小说的情形。

《牛》的主人公张启南是一个"有点爱躲懒"的农民，但他比别人"更多一些风趣，一点感情"。他特别喜爱牛，牛的一举一动都牵动着他的喜怒哀乐。周立波十分细腻地刻画出张启南对母牛和小牛的精心照顾和爱抚，以及他在母牛的生产过程中的紧张和欢乐。周立波在描写陕北农民为母牛接生这样一个在农村经常发生的故事时，用的是抒情的方式，他花费了大量的笔墨描写感觉、情绪和心理，以至于通过这些营造出来的气氛和意境与陕北农村的真实氛围相距甚远。他描写母牛生产时，这样写道：

> 你们见过强壮象牛的哭吗？痛苦使它变得软弱了，使它忘记了它是从来不知道哭泣的、忍苦茹辛惯了的脾气很好的家伙。在恋爱的初期，男的和女的，都充满了露天底下的丰富的幻想，和见面的晚上的灼热的狂欢。这在牛，是多少有些和人相象的。到了共同犯了一种风流的罪过，为了延续后代需要付出一些痛苦的代价时，痛得昏昏沉沉的一面，希望靠在男人的臂弯里，借着那温暖，使她想起了他们的欢喜的过去，使她想着就是在痛苦的海里，她也不是孤零零地单独一个人漂流，这会增加她的忍耐和勇气，而且会使她哭泣。"呵呵……"她会说，要说的下面的话，被眼泪咽住。而流下来的，不是痛苦的泪水。而临盆的苦楚，会这样地将就地应付了过去。①

---

① 《周立波选集》第1卷，湖南人民出版社1983年版，第46页。

周立波在这里写的是母牛生产时的心理活动，把母牛生产的痛苦看做是男女恋爱风流过后的一种代价，表达的是作者对母牛痛苦的同情。此时的周立波还没有从 20 世纪 30 年代左翼文学青年的身份中跳脱出来，注重的是借抒情来表达自我情绪，营造了一种悲伤的氛围，忽视了农民新添小牛的喜悦心情，他还没有真正地融入农村生活和农民中去。

同样，他是这样写新生的小牛的：

> 两只小蹄子，很久还停留在那里，不后退，也不想前进。到底是快一点踏进这有着芳香的野草和阳光、也有着许多的辛苦和工作的世界呢，还是在狭窄的但很安适的母胎里，再多留一会？对于这问题，它好象是由于太多的考虑，有了一点点知识分子气的犹疑。但是，也许是摆艺术家的架子。①

周立波运用了拟人的手法并叙述了小牛的"内心世界"。这样一只即将出世的陕北农村的小牛居然有知识分子和艺术家的特点，这种比喻实在与现实离得太远，难以让人信服。周立波写这篇作品的初衷是为了表现边区农村的新生活，但显然他还没有做好准备。

《牛》中还有许多直抒胸臆的抒情。比如文章结尾的描写：

> 回到房间里，立即吹了灯睡觉。但是很久没有睡得着。从微微明亮的纸窗的外面，清楚地传来了远处的小溪里面的一些青蛙叫，和近边的牛嚼草料的声音，此外是十分的寂静。寂静有时是好的，那会让人清晰地想到许多事。我想起了牛，微笑和革命政权的意义。在这一向落后的陕北的农村里，因为有了共产党所领导的新政权，人和人间，已经有了一种只

---

① 《周立波选集》第 1 卷，湖南人民出版社 1983 年版，第 47 页。

有生活的圆满和快乐才能带来的亲切的温暖的东西。住在这里，你会觉得，我们人，好象是再不要互相攻击，再不要互相打破各人的头了。但是我也知道还没有。为了对付我们的残暴下流的民族敌人和阶级敌人的包围和暗害，代替着温暖的人间爱，我们也还是要堵塞一些仇恨和警惕到我们的心里。代替着我们所乐于看见的微笑，我们会时常想起我们的黑暗的家乡和别的许多地方的人们的很多的泪水，很多很多的。

但无论如何，在这样的地方，这样的月夜里，我们的心情是无所埋怨的。

窗外的谁家的牛，停止了嚼草，大声地叹了一口气，它为什么叹气呢？有些人是为了忧愁而叹气，但也有些人，是为了吃得太饱而叹气，后者常常找不着解救自己的那个法子，就是吃得少一点的那个简单明了的法子。牛也是一样。①

相比于在前线的山村，碾庄远离战争的喧嚣，周立波在这里感受到了宁静和温暖，虽然他也"觉得很快乐"，却无法和当地的村民们一样，释放出发自内心的喜悦，在这样一个中国共产党领导的新政权下，在人们快乐地生活的氛围下，他仍然不合时宜地感到"代替着温暖的人间爱，我们也还是要堵塞一些仇恨和警惕到我们的心里。代替着我们所乐于看见的微笑，我们会时常想起我们的黑暗的家乡和别的许多地方的人们的很多的泪水"，仍然"忧愁而叹气"，这是他20世纪30年代以来惯用的抒情方式，而这种抒情和他的叙事是格格不入的。此时的周立波还是那个有着"精致口味"的讲授外国文学的鲁艺教员，他在翻译和阅读外国文学作品中积累起来的审美品位深深地影响着他早期的小说创作。

正因为如此，《牛》发表后遭到了批评。萧军认为："我只觉得作者那不是用的如一般进步作家们所主张的科学的现实主义的

① 《周立波选集》第1卷，第51—52页。

手法，而似乎是用的庸俗的'自然主义'的手法……在写作。"①
后来的评论家也认为"黄土高坡上的陕北乡下，经周立波一写，
全无中国味儿。欲赋予庄户人家及其劳作的生涯一些诗意，本无
不可，只是我们一看，就不觉那是中国西北农村可以产生的诗意。
不单人，就连初生的小牛也染上了洋情调。我们不怀疑作者本意
是表现好边区农民的新生活，但显然他在语言上没有作好准备。
他揣着满脑袋苏俄小说的词句来到这里，遇到的最'本土'的中
国西部农民生活。"②周立波自己也看到了《牛》的问题，他在后
来的反省文章中说："譬如在乡下，我常常想到要回来，间或我还
感到过寂寞，这正是十足旧的知识分子的坏脾气，参加生产和斗
争的群众，不会感到寂寞的，……只有犯着偏向的小资产阶级的
知识分子们，才会有这样的病态的感觉。"③

　　周立波的《铁门里》系列包含《第一夜》《麻雀》《阿金的病》
《夏天的晚上》《纪念》5 个短篇小说，取材于周立波 1932 年在上
海提篮桥监牢 20 个月的牢狱生活，是他亲身经历的牢中生活的真
实写照。

　　从《铁门里》系列的题材来看，这批短篇小说可以归结为牢
狱文学一类。牢狱文学曾是 20 世纪 30 年代左翼文学的一个重要
题材。在 30 年代的中国，社会各界人士因为政治、救国的言行和
其他原因而锒铛入狱，成为当时的普遍现象。左翼作家文人的被
捕入狱，更是屡见不鲜。在上海就有左联五烈士被捕牺牲，周立
波、丁玲、艾青、陈白尘、陈荒煤、艾芜、彭家煌、楼适夷、洪
灵菲、冯宪章、潘漠华、舒群等人都有过一段牢狱生活的经历。
"牢狱事件"的普遍性自然引起普遍的关注，成为时代性的政治、
文化和文学话题之一。曹聚仁对此作了讽刺性的描绘，指出当时

---

① 萧军：《第八次文艺月会座谈拾零》，载《文艺月报》，1941 年 7 月 1 日。
② 李洁非、杨劼：《解读延安——文学、知识分子和文化》，当代中国出版
　　社 2010 年版，第 261—265 页。
③ 立波：《后悔与前瞻》，载《解放日报》，1943 年 4 月 3 日。

"中国第一流人才，有的在爬山，有的在牢狱里"。王造时也曾发表言论说："要救国，就有坐牢的机会。"① 此时以牢狱生活为题材的作品引起了人们的关注。艾芜、罗锋、陈荒煤、陈白尘等，都写过以牢狱为背景和对象的小说，其中尤以陈白尘为甚，他30年代出版的《曼陀罗集》《小魏的江山》和《茶叶棒子》三个中短篇小说集，近三分之一都是写牢狱生活。此外，一些被捕入狱的政治领导人如方志敏，也写有《牢狱纪实》《可爱的中国》一类的纪实作品，在当时和后来产生了很大影响。除了国内知识分子自己的创作，《囚人之书》和《狱中记》等外国纪实作品也被翻译到中国。这些虚构和非虚构的"牢狱题材"作品，确实构成为整个30年代左翼文学中有意味的、比较独特的文学流脉。②

周立波是最早对这种文学现象以"牢狱文学"进行命名并作出评价的作家。在《1935年中国文坛的回顾》一文中，他首次对左翼的牢狱题材小说用"牢狱文学"加以概括，对整体的牢狱题材小说和具体的有代表性的作家作品进行了点评和概述。周立波提出和评论的"牢狱文学"，主要指的是左翼作家（包括有入狱经历和没有这种体验的）创作的以描绘牢狱生活及其"内幕"的作品，他在《1936年小说创作的回顾》的年度小说述评中，仍然继续对东北作家罗锋和舒群表现"狱中生活"的作品予以点评和称道，他似乎对"狱中生活"作品情有独钟。

周立波在鲁艺创作的《铁门里》与陈白尘等写的左翼牢狱题材文学不同，他们是从阶级性视角——即通过牢狱这样一个特殊的空间和窗口、通过牢狱的地狱性存在与黑暗的描写，表达和揭示当时中国社会阶级斗争的尖锐与阶级压迫的残酷。而周立波写的《铁门里》系列表现的显然不单纯是阶级压迫和斗争，而是民

① 转引自《一九三五年中国文坛的回顾》，《周立波三十年代文学评论集》，上海文艺出版社1984年版，第151页。
② 参阅逄增玉：《三十年代左翼"牢狱文学"》，载《粤海风》2007年第5期。

族压迫与矛盾。这种压迫和矛盾同样通过牢狱这一具体的压迫形式具象地表现出来。因此，他的小说呈现出左翼牢狱文学主题的另一方面：表现被压迫和被殖民国家文学的反帝反殖民的政治爱国主义和民族主义诉求，这种文学主旨可以看作是他30年代文学兴趣和文学追求的一个延续。

周立波在20世纪30年代点评左翼"牢狱文学"的时候，曾指出一个不足：创作数量不能与俄罗斯和当时日本的"牢狱文学"相比，没有那些国家的长篇巨制。周立波最初构思《铁门里》系列的时候是想写成一个长篇，可能就是受了俄罗斯和日本长篇牢狱文学的影响。当然，他后来没有成功，这与他的文学创作与左翼的政治和意识形态密切相关，有着过于急迫的政治与现实的功利性和目的性，以及对文学的"匕首和投枪"的武器作用与战斗性的追求，致使他的作品的构思和写作是粗线条的、速写式和平面化的，在总体上存在某些单向化和类型化现象。与左翼文学推崇的俄罗斯批判现实主义的牢狱文学相比，30年代左翼牢狱文学普遍缺少俄罗斯文学对法庭、审判、牢狱、流放、苦行和罪与罚的全面而深刻的描写，特别是没有在这样的描写和叙述中像俄罗斯文学那样与历史、道德、宗教、人性、心理、哲学进行广泛深刻的联系和发掘，揭示丰富的意义与价值，从而造成了左翼牢狱文学的历史局限。这也是周立波的长篇最终没有完成的关键原因。

《铁门里》系列短篇中比较有代表性的是《麻雀》,《麻雀》写一只飞进监牢铁门里的小麻雀受到失去自由的囚徒的喜欢和抚爱：

在外面，谁都不会喜欢麻雀这种过于平常的小鸟，但在囚房里，它变成了诗里的云雀和黄鹂。我们喜欢它，因为它是自由的飞鸟，这在这天的上午，它还浴着阳光，也许还沾着草上的露水，在广阔的天空中飞翔，在街树的密叶里跳跃和啼叫。这使我们神往。我们中间有的人，已经整整四年，没有看见一根青草，一片树叶了。我们抚爱它，好象要从它身上，寻找那甜蜜的自由生活的痕迹，闻嗅那清新的草和树叶的芳香。我们亲近它，好象长久地离开了家乡的人，看到了一个刚从家里出来的亲人，竭力想要从他的服装上、谈吐间闻到一些盈满了我们童年的爱和欢喜的记忆的家乡的水土的气息一样。①

这只平常普通的麻雀，在这些失去自由的囚徒的眼里变成"诗里的云雀和黄鹂"。它激起了囚徒心灵深处对自由的强烈向往，对人世间美与爱的无比渴念。然而这只麻雀却被凶恶的英国巡捕"二十七号"用硬底皮鞋踩死了。像麻雀的尸体一样，囚人们"对于自由生活的一个黄昏的快乐的梦想也被抛到了窗子外"。作品在美好的追求和意愿与对自由的热切思念被轻易地无情地毁灭的悲剧中，生动有力地展示了被关在铁门里的革命志士们的优美心灵、高尚情操和坚定的信念。

《麻雀》发表后得到了较高的评价。1942年12月5日，刘雪苇在《解放日报》发表《〈在医院中〉〈麻雀〉及其他》中称周立波的《麻雀》与丁玲延安时期的巅峰之作《在医院中》同样吸引人，"《麻雀》的吸引人处，不在他的人物（因为这里没有展开人物性格的描写），而是作者给予这故事上的深厚的抒情气氛和微妙的表现手腕。作者确实是'善于抒情'的"。② 严文井也高度评价《麻雀》："这个短篇比他以后受某些条条框框束缚写出来的某些作品，更为动人，更有着永久的艺术魅力。"③ 直到周立波逝世，他的好友沙汀仍然对《麻雀》这篇文章有很深的记忆："我在延安才读到他初期创作的短篇小说《麻雀》。这篇作品是以他的监狱生活

---

① 《麻雀》，《周立波选集》第1卷，第8页。
② 雪苇：《〈在医院中〉〈麻雀〉及其他》，载《解放日报》，1942年12月5日。
③ 严文井：《我所认识的周立波》，《周立波研究资料》，第104页。

为基础写成的，它的艺术特点一直保存在立波以后的长短篇小说中：语言生动、朴素、幽默、极少雕琢痕迹。通过一只麻雀，作者为我们展现了那些为革命遭受禁锢的人们的心灵：他们坚强、乐观，对于黑暗势力报以最轻蔑的嘲笑。这也可说是立波同志自己的写照。"①

### 三、延安文艺座谈会与审干运动

1942 年 4 月 13 日，周立波突然受到毛泽东邀请，和何其芳、严文井、曹葆华、舒群、陈荒煤、姚时晓一道去杨家岭，谈谈他们对文艺工作的意见。这次座谈后不久，他又收到了毛泽东、凯丰署名的请帖，邀请他参加 5 月 2 日在杨家岭召开的文艺座谈会。5 月 2 日下午，周立波和何其芳、陈荒煤、舒群、华君武等结伴来到了杨家岭中央办公厅会议室参加第一次文艺座谈会。接着，5 月 8 日、5 月 23 日周立波参加了第二次和第三次会议。毛泽东在第三次会议上做了具有伟大历史意义的讲话，为中国文艺界确立了一个方向，即文艺为人民大众、首先为工农兵服务的方向。如何为人民大众、为工农兵服务呢？首先就要改造思想。毛泽东说："我们知识分子出身的文艺工作者，要使自己的作品为群众所欢迎，就得把自己的思想感情来一个变化，来一番改造。没有这个变化，没有这个改造，什么事情都是做不好的，都是格格不入的。"②他进一步指出："文艺工作者却常因'不熟'人民生活，'不懂'人民语言，因而造成作品与人民生疏的后果，许多文艺工作者的作品里面常常夹着一些生造出来的和人民的语言相对立的不三不四的词句。什么是大众化呢？就是我们的文艺工作者的思想感情和工农兵大众的思想感情打成一片。而要打成一片，就应

---

① 严文井：《我所认识的周立波》，《周立波研究资料》，第 147 页。
② 《在延安文艺座谈会上的讲话》，《毛泽东选集》第 2 卷，人民出版社 1977 年版，第 864 页。

当认真学习群众的语言。"①

毛泽东的讲话直击周立波的心灵，他开始反省自己过去的文艺思想：

我们都是小资产阶级出身的人，身子参加了革命，心还留在自己阶级的趣味里，不习惯，有时也不愿意习惯工农的革命的面貌，这是一。其次，我们受了资产阶级上升时期的文艺的影响；这种文艺是歌唱个人主义和个性自由的。我们没有分清楚，这种文艺在当时有革命的作用，但是到了无产阶级革命的现在，如果毫无批判地接受过来，就要变成反动的东西。第三，我们上了当，没落阶级有时提倡所谓假自由文艺，标榜为艺术而艺术，来欺骗民众，我们跟着也糊里糊涂的，不和斗争着的工农协同一致，努力去争取民族的、阶级的自由，却向自己的人来闹个人的自由了。

我们的文学，五四以来，受了外国文学的影响，好影响居多，坏影响也有。在形式上，使得我们的作家有洋八股倾向，这是坏影响。我们还没有独创的新形式。小说和诗除了少数杰出的才人制作以外，大都是模仿代替了创造。文章做得和外国人一样，还自以为清新，我在过去，就有这样的毛病。现在也还有些很好的同志，写小说模仿契诃夫和莫泊桑，还没有踏出自己的道路来。

有许多形式，外国很发达，我们不能不学习，不但现在要学习，将来也要的。但是学习决不是止于模仿，我们要添加自己的新的进去，这叫做创造。过去我在鲁艺教"名著选读"，没有着重地说明这一点，这是有些毛病的。

过去我在鲁艺教"名著选读"选读中国的东西太少了。这也太偏了。我们小资产阶级者，常常容易为异国情调所

① 《在延安文艺座谈会上的讲话》，《毛泽东选集》第 2 卷，人民出版社1977 年版，第 864 页。

迷误，看不起土香土色的东西。其实土香土色的东西也有些好的。①

他检讨自己过去在延安的乡下，写的是自己过去经历的东西，而没有去接近农民，没有注意环境，不熟悉经过了土地革命、呼吸于新天地里的新农民。在创作上，"文章做得和外国人一样，还自以为清新，我在过去，就有这样的毛病"。②

他反省自己没有认清当前的革命形势，左翼时期"歌唱个人主义和个性自由"的文艺是"小资产阶级"的革命，显然不能解决当前无产阶级革命的问题，当前需要一种面向"工农"的新形式的文艺，过去的"旧"形式都是模仿外国文学，外国文学的形式是无法走出"自己的道路"来的，然而他并不完全否定外国文学，他认为"外国文学的长处，多于他的短处"，要"继续汲取外国文学的长处"，同时要"添加自己的新的进去"，创造出自己的新的形式。

周立波一边反思自己的文艺思想，一边迎来了他人生中的一件大喜事。1942年7月的一个晚上，鲁艺文学系举办了一场集体婚礼，两对新人分别是周立波与林蓝、何其芳与牟决鸣。周立波与何其芳是鲁艺文学系受学员尊敬而又喜欢的青年教师，而林蓝和牟决鸣都是鲁艺文学系的学员。林蓝1920年4月2日生于河南省临汝县（今汝州市），牟决鸣1916年生于浙江省黄岩县，一个是北方女孩，一个是南方女孩，都长得漂亮而又性格活泼。整个鲁艺从院领导周扬到普通学员都来贺喜，窑洞里外挤满了人，延安窑洞里的这场集体婚礼热闹喜庆。两对新人胸前挂着红花并排站着，人们吃着红枣，要两对新人谈恋爱的经历，一片欢声笑语。1976年，周立波在一首写给夫人林蓝的诗中回忆了当年在延安结婚时的热闹场景：

①②　立波：《思想、生活和形式》。

延安长夏似三春，有月无花也动人。

红枣迎亲兼待客，提琴且喜曲儿新。①

　　林蓝，原名王步涵，出身于一个地主家庭，少年时代在河南省开封师范附小和河南省立第一中学读书，受到鲁迅、巴金、丁玲及前苏联文学作品，特别是周立波翻译的《被开垦的处女地》影响，憧憬社会主义和共产主义。《被开垦的处女地》一书，林蓝到晚年还带在身边。读初中时，她在报纸副刊上发表了一篇怀念教师的散文，从此喜欢上了文学。1937年，17岁的林蓝与同学结伴，徒步到延安，在陕北公学、抗日军政大学学习，后来到鲁艺文学系学习。周扬曾称赞林蓝是才女。周立波20世纪40年代在东北尚志县元宝镇和50年代在湖南益阳县大海塘乡深入生活时，林蓝一直陪伴，帮助他收集材料、整理笔记，并担负实际工作。晚年林蓝专心编辑周立波文集，克服难以想象的困难，收集、整理、编纂了两百多万字的文字。

　　1943年，毛泽东的《在延安文艺座谈会上的讲话》精神在延安步步推进。新年伊始，延安文艺界举行了边区劳动英雄座谈会，劳模代表吴满有②、赵占魁③等报告自己的翻身史和模范事迹，此后延安文艺界掀起了写英雄、写劳模的热潮。周立波参加了这

---

① 《周立波选集》第4卷，第256页。

② 吴满有幼年由陕北横山县逃荒到延安柳林区二乡吴家枣园落户，他积极响应党和政府开展大生产运动的号召，早起晚睡，辛勤劳作，每亩地比其他农民多收六分之一的粮食，带头交公粮，优待抗日军属。他的事迹被《解放日报》记者莫艾报道，引起很大反响，成为边区第一个著名劳动模范。毛泽东为他题词："天下有名"。

③ 赵占魁为边区农具厂翻砂工人，工作中认真负责，任劳任怨，增产节约，多次评为劳动英雄和模范工人。《解放日报》1942年9月11日发表社论《向模范工人赵占魁学习》。1943年到1945年连续5年当选为边区特等劳动英雄，毛泽东为他题词："钢铁英雄"。

次座谈会，会后他在《后悔与前瞻》一文的末尾写道："在不远的将来，革命历史上和现实生活里的真正的英雄，刘志丹，赵占魁，吴满有和申长林，会光彩夺目的走进我们的书里，鼓舞我们，并且教育我们的年青的一代。"[1] 同时，他还写了歌颂英雄的通讯《战斗的故事》。

周立波、林蓝婚后不久，美满的婚姻出现了波折。延安生活艰苦，周立波的薪水很低，林蓝在延安正怀着孕，需要营养，于是周立波便想通过打猎来改善妻子的伙食，可他一介文人，虽说上过前线，但也只是作为翻译和随军记者，几乎没开过枪，结果一无所获。[2] 林蓝离家到延安后，她的母亲思女心切，哭瞎了一只眼睛，她想回家探母，考虑到孩子出生后需要花钱，也可以顺便从富裕的娘家拿一点钱回来改善生活。于是她向鲁艺领导请假回家，经周扬同意，她回娘家河南汝州住了近一个月。让她没想到的是，当她再回延安鲁艺时，延安发生了一场大的政治运动——审干运动，而她的突然离开成为说不清楚的问题，受到追查，最后以"特务嫌疑"为由被捕。而周扬因为批了她的假，也公开做了检讨。周立波的压力更大，到了必须与妻子划清界限的地步。

在审干运动中，鲁艺不少人被审查，林蓝也被作为"特务"关押。此时，中央决定，鲁艺的整风由359旅旅长、延安地委书记、延安卫戍区司令王震领导。周立波与何其芳、陈荒煤等编入王震为组长的学习组，王震经常找他们座谈了解整风情况。王震和周扬、周立波、何其芳等人原来就熟悉，常有往来。他认为，鲁艺的问题主要是脱离实际斗争，脱离群众，鲁艺师生在本校农场劳动不如到南泥湾和战士一起劳动，既可完成生产任务，又能体验战士生活。鲁艺师生在他的号召下，分批到南泥湾参加农业生产。

---

① 立波：《后悔与前瞻》，载《解放日报》，1943年4月3日。
② 笔者采访周立波幼子周小仪，周小仪口述。

经过一年时间的学习、劳动、审干和整风，周立波的文艺思想发生了"脱胎换骨"的变化。他写了《后悔与前瞻》一文，发表在当年 4 月 3 日的《解放日报》。这篇文章实际上是一篇"检讨书"，较之 1942 年他写的《思想、生活和形式》一文可以说反省得更为深刻：

> 过去，为什么走了这条旧的错误的路呢？我现在反省，这原因有三。第一，还拖着小资产阶级的尾巴，不愿意割掉，还爱惜知识分子的心情，不愿意抛除。譬如在乡下，我常常想到要回来，间或我还感到过寂寞，这正是十足旧的知识分子的坏脾气，参加生产和斗争的群众，不会感到寂寞的，恐怕连这个字眼也不大知道，为了群众的利益而斗争的战士，在边区，也是不会感到寂寞的，只有犯着偏向的小资产阶级的知识分子们，才会有这样的病态的感觉。有着这感觉，就自然而然的和群众保持着距离，而且自然而然的退居于客人的地位，这是我的错误的头一个原因。
>
> 其次，是中了书本子的毒。读了一些所谓古典的名著，不知不觉的成了上层阶级的文学俘虏。在这些开明的地主和资产阶级的精致的书里，工农兵是很少出现的，有时出现，也多半是只是描写了消极的一面，而那些寄生虫，大都被美化了。贾宝玉，安娜·卡列尼娜，都是一出场，就光彩夺目，特别是安娜，在鲁艺的文学系，有一个时期，连她的睫毛也都被人熟悉，令人神往。自然，掌握了马列主义的人们，不仅不会上这些书本子的当，而且还会从那里面吸取他所需要的东西，例如，列宁就是极高地也是极正确地评价了托尔斯泰的作品的。但是对于一般的立场还不稳定的小资产阶级者，它是有毒的，它会使人潜移默化，向往于书里的人们，看不见群众，看不清这现实里的真正的英雄。这是过去的错误的第二个原因。

第三，在心理上，强调了语言的困难，以为只有北方人才适宜于写北方，因为他们最懂得这里的语言。一个南方人来表现这里的生活，首先碰到的就是语言的困难，这是事实。但这困难可以克服的，只要能努力。夸大语言的困难，是躲懒的借口。①

在《思想、生活和形式》一文中，周立波对中国古典文学和外国文学是极力维护的，他认为中国古典小说有很多优点，精于"幻想"和"写实"，"更能反映人民的生活"；外国文学虽然有许多毛病，但长处多于短处，"可以作为我们的模范"。要创造出新的形式，融会贯通中西文学之长是一个好办法。然而，到了《后悔与前瞻》这里，周立波全盘否定了他之前总结的中国古典文学和外国文学的优点，认为它们"是有毒的，它会使人潜移默化，向往于书里的人们，看不见群众，看不清这现实里的真正的英雄"。短短不到一年的时间，周立波的文艺思想发生了很大的转变。《思想、生活和形式》更多地是从文学审美的角度解读毛泽东的《讲话》，那时的周立波认为只要内容"思想正确"，为了把作品写得更好看、更能打动人，形式可以多样化，艺术形式是为内容服务的；而《后悔与前瞻》则是从阶级的角度解读《讲话》，周立波把古典名著、外国文学都归为"地主和资产阶级精致的书"，不管它们的艺术表现力如何，从阶级立场上就把它们全盘否定了。周立波在文章中用"脱胎换骨"来形容这种转变，他说："我只希望我们能够很快地被派到实际工作中去，住到群众中间去，脱胎换骨，成为群众一份子。"② 也就是说，要与过去"知识分子"的自己决裂，脱胎换骨为"群众"才能写出反映工农群众生活的好的作品。

毛泽东《在延安文艺座谈会上的讲话》对周立波的影响是毕生的，《讲话》的精神已溶到了周立波血液中，进入了他的灵魂

---

①② 立波：《后悔与前瞻》。

深处。以后每逢《讲话》发表五周年、十周年，他都会写文章纪念①。他的这些文章不是应景式的、口号式的，而是有很多具体的内容，他结合自己深入生活、创作作品的实践谈对《讲话》的理解和实践。如1962年5月周立波在湖南学习《在延安文艺座谈会上的讲话》动员会上的报告《纪念一个伟大文献诞生的二十年》，就谈到了自己深入生活思想感情、审美观念的变化以及提高与普及、学习与借鉴等问题。长沙文艺界一些老作家老艺术家至今仍记得这次讲话。

1944年2月周立波离开鲁艺，调任《解放日报》副刊部副部长，主编文艺副刊。此时副刊部主任由副总编辑艾思奇兼任。艾思奇、周立波在《解放日报》策划了一个重要选题——《毛泽东同志的初期革命活动》。此文是萧三写的《毛泽东传》的一部分，因为毛泽东不同意为自己写传，因而艾思奇、周立波决定将其中的一部分以《毛泽东同志的初期革命活动》为题在报纸上发表，由周立波负责编辑。周立波在写给萧三的信中说："这将是有世界意义的一个作品，因为你写了一个中国历史上从来没有的最伟大的人"。周立波毫不掩饰地表达自己对领袖的信仰和崇拜，这也是延安那个时代的一种集体情结。

---

① 周立波1952年6月25日，在《文艺报》第11、12期合刊上发表《谈谈思想感情的变化》；1957年5月19日，在《文艺报》发表《纪念·回顾和展望》；1962年5月1日，在《湖南省文学》5月号发表《纪念一个伟大文献诞生的二十年》；1978年5月3日，在《红旗》第5期发表《深入生活，繁荣创作》。

# 第十章　参军南下

## 一、南下支队任秘书

1944 年 9 月，周立波申请参加八路军 120 师 359 旅南下支队获批，担任司令部秘书处秘书。参军上前线，是周立波一直以来的梦想，他终于如愿以偿了。他非常高兴地告别《解放日报》社，穿着八路军军服到中央党校五部参加训练班，学习抗日民族统一战线方针政策、敌后工作经验等。

周恩来、朱德、彭德怀、聂荣臻等都到训练班讲了课。毛泽东也做了报告，阐明"南下"是党中央的一个重大战略部署。南下支队的任务是护送干部，挺进华南，会合东江纵队开辟湘赣粤桂边的五岭抗日根据地。在抗战胜利后，如果蒋介石依靠外国势力把内战强加在中国人民头上，我们也能进退有据，牵制其南方一翼，配合各解放区的自卫战争，打败蒋介石，建设新中国。毛泽东说："我们的前途是光明的，但也有很多困难。这一回你们是去长征的，一直要到湖南、广东，要准备饿饭，没有房子住，生病受伤没有人抬担架，要有克服各种意想不到困难的精神准备。……斯大林讲过，我们共产党人都是特殊材料造成的人物。这个特殊材料到底是什么呢？就是松树和柳树。松树有劲节，在大风暴里，他的身子丝毫不动摇。柳树随便在什么地方都可以插活。一个共产党人应该有着松树和柳树混合的品质。"[1]

听了毛泽东的报告，周立波对党中央夺取抗战胜利的战略部署有了更深层次的了解，他决心做一个有"松柳"品质的共产党员，圆满完成南下任务。后来，周立波多次以"松柳品质"鞭策自己，勉励他人。

---

[1] 《王震传》编写组：《王震传》，人民出版社 2008 年版，第 154 页。

1944 年 11 月 1 日，南下支队在延安东关飞机场举行誓师阅兵仪式，毛泽东、朱德、周恩来、任弼时、贺龙、叶剑英等检阅部队并讲话，王震代表 5000 名南下指战员庄严宣誓："我们是人民的军队，我们是为了解放千百万华南的人民而南征。我们要严格遵守革命纪律，爱护人民，保护人民，紧密团结，克服困难，英勇作战，用我们的血和肉，献给中国人民的解放事业！"①听到领袖们的讲话和铿锵有力的誓言，周立波激动不已，他写下了当时的心情："时令虽说是冬天，站在阳光满地的山峡间的长长的机场上，像是春天似的温暖的感觉沁入人的心。"②

11 月 10 日，南下支队出发。周立波穿着新的灰色的棉制服，背着小小的被包，口袋里装着笔记本、几支铅笔随部队出发了。离开延安大家都依依不舍："11 月 10 日是我们出发的日子。当我们在飞机场再度进行检阅的时候，我们的脑子里，再一次温习了毛泽东同志和其他领导同志的宝贵的指示。约莫在中午，我们从飞机场开动的时候，送行的家属，含着泪珠回去了。我们的车子经过桥儿沟的时候，当地群众和延大师生夹道而立，唱着特为南下部队编制的秧歌，敲锣打鼓，欢送我们。王震同志和王首道同志急忙走下车子，和欢送者握手，向他们致敬。当天晚上，我们在二十里铺的延安县政府住下。离开飞机场以后，整整一下午，我们仅仅走了二十里。不是汽车发生了毛病，不是有特别的事故，而是大家留恋着延安，舍不得走远。"③

作为司令部秘书，周立波接受的第一个任务是为南下支队战士编写学习教材——《战士课本》。他花了约 20 天时间编完《战士课本》后，又接到主编油印《前进报》的任务，并写了《前进报》的发刊辞。部队到达鄂南大幕山时，周立波又负责主办油印报《解放》。他一个人写稿、编辑、刻写蜡板、印刷、在昏暗的

① 《王震传》编写组：《王震传》，人民出版社 2008 年版，第 154 页。
② 《周立波选集》第 5 卷，第 215 页。
③ 同上引，第 219 页。

油灯下收听电台，一字一句记录电文，在南方传播延安的声音。他这次跟随部队南下写作的《王震将军记》最先发表在《解放》报上。

1945 年 3 月 2 日至 6 日，南下支队即将进入湖南，南下支队军政委员会在江西修水县水口坳开会，研究入湘部署和政策。为了向湖南人民群众阐明我军的性质和宗旨，宣传党的抗日民族统一战线方针政策，团结一切爱国志士仁人，孤立反动势力，彻底打败日本侵略者，王震、王首道决定发布《国民革命军湖南人民抗日救国军司令部布告》，经军政委员会讨论，由周立波执笔撰写。《布告》全文如下：

### 国民革命军湖南人民抗日救国军司令部布告 ①

去岁湖南沦陷　日寇肆虐横行

皆因抵抗不力　政府抛弃人民

本军奉命援湘　消灭万恶敌人

实行统一战线　团结一切好人

工农商学各界　军队地方士绅

不分阶级党派　皆愿相见以诚

一致联合对敌　展开民族斗争

独裁贻误国事　专制违反民心

惟有迅速改革　方能耳目一新

实行三民主义　恢复中山精神

建立联合政府　制止一党横行

取缔贪官污吏　扶持好人正绅

厉行减租减息　改善社会民生

取消苛捐杂税　买卖务求公平

---

① 该布告原件现存于湖南省博物馆，由曾在湖南省委机关工作的陈铁珊于 1954 年 8 月捐赠。

反对强迫兵役　欢迎志愿从军

保障人权财权　维持社会安宁

严惩汉奸特务　悔过可以宽容

中国有共产党　华北有八路军

遍布大江南北　则有新四大军

广东广西一带　抗日起义纷纷

德寇正在瓦解　日寇亦将土崩

苏联英美中法　保障战后和平

世界进步很快　中国岂能后人

愿我三湘子弟　一致义愤填胸

起来保乡卫国　充当抗日英雄

倘有汉奸国贼　敢于阻扰军容

自当痛击不贷　勿谓三令五申

特此恺切布告　仰各一体遵循

司　　令　王　震

政治委员　王首道

中华民国三十四年

该《布告》沿用布告的传统规格，用"六字句"把我军宗旨、任务、大政方针作了昭告。文字通俗易懂，内容涉及政治、经济、社会等各个方面。南下支队进驻湖南平江县城时，在大街小巷公开张贴，共贴了一万张。平江人民看了后奔走相告："当年的老红军又回来了。"这张布告，传到湖南各地，激发了广大群众的爱国热情与革命觉悟。南下支队在湖南艰苦转战的半年间，经过了平江、临湘、岳阳、湘阴、浏阳、长沙、宁乡、湘潭、湘乡、衡山、衡阳、攸县、安仁、耒阳、永兴、酃县、桂东、资兴、汝城等19个县，与围追堵截的国民党军队进行了多次战斗，解放了一些县城，建立了平江、岳阳、湘阴等县抗日民主政权和抗日游击根据地。所到之处，都张贴了《国民革命军湖南人民抗日救国军司令部布告》,这份布告,成为 359 旅南下支队团结抗战、建立抗日统一战线的重要宣传材料。

## 二、几次难忘的激战

周立波随 359 旅南下支队转战陕西、山西、河南、湖北、湖南、江西、广东 7 省 78 个县,行路 15800 多里,历时 329 天,经历战斗 70 多次,经受了战火与磨难的考验,战胜了难以克服的严寒、酷暑、饥饿、疲劳,随战士们一道冲出了兵力 10 倍于我军的蒋军的"围剿",成为我军"钢铁战士"的一员。当时的机要参谋肖林达说,周立波作为司令部的秘书,不肯接受任何照顾,和普通战士一样,背着背包,冲过 100 多道封锁线,"他是用两只脚徒步走完 7 个省的战场的"。①

在这次南下中,周立波经历了几次难忘的战役,这些都成为了他日后写作的珍贵素材:

### 风雪汾河

1944 年 12 月 5 日,南下支队翻过了吕梁山,前面就是一百多里宽的汾河平原。日军利用汾河天然的自然条件,构筑了岗楼和碉堡,用来对付八路军太岳军区。越过这道封锁线,是南下支队面临的艰巨任务。12 月 6 日,南下支队召开了动员大会,部队尽量轻装,减少骡马,战士们把许多物品送给了老乡,王震也把自己的毛毯、被子精简了。12 月 7 日下午,部队分左右两个纵队疾进。这时部队处于临战状态,战士们揭开了手榴弹盖,打开了枪支的保险机,随时准备战斗。周立波换上了一双草鞋,在干粮袋里放了几张饼。这次战斗中有一位叫张振海的战士牺牲了。周立波记录了这次战斗:

---

① 肖林达:《回忆一段战史——怀念周立波同志》,载《时代的报告》第 1 期,1980 年 3 月 15 日。

　　我们的左翼，为了掩护部队过铁路，派了一个班，监视路边的碉堡。敌人发觉，向我们开炮。一颗炮弹落在我们的监视哨的前面，战士张振海在炮弹还没有爆炸的瞬间，扑在那上面，想把它扔开，免得炸了全班的战士，但是就在他猛扑上去的时候，炮弹炸开了，他殉难了。因为他用血肉之躯挡住了炮弹，别人都无恙。班长在悲痛中捡到了张振海同志的血衣的一角，保存作永念。①

"这是汾河雪野很不平静的一夜"，周立波在日记中写道。这一夜，南下支队急行军180里，打破了步兵史上的记录。周立波的报告文学《平原上》记录了跨过汾河平原的全过程，1978年他打算以这次战斗为素材创作小说《风雪汾河》，但因病未完成。

### 激战大田畈

　　1945年2月24日拂晓，周立波随部队胜利跨越长江天堑，踏上长江南岸，进入鄂南大幕山地区。日军与汉奸盘踞在这里，建立了许多据点。王震决定在这里对日军进行一次沉重打击，鼓舞鄂南人民抗日斗志，主战区选定在大田畈制高点。这时500多名日军，700多名伪军向这里杀来，王震组织力量进行围歼，日伪军被压倒在一条小山沟，乱了阵脚，伤亡惨重，仓皇溃逃。战场上，南下支队战士杀声震天，刀光闪闪，枪炮轰轰。这一仗，歼灭日伪军400多名，缴获大炮7门，机枪20多挺，还有大批军用物资。30多小时激战，南下支队伤亡30名指战员。大田畈战斗，是南下支队渡过长江后第一场大仗，打出了我军的军威，鼓舞了鄂南湘北人民抗日胜利的信心，为南下支队占领平江县城，建立湘鄂赣边区打了基础。周立波在描写这场战役时写道：

　　在鄂北的大田畈，我军和日寇有一场恶战。老百姓说，

———————
① 《周立波选集》第5卷，第236—237页。

从来没有看见国民党军打过这样猛烈的大仗。进入白刃战斗的时候，朱阳新在冲锋排的前面，奔向敌人占领的山头阵地，他挥动一把日本指挥刀，一连砍倒了几个鬼子，自己被刺了七刺刀，牺牲了。这位长征过来的贵州雇农出身的英雄的壮烈的牺牲，使得王震同志好久很难过，一种深沉的悲戚之感，显露在他平常总是开朗的眉宇之间，足足有三天之久。①

## 西渡湘江

1945 年 7 月 24 日，周立波随南下支队到达长沙铜官。24 日晚到 25 日拂晓，部队在靖港与新康之间西渡湘江，继续南进。周立波参加了西渡湘江战斗。敌人用机枪，迫击炮封锁江面，先头部队强渡湘江，打垮了西岸敌军，主力部队在拂晓全部渡到西岸。周立波看到几十只渡船来往于两岸，炮弹击起几米高的水柱，这一场景他终生未忘。他晚年创作的最后一个短篇小说《湘江一夜》描述的就是这场战斗。《湘江一夜》里塑造了一个英雄人物——侦察队长门虎。门虎很年轻，战斗经验却很丰富，他的责任心很强，首长交待的任务，不管有多少困难和危险，他总是千方百计完成。门虎的部队遇到日本战艇，在战斗中，他中弹身亡了。门虎的原型是王震的爱将——第一大队二连连长朱新阳，朱新阳在大田畈战役中与日军激战，被子弹击中，伤势过重牺牲了。周立波被他的英雄事迹和英勇精神感动，把他作为小说的人物原型写到了《湘江一夜》中。经过两天行军，部队到了宁乡县新田湾，在这里休整一天继续南进。这里离周立波老家清溪村只有 40 多里路程，当时王震、王首道考虑到继续南下会有很大的困难与危险，便动员周立波带几两黄金离开部队回老家隐蔽，伺机绕道香港回解放区。周立波斩钉截铁地表示，死也要和部队死在一起，决不离开部队。②

---

① 《周立波选集》第 5 卷，第 244 页。
② 参阅《周健明自选集》，湖南文艺出版社 1999 年版，第 245 页。

## 八面山突围

周立波随部队进入湖南桂东县以西的八面山中。八面山位于桂东、资兴、汝城之间，是南岭主峰，海拔 2024 米，山势巍峨，林莽葱郁，山中气候变化无常，几十里无人烟，行进异常艰苦。国民党调八个团的兵力重重包围，步步进逼。南下支队进山后，随带的食粮已吃光，山里找不到粮食，指战员们只能采野果充饥，副参谋长苏鳌杀了自己骑的马，分给每人一小片。周立波记录下了那天被包围的困境，"在梅岭的高峰八面山，我们被围了，并且挨着饿。那天我只吃了一片生南瓜，一只生辣椒，饿得厉害"。①王震对周立波开玩笑说："你日后写小说，要把我们这些人写成不食人间烟火，那多有意思。"②

正在部队被围之时，侦察员找来一位老人。王震从怀里拿出毛泽东照片，告诉老人，他们是八路军。老人十分高兴，他曾是一个赤卫队员，红军长征后躲进八面山以打猎为生。在老人的带领下，南下支队走出了八面山。随后，南下支队战胜了国民党军队的前堵后追，突出重围，杀出一条血路。八面山突围后，南下支队去往湖北与五师会合，至此南下胜利结束。

1945 年 10 月中旬，南下支队进入湖北黄安县，恢复 359 旅番号，与新四军五师、豫西支队组成中原军区。周立波担任了中原军区机关报《七七日报》的副社长，直到 1946 年春离开。

## 三、《南下记》

在南下部队的一年多时间里，周立波经受了战火考验，差一点牺牲。他幽默地说："打了八九个月仗，我也练出了一点本领，在敌人速射间隙中居然飞过了石桥，连我自己也觉得不简单。原来子弹不会拐弯，能闪过去，这大概是基本的战斗知识吧。"③周

① 周立波：《王震将军记》，载《解放日报》，1946 年 9 月 17 日。
② 《王震传》编写组：《王震传》，第 174 页。
③ 肖林达：《回忆一段历史》，载《周立波研究资料》，第 153 页。

立波总结了他这一年多的南下战斗生活：

在那一支久经锻炼的部队里，在一年多的战斗行军中，我们天天听见枪声，常常碰到战斗。蒋匪调动巨大的兵力，日夜尾追、堵截、袭击和包围，敌人决计要消灭我们，而我们的部队愈战愈强，终于粉碎了敌人的阴谋。在这种紧张的生死斗争里，我对于战斗员和指挥员们，都感到特别地亲近，挚爱和钦佩。我们的命运连在一起，心也连在一起了。

在部队里，我不但了解了作为中国革命中的主要的一环的武装斗争的剧烈和艰苦，也目击了我们的百炼成钢的指挥员和战斗员的崇高的品质。他们的勇敢、坚强，不怕任何困难，不畏任何凶恶的敌人。这些为毛泽东同志所培养出来的工农出身的战士，是新的中国的功臣。他们是真的英雄，真的勇士，为祖国的解放，为了毛主席的事业，他们中间许多人已经牺牲生命，长眠地下了；在党的教育之下，这些穿着简单的军衣的工农，都是视死如归的铁汉。①

周立波在战火考验中深刻地认识到了八路军和新四军这两支人民军队的伟大，看到了人民战争的威力。与 1937 年在华北前线当随军记者不同，那时他只是一个旁观者，而这次南下他是这支钢铁队员中的一员，是一名战士，他与指战员们结成了血肉联系，他决心以自己的笔描述这场伟大的南下战斗。南下的一年里，周立波利用空隙时间记了日记。1948 年，他根据日记素材创作了 14 篇报告文学，集成了报告文学集《南下记》。《南下记》描写了王震、王首道、王恩茂、李先念等八路军、新四军高级将领的英雄形象，写得有血有肉，个性鲜明。《南下记》记录的风雪汾河、西

---

① 周立波：《谈思想感情的变化》，载《文艺报》第 11、12 期合刊，1952 年 6 月 25 日。

渡湘江、八面山突围、激战大田畈几场战斗，壮丽英勇，如火如荼，周立波笔下的这些人物与战例，为中国共产党领导的人民军队的军史留下了极为珍贵的历史纪实。

《南下记》于1948年2月由东北光华书店出版，周立波在《南下记》后记里说："以上十四篇，是1944年冬天，我们从延安南下途中的几个场景和一些人物的札记。南下的闻见，比在这里反映的，丰富百十倍，现在仅仅写了这一些。使我不甘沉默者，并不是由于我经历很多，而是由于我看见了和听见了一些。八年抗日战争中，八路军和新四军不屈不挠地坚持人民解放的战争。在这两支兄弟军队的战场之上，天天发生不平凡的事迹。这将是文艺写作取之不尽、用之不竭的源泉。这里记下的一些素材，成于动荡时期仓忙之际，不免粗糙，印了出来，为的是留一个纪念。"①1962年，周立波把《晋察冀边区印象记》《战地日记》《南下记》三部报告文学合编为《战场三记》，由湖南人民出版社出版。

周立波一直打算以他所记的南下日记为依据，创作一部军事题材的长篇小说，可惜这些日记在"文化大革命"中遗失了一部分，只剩下1944年11月10日从延安出发到12月29日抵达河南渑池县孟岭这40天的日记。1978年，周立波以《万里征尘》为名在1978年《湘江文艺》第6至11期连载了这40天日记。这些日记从写作到发表，时隔30多年。

---

① 《周立波选集》第5卷，第288页。

# 第十一章 《暴风骤雨》

## 一、参加东北土改

1946 年 2 月，周立波随王震和李先念到武汉，担任军调部汉口小组翻译，告别了中原军区，也告别了 359 旅，他的军事生涯告一段落。为了把 359 旅南征的故事写出来，他准备离开汉口小组回北方解放区写作，也获得了上级的同意。周立波绕道上海去了北平，住在翠明庄军调部 ① 办事处，等待机会去解放区。这时，军调部共方需要翻译，周立波服从安排，到军调部担任共方翻译 ②。在军调部工作半年后，周立波被任命为冀热辽区党委机关报《民声报》副社长，并随冀热辽区党委副书记李德仲到松江省珠河县（现为尚志市）元宝区调研。这段时间，周立波学习了中央和松江省委许多文件，参加了松江省委召开的县委书记联系会，了解东北形势。

1946 年 3 月苏军开始从东北各城市撤退，国民党军队占领沈阳，4 月 18 日，中国共产党领导的东北民主联军从四平撤退，5 月下旬国民党军队占领长春，控制了松花江以南的大部分地区。5 月 4 日，中共中央发出解决农民土地问题的"五四指示"，将抗日

---

① 军调部的全称为军事调处执行部，成立于 1946 年 1 月 13 日，是在国共停战期间出现的一个监督停战的执行机构。军调部设立在北平，由国、共、美三方各出一位代表组成，所有下发命令要由三方一致同意，军调部的所有命令都只涉及与停战有关的问题，美方的加入仅为协助中方停止冲突。军调部是一个庞大的机构，曾设置二部、五处、二室、36 个小组，主要工作是停止冲突、恢复交通、受降日军、遣返日俘、整编军队等五项。汉口为军调部的第 9 小组，1 月 20 日派出，此小组为停战小组，负责停战的执行。

② 周立波在军调部担任承德小组共方代表李逸民和赤峰小组共方代表李德仲的翻译。

战争时期实行的减租减息政策，改变为实行"耕者有其田"的政策，以便进一步调动农民革命和生产的积极性，为进行自卫战争奠定牢固的群众基础和经济基础。为此，在农村中，要坚定地解决土地问题，依靠贫农、雇农，团结中农，区别对待一般富农、中小地主，孤立汉奸、豪绅、恶霸，进一步巩固各解放区，使战争获得源源不断的人力和物力支持。中共中央东北局也发出《关于形势与任务的决议》，号召党员干部"不分文武，不分男女，不分资格，一切可能下乡的干部统统到农村去"，发动群众，实行土改。一场轰轰烈烈的土地制度改革运动正在东北地区开展。

随李仲德调研中，周立波对松江省农村阶级关系与土地占有情况有了基本的了解。松江农村土地集中。地主、富农占总户数的百分之十几，占地却在 65% 以上，贫雇农占总户数 70% 左右，占地却只有百分之十一二。没房子、没土地、没牲口的雇农占 40%，地少、租种地主土地的佃农占 30% 左右，中农占 15% 左右。贫苦农民中有三分之一的没有衣服穿，有的甚至一家子一条裤子，出去抱柴火时穿上，回来就又蹲在屋里不出去。冬天冻死人的事是常见的。农民穷困潦倒，还经常受到日伪统治的残酷压榨。日伪时期的东北是殖民地加封建的统治，日伪统治机构非常庞大，一个行政村的办公人员就有一百三四十人，又是警察，又是自卫团，在村里要吃、要喝，还随便打人杀人。再加上日本要劳工，伪满政府派"出荷粮"，如有不满就扣上"政治犯"的帽子，在家里查出一粒大米就是"经济犯"。东北人民热切盼望日伪垮台和东北解放，土地制度改革运动是农民的迫切要求，也是解放全中国的必然要求。

周立波敏锐地认识到了这场土改运动的深远意义，决心投身于这场斗争，于是他向李仲德请求，辞去《民声报》副社长职务，调到元宝区工作，参加土改运动。经冀热辽区党委研究批准，1946 年 10 月下旬，周立波来到了距离珠河县城 60 里的元宝镇，担任元宝区区委委员、区委副书记。

　　元宝区区委机关驻扎在元宝镇小学，周立波被安顿在小学西屋的一个土坑上，和 22 岁的区委书记韩惠住在一起。元宝镇是一个大镇，三面环山，南面高峰是有名的大青顶子，北面是黄泥河，河北面有一座像元宝的大山，名叫元宝山，一条泥路从镇中间通过，路南是元兴村，路北是元宝村。1945 年，日军投降前，元宝镇已拥有农户 400 多户，有大小地主 12 户，元宝镇 500 垧 ①耕地，90% 以上在日本移民和地主手中，农民只能靠租种土地为生。当地的镇长是地主韩向阳，农民租种他一垧地，除交占收获一半的租谷，还要每亩旱地交 60 斤谷草，做 5 天劳役，逢年过节或韩家有红白喜事要出杂役。农民辛辛苦苦劳作一年，大部分收获落入地主腰包，过着衣不遮体，食不果腹的生活，有的甚至卖儿卖女。大青山还有土匪经常骚扰，把农民的牲口、粮食、衣物洗劫一空。

　　1946 年 7 月，东北民主联军总政治部组织了一个武装工作队一行 9 人，在队长萧文达带领下，到元宝镇工作了两个月，扎根串联，发动群众，摸清元宝镇阶级状况，开展减租减息，清算汉奸，发现和培养积极分子，并成立了中共元宝区工委。工作队回部队后，留下 22 岁的韩惠担任区委书记。总政工作队为元宝区土改打下了基础，但是，由于时间短，元宝镇群众发动还不充分，一些老实贫苦的农民相信命运，认为"发财靠命"，害怕"变天"，担心工作队待不长，害怕"胡子"（土匪）再来。还有个别坏人混进了农会，元宝镇的封建势力没有彻底打垮。

　　周立波与区委领导同志一起分析元宝镇土改运动面临的形势，决定从实际出发，以查地挖坏根为中心，进一步发动群众，深入进行土地制度改革，让农民在经济上、政治上彻底翻身。他们把工作的重点放在动员群众、打开土改运动新局面上。周立波等人采取访贫问苦，扎根串联的方法，继续发现和培养贫农中的积极

---

① 垧为土地面积单位，东北一垧约为 15 亩。

分子。周立波对这段工作经历回忆道：

> 为了顺利地进行土地改革，我们必须在生活和感情上和农民群众完全打成一片。我们要和他们一块居住，一起工作。在北满的屯子里，我们曾有几个月，一天三顿都吃苞米楂子和咸菜。那时候，如果自己生活稍微好一些，就会脱离群众。东北农民经过日寇十四年的残酷剥削，生活非常苦。许多人吃野菜，吃橡子面；十七八岁的姑娘没有裤子穿。农民开初不了解我们，只能从感性知识上，从我们的日常生活中，来判断我们的心意，看到我们生活简朴，甚至于比他们还吃得差一些，他们就知道我们没有私心，真正是来谋大伙的利益的。当时，我们在乡下连皮鞋都不穿。因为伪满警察都穿皮鞋，我们怕老百姓看见皮鞋，容易联想到迫害他们的伪满警察。我们这样地约束自己，使得农民不但能很快地理解我们，和我们接近，并且非常关心和爱护我们。在晚上，我们出去小便，也常有带枪的农民跟着保卫我们。因为我们跟农民这样的亲近，他们就愿意和我们谈苦难的经历和心里的秘密；谈生产的知识和社会的情况；愿意跟着我们一起斗争压迫和剥削他们的汉奸、恶霸和地主了。有些从斗争中涌现出来的农民积极分子和我们感情非常好，一位打胡子（土匪特务）的英雄跑腿子（单身汉）花玉容，在 1947 年患病不救，临死时还记得我，我将永远不会忘记他和其他战友的友谊。①

在扎根串联，发现积极分子的基础上，元宝区委举办了骨干培训班，周立波是主讲人。当时担任元宝区委书记的韩惠后来

---

① 《〈暴风骤雨〉的写作经过》（根据周立波 1952 年 4 月 5 日在《中国青年报》举办的讲演会上的讲话整理而成），《周立波选集》第 6 卷，第 513 页。

回忆：

　　元宝区办了多次积极分子训练班，都是立波同志亲自讲课。讲什么呢？当时没有课本，立波同志就自己认真备课，讲课的内容我记得，有穷人为什么穷，是"八字"不好吗？立波同志讲："不是'八字'不好，而是地主阶级对贫苦农民残酷剥削的结果。农民辛苦劳动一年，收下来的粮食，大部分被地主拿走，结果还是吃不饱肚子。碰到灾年，还得欠地主的地租债。"他拿本镇贫苦农民为例子，用算细账的方法来讲解地主的剥削，道理通俗易懂，农民容易接受。经过立波同志讲解，积极分子们懂得了地主阶级剥削的道理。立波同志又将道理引向深入，说贫苦农民受地主的剥削，整个中国都是如此，说明"天下的贫苦农民是一家"的道理。立波同志还讲，地主老财不承认贫苦农民养活他们，反而说他们养活了贫苦农民，因为土地是他们的。那么究竟谁养活谁呢？立波同志接着就通俗的讲贫苦农民养活地主的道理。他说："地主老财吃的、用的、穿的、住的，哪样是他们劳动得来的？没有贫苦农民的辛苦劳动，粮食会从地里自己长出来吗？地主老财不劳而获，吃的肥头大耳，这都是劳动人民的血汗把他们养活起来的。土地本来就是农民开垦出来的，被地主老财霸占去了，地主老财为什么敢横行霸道？因为他们有日满势力给他们撑腰，农民有理无处去说。现在不同了，日满统治的时代变了，日本鬼子被打走了，伪满势力垮台了。共产党、八路军、东北民主联军是支持农民翻身解放的，农民翻身解放的日子到了。"立波同志还做了阶级力量的对比说："地主阶级在农村是极少数。元宝镇的地主只占百分之二。只要咱们贫苦农民团结起来，团结中农，就一定能够推翻地主阶级在农村的统治。农民有力量自己解放自己。"由于立波同志通俗地联系元宝镇的实际讲，大家都能听得懂，效果好，提高了积极分子们的阶级觉悟，坚定了斗争的必胜信心，增强了团结，增强了斗志。①

骨干培训班结束时，元宝区委召开了"诉苦会"，即让"苦大仇深"的典型现身说法，倾诉自己的"苦境"。"诉苦会"确定苦大仇深的贫农周鸣凤重点诉苦，他一开始有很多顾虑，不太好意思说，周立波在会上帮助他做诉苦的准备，解除思想顾虑。周立波说："不要不好意思说，都是亲哥们儿，你当大家的面谈了过去受的苦，只能得到大家的同情，启发大家的阶级觉悟，增进咱哥们儿的团结。"②周凤鸣在周立波的帮助下在诉苦会上说得很好，谈到自己被地主逼得家破人亡，无路可走时放声大哭，会上也一片哭声。通过这次诉苦引路，贫农纷纷起来诉苦，控诉日满时期被抓劳工、缴纳苛捐杂税的苦处，控诉地主的残酷剥削罪行，农民的阶级觉悟提高了。

松花江以北的广大农村，冬天晚上气温达零下 40 度，农民有聚集在某一家烧暖的坑上唠嗑的习俗。周立波认为这是做群众工作的好机会。区委研究，派干部分头到一些农户集中的农民家里，和群众一道唠起来，唠老解放区八路军怎样打鬼子，唠老区怎样斗地主分田地，讲解党的土地政策，启发群众阶级觉悟。这种唠嗑的方法群众没有拘束，效果好。周立波借用赵树理小说中的说法，叫"栽槐树"。珠河县县委书记于林知道后专门来元宝区了解"栽槐树"的经验。

农会成立后，周立波组织积极分子学唱《没有共产党就没有新中国》《三大纪律八项注意》《白毛女》《东方红》等歌曲。每次开会，周立波都登台教歌。开始时，年老的、年轻的都不敢开口，不会唱。周立波说："积极分子不敢唱歌，还敢斗地主吗？"他先

---

① 《从光腚村到亿元村》，《哈尔滨政协文史资料第 26 辑》，2004 年印，第 10—11 页。

② 同上引，第 11 页。

组织一些女青年学歌，后来再教男青年学歌，很快许多农民学会了唱歌，一开会就先拉歌，气氛十分热烈。当时的农会主席郭长兴后来回忆说："一唱歌全身就来劲，一些歌我现在还会唱。"

元宝村农民爱看二人转。当地有个五十多岁的民间艺人叫王老美，会扭秧歌、会唱二人转，周立波为他编写了新歌《张丕谋抓坏蛋》，讲的是农民的心里话和元宝镇的新变化。王老美拿到新歌词，很高兴，演出时经常演唱这个歌，群众大声叫好。《张丕谋抓坏蛋》的歌词也发表在 1947 年 6 月的《松江农民》报上。

元宝镇的土改运动还有一个重要的工作就是斗争恶霸地主，这也是土改运动的关键。不把恶霸地主斗倒，群众心里害怕，分田也搞不好。元宝镇的土改运动是由斗争日本汉奸走狗陈福廷揭开序幕的。区委会决定对罪大恶极的日伪青年团团长陈福廷进行公审，公审会场设在学校操场。群众听说公审陈福廷，又喜又惊，一些人持怀疑态度。周立波早早来到会场，在群众中穿来穿去，仔细了解群众反映，掌握会场动态，引导群众斗争这个恶霸。当年的儿童团团长郭长兴回忆：

> 我的控诉一开始，台下鸦雀无声，接着又是一阵议论，好象说郭孩儿的胆真大，说的都是实话。人们为我担心，怕搬不动他，以后会没有好果子吃。儿童团的一个小队长周世增（是个苦大仇深的小猪倌）带头喊起口号来：打倒汉奸陈福廷！血债要用血来还！有些群众也跟着喊，这时周区委上台了。
>
> 周区委（周立波）满脸怒气："陈福廷这个汉奸有 7 条人命，大家都知道吧。现在是人民的天下，共产党给大家做主，大家不要怕，有仇报仇，有冤报冤，对这样的坏蛋，我们绝不能手软……"
>
> 这几句话真给大家吃了定心丸，大家一下子振作起来，对周区委的讲话报以热烈的掌声，紧接着那些受害的家属一

个接一个的上台控诉。有的老大娘边说边哭，用手厮打陈福廷，还有一位老大娘勾起了伤心事哭背了气。①

镇上的恶霸地主闻风而逃，罪恶累累的日伪区长黄甲山逃到三甲屯，躲在亲戚家。周立波亲自上阵，带着区干部和区中队队员，冒着漫天大雪，坐着爬犁，赶到三甲屯，在一位贫农家住了两晚，通过该屯积极分子帮助，抓到了黄甲山，连夜押回元宝镇。

随着斗争的深入，周立波在土改运动中多次面临危险，好几次与死神擦肩而过。有一次，在开会讨论要不要斗争开小铺的孙良时，周立波表态不种地的奸商可以斗，孙良的妻舅、民兵团的张永才一下子感到恐惧，护姐夫心切的他情急之下将枪对准了周立波。一个叫于友的民兵为了救周立波抱住了张手中的枪，结果被枪打死了。站在周立波旁边的李淑琴回忆说："如果不是于友护着，那一枪就该打着周立波了。"② 在斗争进入高潮时，元宝镇的坏人勾结山里的土匪，夜里进村放冷枪，还想杀害周立波。在一次审讯抓来的土匪中，土匪招认了他们打算暗杀周立波。区委决定，每晚派两名区中队队员巡哨，重点保护周立波住处。

### 二、主编《松江农民》报

1947 年春节前夕，周立波在《东北日报》上看到林蓝写的一篇文章，得知林蓝已平反，随鲁艺工作团到了佳木斯。周立波压抑不住内心的喜悦，告诉区委书记韩惠等同志，说"我爱人林蓝到了东北"。大家为周立波高兴，催他快把林蓝接来。周立波立即写了一封信寄到佳木斯林蓝工作处。信发后第 9 天，接到林蓝已动身来珠河县的回信。周立波带了元宝村民兵刘文，坐区里的马车到珠河县城接林蓝。1983 年，刘文还清楚地记得当年高丽山下

---

① 《从光腚村到亿元村》，第 112 页。
② 参阅张均：《小说〈暴风骤雨〉的史实考释》，载《文学评论》2012 年 9 月。

接亲人的情景：

天近晌午时，大车来到大高丽山下。这时，从对面过来一辆大车，老板打着响鞭，几匹马亮开四蹄，和周立波坐的车擦边而过。周立波突然喊了起来："快，快停车，她来了！"林蓝就在对面那辆拉货的车上坐着，两车相错的瞬间，她也看到了周立波，两辆车在不同的位置停下来，周立波和林蓝都从车上跳下来，跑到一起，两双手紧紧地握着。林蓝长得挺精神，头上围着瓦灰色的头巾，身穿一套当时工作队发的干部服。这对久别相逢的夫妻。互相打量着对方，像不认识似的，一个身高体壮，一个小巧玲珑，形成了鲜明对比。林蓝先开口了："你可真行，人家找你一年了，你也不回个信！"

"你也真行，咱们分开才半年多，你就找了我一年！"周立波说完，两个人咯咯地笑起来。大车拨转马头，向元宝镇走去。一路上，周立波夫妻畅舒别情，欢声笑语，那个高兴是人们很容易理解的……

太阳快落山了，大车回到了元宝镇，林蓝和区委的领导人韩惠、韩志礼等见了面。武装委员白福山捅了刘文一把说："漂亮，好漂亮。可珠河县也没处找！"周立波回过头来"当"地给他一拳："小鬼头，想拿我开心！"

晚上，区工作队为林蓝设宴接风。当时的条件困难，虽然没有大鱼大肉，可狍子肉氽丸子，也别有风味。周立波这个平时滴酒不沾的人，也破例喝了几口。大家边吃边讨论周立波夫妻的住处问题。有人提出把安校长大老婆以前住的屋子倒出来。可那屋和工作队的宿舍只有一墙之隔，对周立波写东西有影响，周立波表示不要大家张罗了："房屋挺紧张的，就别费那脑筋了，只要找一家可靠的群众，把她安排下就行了。"区委书记韩惠坚决反对说："可不能叫你们再'牛郎织女'了"。讨论来，讨论去，最后区长李扬想出高招：

"把韩向阳的宅子腾出一头来。"别看韩向阳是元宝地区的太上皇，可他的房子并不宽绰，屋里白灰刷墙，铺地板，家具一应俱全，外表却有点寒酸，窄窄巴巴的三间小厢房，个子大进屋直碰头。当时北屋做了农会的仓库，南屋腾出来，成了周立波夫妻的临时住所，他在这低矮的小屋里，研究文件，整理材料，找人谈话，接待方方面面的群众，直到离开元宝镇。①

林蓝来到尚志县元宝镇，担任区委委员，松江省委土改工作队队员，投入尚志县清匪反霸斗争和土改运动，和周立波并肩战斗，她还创作了《红棉袄》等系列短篇小说。周立波晚年回忆，那篇入选中学语文课本的《分马》，就是根据林蓝的笔记创作而成。②

在元宝区工作将近8个月，周立波与区委工作人员和农民兄弟们结下了友谊，要离开彼此都依依不舍。区委准备开一个热烈的欢送会，周立波坚决反对，他向区委书记韩惠建议，开一次区委民主生活会，对自己作一个民主鉴定。除周立波外，参加会议的还有区委书记韩惠、区长韩志礼、区农委主任郭长兴等几个区委。会议开得很热烈，周立波对区委同志提了两点建议：一是要加强学习，不断充实自己，锻炼成为能文能武的好干部；二是大家都年轻，不要过早恋爱结婚，斗争形势还需要他们这些年轻有为的干部冲锋陷阵。

为了不让群众送行，周立波选择了珠河县城到哈尔滨最早的一班火车。鸡叫头遍，周立波、林蓝、小贾（警卫员）三人带了三麻袋收集的资料和行李，吃了区委食堂煮的饺子，坐上老孙头的马车，赶到珠河县城上火车。坐在马车上，望着越来越远的元

---

① 李万生、李荣：《高丽山下接亲人》，载《中国土改文化第一村》，第161页。
② 笔者2018年10月采访周小仪，周小仪口述。

宝山，周立波感慨万千。几个月来，他在这里交了一批农民朋友，他们纯朴、可爱。经过土改，他们的政治觉悟与组织性提高了，许多人走上了革命道路，参加了人民军队，成为革命队伍的中坚力量。周立波感到这半年多时间自己没白过。

1947 年 5 月，松江省委调周立波、林蓝到松江省委宣传部工作。周立波任省委宣传部宣传科科长，兼任《松江农民》报主编。《松江农民》报是松江省委办的一张四开周报，面向区、村干部与广大农民，创刊于 1947 年 5 月上旬。到 7 月 7 日，发行了 9 期后，因为周立波到五常县周家岗了解土改运动新的进展，《松江农民》休刊，到 11 月 10 日复刊，出版第 10 期。1948 年 4 月，松江省委决定各县出县报，《松江农民》于 4 月 13 日停刊，共出 32 期，一直由周立波主编。《松江农民》报宣传的内容是中共中央颁布的《中国土地法大纲》，报道全省各地土地改革运动的进展与经验，报道内容和形式丰富多彩。周立波在他撰写的报社启事《请大家提意见，请给报纸写稿》一文中说："不要怕文章不好，用庄稼人的话，说庄稼人的事，又实在又明白，那是再好没有。"[1] 报纸刊载了大量农民在土改中翻身解放的故事和农民喜闻乐见的大鼓、快板、民谣、二人转等。

在周立波的创作生涯中，他的新闻写作占了很大的比重，他当过战地记者，撰写了不少通讯与报告文学。同时，他又是一位出色的报刊编辑，主编《松江农民》展现了他的编辑才华。

### 三、创作《暴风骤雨》

周立波编《松江农民》报的同时，回味他在元宝区的那一段生活，开始了《暴风骤雨》的创作。其实他去元宝区参加土改时并不是带着创作目的去的，他在回忆《暴风骤雨》的写作经过时曾说："来到元宝镇，当时我只想到要全身心地投入这场激烈的阶

---

级斗争，并没有想到很多个人的创作问题。"① 但这场火热的斗争给了他创作灵感，激起了他的创作欲望。他说："土改这场火热的斗争的强烈的印象促使我动手写小说。"②

《暴风骤雨》分上、下两卷，描写的是东北农村地区开展的轰轰烈烈的土地改革运动。《暴风骤雨》上卷前后写了50天，周立波感到材料不够，请求到松江省委的土改试点村五常县周家岗再度深入生活。1947年7月，周立波、林蓝和画家古元等来到了有着200户人家的周家岗，住在一位农民家里。他在周家岗时恰遇烈士温凤山的追悼会，目击了全屯人的恸哭和悲悼，后来这些情节全部体现在了赵玉林的故事里。周家岗村有一个恶霸地主、汉奸叫王云才，拥有80垧地和一个大院子。他投靠日本侵略者，当了团总，欺压农民。1946年7月，松江省委工作队在部队掩护下进入这个村发动群众。当地群众由怀疑到自觉斗争，经过7次斗争后，彻底打垮了王云才，分了他的土地和大量财物。周立波把这些素材都写进了《暴风骤雨》中。周立波在周家岗生活了50多天，对小说初稿进行修改和添补，完成了上卷。

1948年7月13日，周立波开始了《暴风骤雨》下卷的创作。为了让周立波有一个舒适的写作环境，曾任359旅政委、时任东北局领导的王首道把松花江畔太阳岛上的一所房子给周立波夫妇居住。周立波夫妇7月16日搬到太阳岛，8月26日离开，40天写出了下卷9万字初稿。周立波回忆《暴风骤雨》下卷的创作经过时说：

> 约莫9万来字的初稿从去年7月中起，写了40天，其中因病耽误了10天。二篇（遍）和三篇（遍）稿就拖拖拉拉的一直到年底，才告完成。其中因为参加一次思想论争，停顿

① 《周立波选集》第6卷，第513页。
② 同上引，第404页。

了一些时候。写作的时间不算长，但是搜集和储备材料的时间却比较的多。宽一些说，从 1946 年底到 1948 年春，除工作的时间外，都是下部的积累材料的时间。①

《暴风骤雨》是周立波小说创作道路上的一块里程碑，它是周立波的成名作，是周立波小说创作的一个重要标志。从这部小说开始，周立波逐步形成了他独特的个人风格。中华人民共和国成立后出版的几部中国现代文学史一致认为《暴风骤雨》与同获斯大林文学奖的丁玲的《太阳照在桑干河上》，是我国最早出现的反映农村土地改革的代表作品，是革命现实主义的成功之作，在中国现代文学史上具有重要地位。小说因为触及到了现实生活中的重大事件，所以产生了强大的社会效应，当时许多土改工作人员甚至人手一册，以之作为教材。

小说出版后，评论者充分肯定了这部作品。唐弢和严家炎在评论《暴风骤雨》时说，作品"展示了波澜壮阔的革命斗争画面，使人们清楚看到被封建生产关系束缚了千百年的中国农村是怎样在政治、经济、思想以至风俗习惯等各方面经历着伟大的变革，歌颂了中国农民在共产党领导下冲决封建罗网，朝着解放大道迅跑的革命精神。"②刘锡诚对作品的主题思想概括道："周立波以对'汹涌澎湃的农民革命运动'的强烈的爱和同情，再现了'波澜壮阔的土地改革运动'，揭示出'长期受着封建阶级压迫的农民群众，在中国共产党领导下奋发起来，向地主阶级及其政治代理人展开翻天覆地的伟大斗争，使生产关系发生了根本变化'。③周立

① 周立波：《现在想到的几点——〈暴风骤雨〉下卷创作情形》，载《生活报》1949 年 6 月 21 日。
② 唐弢、严家炎主编：《中国现代文学史》（三），载胡光凡：《周立波研究资料》，第 352—353 页。
③ 刘锡诚：《谈〈暴风骤雨〉及其评价问题》，载《社会科学战线》1979 年第 4 期。

波的《暴风骤雨》是一部中国农村土地运动的革命史,作家在作品中不但要反映一个重要的历史时期,一个重大的历史变化,而且要获得反映历史生活的、尽可能令人满意的广度和深度。周立波通过书中各种人物的回忆把抗日战争时期至中华人民共和国成立前土地改革的试验期的生活联接起来,回忆在工作队与村民的唠嗑中或是批斗会上人们对地主恶行的控诉中展开。虽然作品的空间跨度不大,所有的故事都浓缩在元茂屯村这一个东北的小乡村里,然而元茂屯村在这一个时段中所有的发展、变化都能代表整个中国农村所发生的历史性大变动。《暴风骤雨》对社会变动的关注,使整个小说具有了一种宏大叙事的品格,与作家之前写的带有"小资产阶级情调"的短篇小说是有着鲜明区别的。

《暴风骤雨》有两条鲜明的主线:一是萧祥率领的工作队进村,土改运动全面铺开;二是以韩老六为代表的、统治农村达数千年之久的封建地主阶级不肯轻易退出历史舞台,在溃灭之前与工作队作了疯狂的较量。在这两个阶级矛盾激烈的展开过程中,工作队内部也经历了剧烈的思想斗争,他们不断调整自己的方针、政策和措施等来适应土改运动的变化和需要。

> 七月里的一个清早,太阳刚出来。地里,苞米和高粱的确青的叶子上,抹上了金子的颜色。豆叶和西蔓谷上的露水,好象无数银珠似的晃眼睛。道旁屯落里,做早饭的淡青色的柴烟,正从土黄屋顶上高高地飘起。一群群牛马,从屯子里出来,往草甸子走去。一个戴尖顶草帽的牛倌,骑在一匹马儿的光背上,用鞭子吆喝牲口,不让它们走近庄稼地。这时候,从县城那面,来了一挂四轱辘大车。轱辘滚动的声音,杂着赶车人的吆喝,惊动了牛倌。他望着车上的人们,忘了自己的牲口。前边一头大牤子趁着这个空,在地边上吃起苞米棵来了。
>
> ……

一九四六年七月下旬的这个清早，在东北松江省境内，在哈尔滨东南的一条公路上，牛倌看见的这挂四马拉的四轱辘大车，是从珠河县动身，到元茂屯去的。过了西门桥，赶车的挥动大鞭，鞭梢卷起又甩直，甩直又卷起，发出枪响似的啸声来。马跑得快了，蹄子踏起的泥浆，溅在道边的蒿子上、苞米叶子上和电线杆子上。①

《暴风骤雨》的开篇从外来者萧队长的入场开始，在景物描写的烘托下萧队长出场。化空间为场景描写，是周立波对待空间并置的基本叙述策略。场景化空间一旦成为某种对照物或背景，也就有了某种议论功能，表明了作者对人物、事件的倾向性。萧队长领导的土改工作队在早晨太阳刚升起的时候坐马车急驰而来，预示着他们这股新生的力量会给这个屯子带来急风暴雨般的革命，必将给村民带来光明的希望。在这里，"工作队的到来"的意义是十分丰富的，不仅打破了平静的农村格局，燃起了农民的复仇火焰，打破了几千年的封建土地制度，穷苦农民"地到手，粮到口，马到槽，枪换肩"，成为了物资的主人；而且，"工作队的到来"也给没有经过现代文明熏陶的深山农民带来了新的语言、新的思维和新的观念。

《暴风骤雨》描写底层农民分得田土，获得解放，带来了"人"的意识的觉醒和主人翁意识的萌发，一代新人在成长。《暴风骤雨》里的赵玉林、郭全海早前受到的阶级压迫使他们一直坚定不移地拥护革命。赵玉林一家从山东逃荒到东北，给韩老六扛活，曾受到他的恶意盘剥。赵玉林被派4次劳工，回来时母亲身亡，媳妇领着儿子已经沦为乞丐。因为未能按时缴租粮被韩老六罚跪在碎碗碴子上，碗碴子扎进膝盖里，流出的鲜血染红了地面。郭全海8岁上死了娘，12岁之前没有穿过裤子，父亲给韩老六扛

---

① 《周立波选集》第2卷，第5—6页。

活，因为受到讹诈生了重病，寒冬腊月被赶出门外，最后被活活冻死。周立波在塑造赵玉林、郭全海两个形象时，已经不再过分拘泥于生活的真实。作者的目的很明确，就是要赋予他们更多新思想、新观念，要把他们从普通农民中超拔出来，让他们成为新式农民的代表、社会主义革命的领路人。在刻画赵玉林、郭全海这两个形象时，作者一直非常注重表现人物大公无私的精神品格。在第一次分发浮财时，赵玉林无论从哪方面说，都该摊上比较好的一份。农会也给他评了个"一等一级"，但是他拿回去的却是"三等三级"的东西，别人整匹的布、皮袄、新衣拿回家，而赵玉林只拿回来几件破旧的衣服。对赵玉林，作者最后用死亡给这个人物涂上了圣洁的光辉。郭全海没有赵玉林这么轰轰烈烈，但是作者写这两个人物的思路是一致的。郭全海在分配地主财物时也表现了公而忘私的优秀品格。小说结尾他离别结婚仅20天的新婚妻子，带头参军。《暴风骤雨》出版后，在当时开的一个座谈会上，与会者不约而同地注意到这个作品在人物塑造上的新特点。宋之的说："正面人物写得好。过去，无论在蒋管区或解放区，我们的文学作品，对反派人物都写得很突出，在暴露黑暗这方面，是有它的作用的。但这本书，写工作队以及农民积极分子等，都很动人，这在过去的作品里是很少看到的。"[1] 蔡天心认为，从《暴风骤雨》里能够看到东北农村新人物的成长，"并从此显露出农民——农村新人物如何在党的领导下，逐渐觉悟起来……用他那热情洋溢的笔锋，描写农村中新英雄的出现和成长。"[2]

虽然周立波在《暴风骤雨》中创造的"新人"得到了人们的肯定，但他为了表现正面人物的优秀品质而刻意拔高人物形象，回避土改运动的实际矛盾也招致许多批评。比如他笔下的萧祥就是其中最有争议的人物。作为工作队的队长，他是"一个圣贤，

---

① 《〈暴风骤雨〉座谈会记录摘要》，《周立波研究资料》，第291页。

② 蔡天心：《从〈暴风骤雨〉里看东北农村新人物底成长》，《周立波研究资料》，第302页。

当做一个一切为工农大伙，不顾个人利害的好汉，不论对自己，
对别人，他都不会有私心，他个人的要求和希望，从来不说"，周
立波是把萧祥作为一个"有着为人民服务的大志的群众政治家"
的完美形象来塑造的。然而这个人物遭到了评论者们的不少诟病：
"有许多人说对萧队长的印象很深，但我感到并不强烈。……萧队
长也就变成不甚重要的人物了。""萧队长仍是一个比较抽象概念
的人物。在工作方法方式上，也比较生硬。"① "最重要的人物如肖
（萧）队长，思想状态还是单纯了一些。"② 批评者还认为周立波回
避了土改中许多比较重要的问题，革命初期曾有过照顾地富阶级
的右倾思想、侵犯中农利益等这些问题都没有在作品中得到体现，
作者把矛盾处理得过于单纯，过分地突出了革命的成绩。周立波
亲身参加过土改运动中的诸项工作，也多次面临生死考验，他当
然明白土改运动的复杂性，但是由于无比强烈地服膺于信仰或者
说是时代的规约使得他必须作出一定程度上的妥协。他提出不但
要表现"'Life as it is'（按照生活本来的样子），而且要表现'Life
as it is going to be'（按照生活将要成为的样子），和'Life as it
ought to be'（按照生活应该成为的样子），因为我们改造人的灵魂
的境界"。③ 因此他在自己的创作中将那些不符合意识形态规范的
"真实"进行了修正，这也是他的作品主题明显单一、正面人物纯
洁无疵，情节的进程按照"遇到困难——克服挫折——迎来光明"
的模式，结尾也是和谐欢乐的"大团圆"的传统老调的原因。

《暴风骤雨》中真正能够体现周立波的独创个性的是他的语
言。作家大量地运用了东北方言的词汇和歇后语等，比如小说第
十五章，韩老六引诱杨老疙瘩时说：

> 你不必怕，咱们一东一伙，这么些年，还能不照顾？往

① 《〈暴风骤雨〉座谈会记录摘要》，《周立波研究资料》，第294—295 页。
② 韩进：《我读了〈暴风骤雨〉》，《周立波研究资料》，第301 页。
③ 周立波：《莫泊桑和他的〈羊脂球〉讨论提纲》，第287 页。

后别跟工作队胡混，别看他们那个熊样子，我看他姓萧的算是手里捧着个刺猬，摺也摺不下，扔也扔不掉。他斗我，看他能斗下，这不是斗了三茬了？再来三茬，我姓韩的日子也比你们过得强，不信，你瞧吧。①

在这段话中方言的运用使得语言十分生动，也比较形象地反映了韩老六的性格特征。再比如《暴风骤雨》中对一匹初生小马是这样描写的：老田头用手拖住一个胡乱踢着的蹄子，看着说道："又尖又小，干活准快当。赶到两岁半，个子长得大，就能夹障子，三岁拉套子，赶到五岁，拉它一刀，就能给你干十来多年。"它通过老田头的东北方言说出了小马干农活的特点，既贴近生活，又让人觉得亲切。

然而由于周立波过分注重用语言来突出"中国传统"，也遭到了一些评论家的批评。作品中许多地域性特别强的语言的运用，"都是有很大的地方的局限性，很少可能成为大家都采用的民族的共同语言的。过多地使用这类方言，势必使读者对于作品的理解受到限制或发生误解，这是《暴风骤雨》在语言方面的一个缺点。"②周立波在总结《暴风骤雨》的创作时也说："《暴风骤雨》是想用农民语言来写的，这在我是一种尝试，一个开始，毛病是多的。"③我们暂且不论周立波在《暴风骤雨》中方言的运用是否得当，然而方言的大量使用是使得这部作品"带有浓厚的中国传统的气派和泥土的气息"的关键因素，可以说，《暴风骤雨》是周立波走向"民族形式"探索之路的开端。

"民族形式"的讨论正式起源于毛泽东的讲话。在大众化讨论和民族战争的背景下，1938年毛泽东发表了《中国共产党在民族战争中的地位》的报告，其中有一句话涉及了文艺的问题："洋八

① 《周立波选集》第1卷，第165页。
② 陈涌：《暴风骤雨》，《周立波研究资料》，第278页。
③ 周立波：《〈暴风骤雨〉是怎样写的？》，《周立波研究资料》，第285页。

股必须废止，空洞抽象的调头必须少唱，教条主义必须休息，而代之以新鲜活泼的、为中国老百姓所喜闻乐见的中国作风和中国气派。"这段讲话在文艺界引起的反响就是对"民族形式"问题的讨论。什么是或如何才是"中国作风和中国气派"，怎样形成"中国作风和中国气派"逐渐成为"民族形式"讨论的核心问题。而语言问题成为了实现"民族形式"的一个重要问题。

黄绳在《民族形式与语言问题》一文中强调民族形式无法离开语言改革这个难关，"民族形式的运动，必伴随着文艺语言的改革运动"。[①]潘梓年在《民族形式与大众化》中把语言提到更突出的位置，强调了"大众语言"在民族形式建设中的关键作用，"要用工农大众自己的语言来描写工农大众自己为独立，自由，幸福而斗争的战斗生活，并为工农大众所享受。用工农大众的语言描写中国人的生活的文艺，就是具有中国气派与中国作风的文艺，就是民族形式的文艺"。[②]1940年，向林冰提出了"民间文艺是民族形式的中心源泉"一说，他认为"民间形式的批判的运用，是创造民族形式的起点，而民族形式的完成，则是民族形式运用的归宿。换言之，现实主义者应该在民间形式中发现民族形式的中心源泉"。[③]他在提倡"民间形式"的同时，也对五四以来的白话文进行了贬低。"至于五四以来的新兴文艺形式，由于是口头告白性质的'畸形发展的都市产物'，是大学教授、银行经理、舞女、政客以及其他小'布尔'的适切的形式，所以在创造民族形式的起点上，只应置于副次的地位。"[④]他的这一观点得到了毛泽东的赞同，毛泽东在《在延安文艺座谈会上的讲话》中更进一步地指出："文艺工作者却常因'不熟'人民生活，'不懂'人民

---

① 黄绳：《民族形式与语言问题》，载《大公报·文艺副刊》1939年12月15日。

② 潘梓年：《民族形式与大众化》，载《新华日报》1940年7月22日。

③④ 向林冰：《论"民族形式"的中心源泉》，载《大公报·战线》1940年3月24日。

语言，因而造成作品与人民生疏的后果，许多文艺工作者的作品里面常常夹着一些生造出来的和人民的语言相对立的不三不四的词句。什么是大众化呢？就是我们的文艺工作者的思想感情和工农兵大众的思想感情打成一片。而要打成一片，就应当认真学习群众的语言。"① 在这里，"不三不四的词句"讽刺的是一些知识分子说着、写着而老百姓听不懂，看不懂的语言，也即是"亭子间语言"。

从这里可以看出，知识分子的话语与文学形式正在受到批判，"文艺大众化"的要求越来越迫在眉睫，文艺要"统一"，要有"主导"，而这主导就是工农兵大众，在毛泽东的延安讲话中，这一观点被进一步阐发，成为"工农兵方向"，而知识分子话语受到了挑战，逐渐失去了其言说空间。

《暴风骤雨》可以看作是周立波沿着毛泽东《在延安文艺座谈会上的讲话》所设定的方向进行的创作实践，其中他又把学习民间语言作为自己创作转向的目标。"毛主席指示我们，我们的思想情绪要和工农兵的思想情绪打成一片，'应从学习群众的语言开始'。现在我们要和农民一起工作，要表现农民，必先学习农民的语言。"② 虽然周立波努力地使用东北方言来使自己的作品看起来"中国传统的气派"味更浓重，但是他在主题、故事情节、人物形象等其他形式方面仍然大量地借鉴外国文学的创作 ③，使作品仍然"洋气十足"，甚至使人觉得作品的风格土洋参半，不甚调和。有评论家认为，《暴风骤雨》"整个看来，在形式上还没有完全脱却洋气，也就是说泥土气息不够"。"和赵树理同志的作品比起来，赵树理的东西，就是中国农村本身，是从中国农村的泥土里生长

① 毛泽东：《在延安文艺座谈会上的讲话》，《毛泽东选集（第三卷）》，人民出版社1991年版。
② 周立波：《〈暴风骤雨〉是怎样写的？》，《周立波研究资料》，第284页。
③ 详见拙作《本土经验与世界眼光——周立波与外国文学》，上海人民出版社2018年版，第202—220页。

起来的；而周立波同志的这部作品，基本上还是知识分子写的农民。还残留着一些洋气。"① 即便如此，《暴风骤雨》已经初显出他的个人风格，虽然此时他的个人风格还不够成熟，但是《暴风骤雨》可以看作是他创作风格成功转向的一个标志。

1952年3月，周立波长篇小说《暴风骤雨》获斯大林文艺奖金三等奖。斯大林文艺奖金的获得，无论对中国文艺界，还是对周立波本人来说都是一件意义重大的事情。这一奖项，不仅在当年社会主义阵营国家，而且在其他许多国家都有很大影响。《暴风骤雨》的创作、发表及获奖，对周立波个人有着不可估量的意义，使他跻身全国著名作家行列，不仅为全国文坛所关注，而且成为有较高社会声誉的全国知名人士。

---

① 《〈暴风骤雨〉座谈会记录摘要》,《周立波研究资料》，第293—294页。

# 第十二章 《解放了的中国》

## 一、拍摄《解放了的中国》

1949年6月26日，周立波来到了阔别三年的北京，三年前他住在北平的翠明庄，现在的北京已解放，真是"换了人间"。周立波作为东北文艺代表团成员，来京参加全国第一次文代会。周立波第一次走进中南海怀仁堂，出席中华全国文学艺术工作者代表大会开幕式。在文代会闭幕式上，周立波当选为新成立的中华文学艺术界联合会委员会委员。

1949年10月1日，中华人民共和国成立，从根本上结束了一百多年来中华民族遭受帝国主义压迫的历史，中国成为真正具有独立主权的国家，占世界人口四分之一的中国人民从此站立起来了。中华人民共和国的成立冲破了帝国主义的东方战线，极大地改变了世界政治格局，壮大了社会主义阵营的力量，对世界历史进程产生了深远影响。

二战结束后，苏联有一个庞大的电影计划，就是拍摄一系列反映独立的社会主义国家革命成功的影片，《解放了的中国》就是其中的一部。1949年9月，苏联派出两支摄影队，到中国拍摄五彩文献纪录影片《解放了的中国》和《中国人民的胜利》，反映中国人民的斗争历程。影片除了在国内放映外，还将被译成外文在全世界播映，主要目的是宣传中国的抗战和建设成就，展示中国的国际形象。这是一次非常好的向全世界宣传新中国的机会，因此中方非常重视这次拍摄工作，由刘少奇担任总指挥，中国文艺界派出了徐肖冰、吴本立、刘白羽、周立波、苏河清等组成强大的阵容，协助苏方的电影制作。11月，周立波作为文学顾问，被调去参加《解放了的中国》的拍摄工作，至次年10月结束，工作了整整一年。

　　《解放了的中国》反映中国的地理、历史、文化以及百年来中国人民争取自由解放的革命斗争历程，尤其是着重描述中华人民共和国成立后中国人民充满热情和信心投入国家建设中的动人情景，表现了中国人民胜利的喜悦和伟大的爱国主义精神。这部纪录片的导演是谢尔盖·格莫西拉夫和伏尔克，摄制组的足迹遍布中国大地。

　　格拉西莫夫有比较深刻的思想修养和敏锐的艺术眼光。接受摄制文献片任务后，他阅读了大量关于中国的俄文书刊，又在中国召开了多次座谈会了解情况。他和周立波交谈很多，周立波向他介绍了上海的地下工作、延安时代的生活和土改运动的情况。这些都是周立波熟悉并亲身经历过的。经过阅读和座谈，格拉西莫夫对中国革命进程有了深刻的理解。他把毛主席说的中国革命是推翻帝国主义和封建主义两座大山作为主题，用艺术画面进行表现。格拉西莫夫平易近人、作风民主，他和周立波等五名中国同志相处和谐，中国同志从他身上学到很多艺术经验。周立波到晚年还提起这位著名的电影编导。

　　在《解放了的中国》拍摄过程中，周立波与摄制组一起到韶山、瑞金、井冈山、南昌、上海、延安采访。重返上海与延安，周立波的心情十分激动。在上海，周立波告诉格拉西莫夫，自己在这里的西牢坐过牢。格拉西莫夫十分重视这个情节，亲自带摄影师提前一天去观看了这座英美帝国主义在上海修建的巨大监狱，回来后研究了拍摄角度与镜头，第二天正式拍摄，把这座作为帝国主义侵华罪证的建筑摄入影片。这时距离周立波在这所监狱关押有近20年了，大上海也已经是人民的上海了。

　　在延安，摄制组要拍摄毛泽东在枣园住过的三面石窑，但这里已被1947年侵入延安的国民党军队破坏了，窑洞里空空荡荡，没有家具。延安专区的一位副专员一直在延安工作，以前多次到过毛主席住的窑洞，根据他的回忆，窑洞被重新修复，室内的陈设也重新布置了。周立波1944年10月离开延安，此时因拍摄工作重返延安，他非常兴奋，还开心地在毛泽东故居前拍照留念。

1950年6月，《解放了的中国》摄制组在中国的拍摄任务完成后，回苏联进行后期制作。周立波、刘白羽、徐肖冰等随同摄制组去苏联参加后期制作，看了《解放了的中国》的样片后提出了20条修改意见：

> 是否添一些代表南方特色的镜头，如有人驾船，以和北方骑马相对照；加兰州镜头，以上二者表现中国土地的广大；苏州河上的小船是否可以减少些；土改画面：烧地照与发地照放在量地之后；农民分牲口时，有个农民分了一匹骆驼，这在中国并不普遍，同时画面上表现那农民分了骆驼后，牵了一段路，就撇下不管，这个画面可删掉；黄河船只的镜头可以去掉一个；修黄河堤时，上万的人背石头，有个知识分子样的人，只背一小块石头，如二流子，此画面可删；"白毛女"被拖出去时，观众中有人笑，看悲剧倒笑，应删掉；"在战斗里成长"有个场面插在"白毛女"里，不合适，应删；北京医院，护士出现镜头太长，可删短；上海幼稚园，张嘴的小孩难看，可以删掉；四大野战军首长都要有特写才好，因为他们同时是各大军区的党的领袖；俄国舞可否剪短些；一九四六年，自卫战争开始的转折点，表现不明显，应借几个进军镜头等。①

除此之外，周立波他们还对该片总的结构提了一些意见：表现工业的比表现学校、学会的少些，看不清工业建设的紧张场面。群山的图片太多，而且有雪山草地图画，因此长征图未用。另外，关于中文说明原文有"6次反围剿"，他们改为"5次反围剿"，并把红军失败原因是单纯军事路线错误也添上去了。他们还建议关

---

① 《看了〈解放了的中国〉所提意见》，现存中央档案馆。

于解放后的北京、杭州、上海，可添些优美的镜头。紧张场面之后，添些抒情式的歌唱画面，使整个影片有些曲折、波澜。① 格拉西莫夫全部接受了这些意见。

1950 年 12 月 30 日，《解放了的中国》在北京、天津、张家口、沈阳、哈尔滨、大连、上海、南京等 15 个城市进行首轮公映，得到观众的热烈欢迎。在上海的首映当天，数家电影院的观影人数已逾 16 万人，包场次数达 19 场。② 之后，影片在中国其他城市广泛上映，也获得很好的观影率。中国观众通过这部影片加深了对伟大的中国革命事业的认识，更加激发了他们的爱国情感。

影片除了在中国播放外，还在苏联、罗马尼亚、匈牙利、比利时、蒙古、印度等海外国家广泛传播，让全世界人民看到了新中国建立的成就，并由衷地为中国人民感到喜悦。《解放了的中国》在中华人民共和国成立初期国家形象的海外传播中扮演了重要角色。影片上映后不久，获得了 1951 年 3 月的斯大林奖金一等奖，周立波作为中方参与拍摄的主要人员也获得了此项殊荣，他将获得的奖金全部用来购买"鲁迅号"飞机，捐献给了国家。

《解放了的中国》完成后，还剩下许多珍贵镜头，格拉西莫夫提议制作由 5 个小巧玲珑片组成的五彩片《锦绣河山》，展现中华人民共和国的辽阔、优美和丰饶。影片里有庄严的首都北京、繁华的上海、幽美的西湖、雄伟的长江，描写了中国的殿堂、雕像、浮图、苏堤、三峡等。苏联摄影师对镜头的色彩、角度和构图都经过了细心推敲。他们摄入了西湖边上的岳飞庙，突出了岳庙屋脊上的泥塑武将，展示了中国人民的"乾坤正气"。影片中不仅有领袖在天安门上的镜头，也有赶着水牛在田里耕种的南方农民，长江中架着小船用鸬鹚捕鱼的渔夫，有大庾岭山谷中掏钨砂的矿

---

① 《看了〈解放了的中国〉所提意见》，现存中央档案馆。

② 参阅《〈解放了的中国〉今日开始隆重献映》，载《解放日报》，1950 年 12 月 30 日。

工，展现了新中国人民人人劳动，人人幸福的境界。格拉西莫夫在莫斯科举行的一次研讨会上说，他恨不能把在中国拍摄的几万尺胶片都编入文献片之中。

因为《锦绣河山》5个小片是增加的一个纪录片，因此要延长他们在苏联的时间，周立波给刘少奇发电报说明情况，经刘少奇同意，他们一行五人至1950年10月回国。

### 二、写作《苏联札记》

周立波一行人在苏联完成《解放了的中国》的后期制作后又应苏联作家协会邀请访问苏联。在莫斯科，周立波一行5人住在民族饭店，旅馆的对面是克里姆林宫，克里姆林宫前面是红场，列宁的陵墓就在这里。每隔一天陵墓开放。周立波在饭店楼上看到穿着各色服装的成千上万男女排着长队，等着瞻仰列宁遗容。周立波也专程去了列宁陵墓瞻仰领袖的遗容。

代表苏联作家协会接待周立波一行的是康士坦丁·米海洛维支·西蒙诺夫。他是苏联共产党的候补中央委员、最高苏维埃代表，《文学报》的总编辑和苏联作家协会的副总书记。这并非西蒙诺夫首次与中国文艺家交流，早在1949年新中国成立不久，他和法捷耶夫就率团来华访问，与周扬、茅盾、丁玲等人座谈，探讨社会主义国家的文学制度与创作实践等有关问题。为此茅盾在《文艺报》上发表专文《欢迎我们的老大哥，向我们的老大哥看齐》，在这里，"欢迎""老大哥"与"看齐"等是这篇文章的核心词，表明了中国作家在面对苏联文学时的外在姿态与相互间的层次关系，也标志着中苏文学之间一种新关系的开启。虽然中苏两国均为社会主义阵营国家，但苏联无疑是"老大哥"，是社会主义意识形态话语的生产者与输出者，而"我们"则自觉地向它"看齐"，在这种兄弟关系中，其实存在着鲜明的层次性与话语权力的不平等性。

事实上，周立波的这次访问也是带着"学习"的目的去的。

他在访问期间会见了巴甫连柯、爱伦堡和波列伏依三位作家，交流了社会主义文学创作与管理经验。巴甫连柯是一位苏军军旅作家，著有长篇小说《幸福》，编导了《攻克柏林》等电影，他向周立波一行介绍了创作电影剧本与创作长篇小说的区别：电影创作的笔触是粗放的，而小说创作的描写要更细腻。巴甫连柯还谈到了社会主义现实主义的问题，他反对自然主义，认为生活里的琐碎的东西不必写，"比方写宴会，要紧的是要写出什么人赴宴，桌上的菜肴倒可以不写。又如写刷牙，详详细细地写一个人上下左右地推动牙刷，是不必要的"。① 巴甫连柯的经验令周立波很受启发，他认为巴指出了中国作家经常犯的错误——繁琐，作家五万来字的小说"用到与故事的开展无关、与性格的表现无涉的、芜杂、琐碎的描摹上去了"。② 爱伦堡是中国读者熟悉的作家，他的长篇小说《暴风雨》和《巴黎沦陷》都有中译本，他谈了创作典型与生活体验的经验，认为"作家不能作为旁观者去看看生活，而是要参加到生活中去，因为不这样，写出来的东西就不能感动读者"。③ 周立波非常赞同他的体验与观察生活的主张。波列伏依是长篇小说《真正的人》的作者，他是一个当过 20 年新闻记者的工人作家。在与周立波一行交流时，波列伏依希望中国作家多写中国工人和农民现在的生活情况，他还说："关于长征，你们为什么不写呢？我们苏联人民对于中国的长征感到浓厚的兴趣。我们要把中苏两国人民的英勇的斗争多多写出来，这样来互相鼓舞，而且也可以给那些没有解放的别的国家的人民作个榜样。"④ 周立波非常认同波列伏依的建议，并认为要在创作实践上来回答这位作家的期望。

西蒙诺夫也向周立波一行介绍了自己的创作经历，他创作的话剧《俄罗斯人》曾在延安党校礼堂演出，周立波观看了这出戏；

①② 周立波：《苏联札记》，作家出版社 1960 年版，第 41 页。
③ 同上引，第 51 页。
④ 同上引，第 63 页。

他的名作是长篇小说《日日夜夜》，深受中国青年喜爱。西蒙诺夫介绍了《日日夜夜》的人物塑造与结构安排以及小说沉着的情调，他认为这部作品的浪漫主义色彩在于事件是英雄主义的，小说表现的是人性的美。周立波深深赞同西蒙诺夫对文学创作的看法。访问4位苏联著名作家，与他们交流文学创作经验，周立波感到这是此行最大的收获。

西蒙诺夫还安排周立波一行参观了列宁墓、斯大林寿辰礼物馆、苏联红军博物馆、托尔斯泰故乡，安排他们考察了一家工厂和一家集体农庄。回国后，周立波根据自己的访问笔记创作了一部游记式的散文集《苏联札记》，于1953年出版。这部札记共由14篇散文组成，包含周立波在苏联期间参观访问与他和苏联作家会谈的记录。周立波带着学习的态度，对苏联的描述充满了崇拜之情。他笔下的苏联一切都是新的、美好的、先进的，苏联人民热爱祖国、热爱劳动，都愿意为祖国的强大繁荣牺牲自己的幸福和利益。在《苏联札记》中，周立波集中笔墨记录了他在莫斯科的参观访问，在他的心目中，莫斯科的一切都是新的，随时都焕发着新的精神。那里诞生了新"社会主义城市"，那里创建了巨型的工厂和集体农庄，那里新铺设了广阔马路，那里挺立着簇新的房屋，那里有伟大导师列宁的陵墓，每天有成千上万的人前去拜谒，"是他（列宁）创造了第一个社会主义国家；是他举起了十月革命的火把，照耀着世界；是他把人类最好的希望，变成了辉煌的现实"。①周立波访问苏联是在七月份，正是盛夏之季，夏天的炎热遮盖不了他对苏联的热情，而他对于苏联的景色描写并没有盛夏的烦闷的炎热，反而呈现出一片舒适的春意盎然的自然风光。"这里除了微风，鸟语，没有任何其他烦杂的声音。空气里飘散着花的香气、草的香气、潮湿的泥土和败叶的气味。"②总之，来自

① 周立波：《苏联札记》，人民文学出版社1953年版，第1—2页。
② 同上引，第61页。

苏联的一切都是新鲜的、神圣的，苏联成了周立波心目中的希望和理想的象征。

此次协助拍摄《解放了的中国》文献纪录片和苏联一行，周立波收获很大。苏联是当时的先进国家，周立波开阔了眼界，坚定了社会主义信念，也学习了苏联作家的文学经验。

### 三、中华人民共和国成立后第一次回家乡

从苏联回国后，1950年10月底，周立波十分想念远在益阳的家人，他怀着激动的心情，渡黄河、过长江，风尘仆仆回到了阔别11年的家乡益阳。母亲刘昭珍、小儿子周彦邦等家人租住在益阳县城一所职业学校旁边一间小屋里，前妻姚芷青在职业学校担任女生生活指导老师，父亲周仙梯已于1942年病逝，大儿子周健明正在汉寿县石板滩参加土改。

见过家人后，周立波去拜访了益阳市委书记万达。万达原名万世静，1918年出生于河南省林县，1935年考入开封师范。他读了周立波翻译的《被开垦的处女地》，深受感动，便用小说主人公共产党员达多维夫的第一个字"达"，作为自己的名字，改名万达。万达曾与周立波的现任夫人林蓝一起参加过开封学生声援北平一二·九运动的活动，从此走上革命道路。1949年随军南下来到益阳。这时万达已读了周立波的长篇小说《暴风骤雨》，十分敬佩周立波。周立波拜访他时，他们互相讲述了自己走上革命道路的经历。万达后来对周立波的亲属十分照顾，推荐他的大儿子周健明、表侄林凡和雷唤民到湖南革命大学学习。

周立波这次回家还专程去看望了前妻姚芷青的父亲姚愈全，他对这位老人一直心怀愧疚。当初如果不是岳父资助他路费，他就无法跟着周扬去上海，也许就不会走上革命的道路，也不会有今天的著名作家周立波衣锦还乡的光景了。岳父的恩情还来不及报答，因为历史原因，他已经与姚芷青分道扬镳，重新组建了家庭。面对姚老人时，周立波的心情十分忐忑，做好了被老人痛骂

一顿的心理准备，没想到老人只说："你出去是对的，别的不要说了。"周立波拿出一笔钱要送给他，被他拒绝了，姚老人说："我分了田土、茶山、半边祠堂，不缺什么。"此时的姚芷青由自己在沅陵时的入党介绍人、已在长沙市妇联工作的韩淑仪推荐，到长沙市法院工作，正准备离开益阳去长沙。周立波决定带自己的母亲刘昭珍和小儿子周彦邦到北京去。周彦邦这时15岁，刚刚初中毕业。

长子周健明不在家中，周立波还是想与他见上一面，便写了一封信，希望他向领导请假回一趟益阳，但在信中也说："如果工作很忙，不回家也行。"周健明接到父亲的信后，匆匆赶回益阳，终于见到了离别12年之久的父亲。他回忆：

> 当我从常德回到益阳，快走近祖母租住的房屋时，心里感到激动，因为我生下不久父亲便坐牢了，3岁时他曾回家住了一段日子，我对他印象模糊。等我跟母亲去了沅陵，同住在一个书店的楼上，那时他总深夜才回来，等他回来我入睡了，因此留下的也只是零星的记忆。不久我被送进孤儿院，与他没有再见面了。周立波奉调去桂林前，曾到孤儿院看过我，看到我瘦弱的样子，不禁潸然泪下。当时我的身份是孤儿，就不该有父母，可能是在一种不正常情况下见面的，我竟一点印象也没有。
>
> 屈指一算，我与父亲离别已有12个年头了，当父子俩面对面站着，两人都愣住了。我从小就像没有父亲的孩子，受过别人的嘲弄。见到我气恼，祖母与妈妈便安慰我，说我有爸爸，不过到泰国去了。直到我上了中学，才知道泰国在什么地方。解放后我才知道他到延安去了，并且写了一本描写土改的小说《暴风骤雨》，很著名。
>
> 愣了一阵以后，我俩才开始谈话。三天时间足不出户，

大半时间是谈话，主要内容，是议论彼此所参加的土改。①

看到儿子周健明的生活状态和精神状态都不错，周立波便放心地回北京了。

---

① 笔者 2015 年 5 月 8 日采访周健明，周健明口述。

# 第十三章　新中国的歌颂者

## 一、参加第一次文艺界的整风学习

从湖南回京后，周立波在文化部文学研究所承担辅导学员创作的工作。1951年10月，《中国青年报》文艺副刊主编柳青邀请周立波担任顾问，《中国青年报》总编辑陈绪宗委托他审阅年仅15岁的刘绍棠创作的短篇小说《红花》，周立波非常肯定这篇小说，并提了若干修改意见。刘绍棠听取了周立波的意见，修改后的《红花》发表于1952年元旦《中国青年报》，这也是刘绍棠的成名之作。周立波后来又对刘绍棠创作的短篇小说《青枝绿叶》提出了修改意见，这篇小说也在《中国青报》发表。《红花》和《青枝绿叶》发表后反响很大，对刘绍棠走上知名作家之路有很重要的影响。

1951年11月24日，周立波参加了北京文艺界整风学习动员会，这是新中国成立以后知识分子思想改造运动的产物之一。知识分子的思想改造运动最初在京津高校中展开，源于马寅初1951年8月在全国十八个专业会议上听到的周恩来的报告《目前形势和任务》。周恩来的报告指出过去的知识分子受到了封建思想和帝国主义奴化思想的侵蚀，"现在要为新中国服务，为人民服务，思想改造是不可避免的。只有这样，我们才能够进步，我们的思想感情，我们的行动，我们的生活方式才能够适合于人民的利益，而不违背人民的利益"。[①] 马寅初听了这个报告后，深受鼓舞，决定响应报告，在全国高校的教职员工中推行政治学习运动。10月，毛泽东在全国政协一届三次会议上提出："思想改造，首先是各种

---

① 中共中央文献研究室编：《周恩来年谱》上卷，中央文献出版社1998年版，第175页。

知识分子的改造，是我国在各方面彻底实现民主改革和逐步实现工业化的重要条件之一。"于是将知识分子的思想改造推广到社会各界包括文艺界。11月，中共中央发出了《关于文艺干部整风学习运动的指示》，要求各级党委开展整风学习运动。24日，北京文艺界率先召开学习动员大会，会后，北京文艺界整风运动正式开始。广大文艺工作者通过学习毛泽东思想，联系思想实际进行批评和自我批评，肃清思想上残存的封建买办思想影响，批评资产阶级和小资产阶级思想，进一步在政治上明辨是非，分清敌我，在文艺观上确立"为人民服务，首先为工农兵服务"的文艺方向，走深入社会生活、投身于现实斗争的创作道路。

在这次整风学习中，周立波与蔡仪、王淑明、聂绀弩、老舍、陈荒煤、赵树理编在一个组，他经历了自我教育和自我改造的过程，在讨论会上多次就文艺的党性与人民性问题发言。周立波在发言中说：

> 关于人民性和党性的问题，毛主席讲得很清楚，对一般作家的要求是人民大众的立场，对党员作家来说，要站在党的立场上，站在党性和党的政策的立场。对党员作家的要求更严格。我们写小说是把它作为斗争的武器，是党的工作，所以一定要有党的立场，政策的立场。党员作家的立场问题，过去发生过，将来也难保不发生。党员作家不该发表的作品，如不是把无产阶级当作先进阶级来写，而是以小资产阶级面貌改造党。如何站稳党的立场，特别是政策立场是应该注意的。政策是国家的灵魂，如掌握不好，就要起坏作用。我最近写一篇东西，写了没经过改造的知识分子（工程技术人员），就没有写好，写未被改造的技术人员坏的方面太多了。有人看了以后觉得团结技术人员不好。因此我又特别写了一点，但还不很多，工人与知识分子之间存在着历史的矛盾，但也有红色工程师，虽然是萌芽，但有一些。这就是党的立

场、政策立场问题。掌握政策是不容易的事，一个革命作家，尤其是党员作家，政策的修养不是一朝一夕的功夫。毛主席所以要我们长期的去为人民服务，就是因为不是上一次课，进一个训练班就可以解决的。否则就用不到长期的全身心的去参加党的斗争了。要是我们曾参加土改，下工厂，抱着旁观的态度，那写的东西也一定是抱旁观者的态度，当然也有感觉锐敏的作家可以接近马克思主义，但总是难一些。要站稳立场，就要长时期地看党报，听党课，加强理论学习，参加斗争，写出的作品请别人看，客观地倾听别人的意见，可以少犯些错误。一定要把文艺事业当作党的事业，不怕别人批评自己的作品。我每天看报要看两万字左右，特别是与我写作有关的文章，一定要看。我过去不愿意让别人对自己的作品提意见，现在就欢迎别人提。当然自己也要考虑别人的意见是否适合。在理论修养上不限于文艺的，而不是一般的理论修养。这就是我关于党性和党的政策的意见。①

## 二、长篇小说《铁水奔流》

1949 年召开的党的七届二中全会制定了党在全国胜利后的政治、经济、外交方面的基本政策，指出了中国由农业国转变为工业国，由新民主主义社会转变为社会主义社会的发展方向，决定党的工作重心由乡村转移到城市，党必须全心全意依靠工人阶级，把恢复和发展城市中的生产作为中心任务。随着党的工作重心的转移，周立波也把自己的创作视野转到了"反映工人生活和工业建设"方面。他说："1949 年，我曾听到党的七届二中全会的决议的传达，受了启发，一进城，就想了解和反映工人生活和工业建设。"②

新中国成立一年多时间里，大规模的工业建设兴起，工业战

---

① 《周立波在文艺干部整风学习第九次会议上的发言》，现存中央档案馆。
② 《〈铁水奔流〉的创作》，《周立波选集》第 6 卷，第 518 页。

线的沸腾生活和日新月异的变化吸引了许多文艺工作者。曾经与周立波一同在沅陵办《抗战日报》、后来到了东北的作家草明这时已出版了两部有影响力的反映工业题材的长篇小说《原动力》和《火车头》，这对周立波有很大的触动。周立波还了解到，自己在上海左联时的老战友、创作了《南行记》的艾芜也打算转向写工业题材。于是，周立波在完成了中华人民共和国成立初协助拍摄《解放了的中国》和其他一些任务之后，下决心深入工厂了解工人生活，创作一部反映工业战线的长篇小说。

周立波选择北京石景山钢铁厂作为他创作的取材地，这家工厂是旧中国重工业发展的一个典型，非常契合周立波的创作意图与思想：

我曾到过一个钢铁厂，看见了那里的两盘炼铁的高炉。其中的一盘是徐世昌修的。徐世昌是北洋军阀中间的一个。据说他在第一次世界大战期间，趁着欧美的钢铁不能东来的机会，为了赚钱，修建了这一盘高炉。修好不久，欧战停了，欧美的货物又源源东运，中国的军阀又开始混战。徐世昌打了一个败仗，下了台。他所主持修建的高炉没用过一天，冷落地竖立在空旷的露天底下，一搁几十年。在国民党统治之下，也没有人动用过它。日寇利用了一个短时期。等到国民党接收这个工厂的时候，高炉又搁着了。有位工人告诉我，有一回，工厂的伪经理也曾想用它，特别聘请的一个美国工程师来到高炉的跟前，装腔作势，看了一遍。看完以后，这个美国人摇一摇头说："不行了，还不如上美国订一盘新的。"

新炉没有来，旧的就是那样子搁着，一直到解放。

在这同一钢铁厂，工人还对我说了另外一件事。国民党派来接受工厂的所谓"大员"，有一天，心血来潮，突然想在这座钢铁厂里建立中国的轻工业。因为轻工业是能赚钱的。他们在徐世昌时代的高炉的近边，造了一个木头漂粉塔，准备生产漂白粉。木塔盖好了，一层一层低矮的小楼的里边，都铺了磁砖。他们不知从什么地方弄来了机器，但是，塔门太小，楼也太低了，机器安装不进去。他们十分渴望的漂白粉，始终没有出世。

这个工厂获得解放的时节，生锈的炼铁炉和奇异的漂粉塔，在静静的旷场上遥遥对峙着。

我为什么要详细地谈起这盘炼铁炉和这座漂粉塔呢？因为我觉得，这是旧中国的重工业的命运的一幅鲜明的图画。①

1951年2月，周立波第一次到石景山钢铁厂深入生活，他参加了厂工会报纸的编辑工作，同时调查了解工人情况。这时，工厂正在大力进行一个高炉的大修，周立波了解了高炉大修的复杂过程。他常去一些工人的家庭，了解他们的生活和心理。他还天天去大修的工场看机器、零件和工具等，有不懂的，就发问，逐渐了解了一些生产知识。

1951年6月，周立波离开石景山，在这个厂共住了5个月。1951年7月开始写作，到1952年2月，初稿写成，共花了8个月时间。初稿完成后他送给周扬审读，周扬看后觉得不满意，认为稿子还不成熟，提了许多意见，并建议周立波继续深入生活。1953年1月，周立波第二次到石景山，这次他直接下到修理部，参加一座高炉的大修。周立波回忆："这回了解的人和事都比较深入一些。" 1953年5月，因为要参加第二次全国文代会筹备工作，周立波离开工厂回了作协机关。在此期间，他对《铁水奔流》的初稿作了大的修改，但始终觉得差强人意。于是1954年初，他第三次到石景山深入生活，这次主要是了解厂里技术人员的情况。之后他又修改了两次稿子，小说《铁水奔流》前后共修改了6遍，直到1954年8月全书才定稿。

---

① 周立波：《我们创造了奇迹》，载《中国青年报》1955年4月13日。

《铁水奔流》共20章，18万字，小说的第一章至第四章以《最初的几天》为题在《人民文学》上发表了。《最初的几天》的发表并不顺利，如果不是周扬的授意和坚持，可能根本无法面世。1954年，当时是严文井主持《人民文学》工作的时期，有天，他忽然接到周扬的电话，周扬说："现在写工厂生活，写工人形象的人少，作品就更少。搞建设嘛，城市里工人劳动者是主要的。立波同志写出了一部新小说，你们可以要来看看，不能全部发表，也可以选一点发表，以示提倡嘛。"①编辑部听说后立即取来周立波的手稿，小说编辑、编辑部副主任葛洛看过后认为这部小说"对工厂生活写得比较浅，塑造人物不够丰满，艺术吸引力较差，不一定能使读者感兴趣，最好的是不要在《人民文学》选载"。②严文井看过后，也对小说的艺术质量不太满意，如在《人民文学》刊载，效果不一定好，考虑再三决定不发表。严文井报告周扬后，周扬还是坚持《人民文学》要选登，他认为这是中华人民共和国成立后最早塑造工人形象、歌颂工业复兴的作品，在《人民文学》上刊出影响大一些。"篇幅不一定那样多"，《最初的几天》这样才得以发表。1955年5月，长篇小说《铁水奔流》终于由作家出版社出版了。

《铁水奔流》出版后，深受石景山钢铁厂工人的好评，小说在石景山钢铁厂销售了600余本，许多工人不但自己买来看，还买来送给亲戚和朋友。石景山钢铁厂工会主席谷受民和工会干部赵焕然评价《铁水奔流》时说"工人们都为有人能写出钢铁工人的斗争、生活而高兴。以前我们在书店里找不到写钢铁工人的书，只有翻译的苏联小说《钢与渣》是写钢铁工人的，现在周立波写的《铁水奔流》一出版，许多工人就赶快买了来看"。③

新中国成立后，国内外都非常关注中国共产党如何管理城市

---

① ②　涂光群:《严文井——一个真正的人》，载《新文学史料》2006年第3期。

③　谷受民、赵焕然:《工人读〈铁水奔流〉》，载《文艺学习》1955年8月。

和发展工业生产，期待表现这一主题的作品出现，《铁水奔流》主题非常符合人们的期待。小说是以党的七届二中全会决议中的预言："我们不但善于破坏一个旧世界，我们还将善于建设一个新世界"为主题，写骆驼山钢铁厂在军代表刘濯先率领的接管人员领导下，依靠工人和技术人员修复两座大型炼钢炉的故事，小说形象地表现了我国工人阶级的主人翁精神和伟大的创造力量。

然而这部小说与同时期的其他工业题材小说相比是不成功的，也远未达到周立波创造的《暴风骤雨》的高度，因此未引起评论界的特别关注。周立波自己对这部小说也不甚满意，"我在这一本书里，虽然写了四十多个人物，但给人印象都还模糊，这是因为我对于人的观察还不够的原故"。① 周立波把小说不成功的原因归咎于观察不够。写作《铁水奔流》之前，周立波对工业建设的题材确实不熟悉，他花了 10 个月的时间在工厂体验生活，对工人和生产知识都有过深入的了解，但是体现在小说上却显得很平庸。事实上，周立波在创作《暴风骤雨》之前对农民和土改运动也是陌生的，他随工作队一起到东北农村，用了半年不到的时间体验生活，后来据此创作了《暴风骤雨》，然而《暴风骤雨》却获得了成功。同样是紧贴主流意识形态的小说题材（工农兵方向是当时文学创作的主流），同样是用不长的时间去体验生活，为什么创作出来的小说却有着如此不同的命运呢？

首先，虽然周立波在创作《暴风骤雨》前对农村题材没有深入的了解，但是他在 20 世纪 30 年代的时候翻译过肖洛霍夫的《被开垦的处女地》，因此他对苏联的集体农庄运动有一定的认知，《被开垦的处女地》为他的小说打下了一个故事的基础，可以说他是根据《被开垦的处女地》来想象东北农村开展的土改运动。而《铁水奔流》对周立波来说，在创作之前没有很好的参照物，故事情节的构思是从与工人的聊天中得到的启发。"在工作中和星期

---

① 周立波：《铁水奔流的创作》，载《周立波研究资料》，第 368—369 页。

天，我常常跟工人以及比我熟悉工人生活的同志们聊天，那时候，工厂离解放的最初的日子还没有好久，工人们爱说他们过去的悲惨的生活，和解放时的兴奋情景。他们的这些回忆，成了我创作《铁水奔流》最初几章的源泉。"①在这个基础上创作出来的《铁水奔流》自然不像《暴风骤雨》那样有着引人入胜的故事情节。

其次，《暴风骤雨》中的人物与《被开垦的处女地》中的人物之间有着密切的亲缘关系。萧祥、老孙头、韩老六等身上都能找出达维多夫、西奚卡老爹、波罗夫则夫等的影子，他们之间有着一一对应的相似关系。可以说，《被开垦的处女地》为《暴风骤雨》提供了一些人物的模板。而《铁水奔流》的人物创造全靠周立波自己的观察和综合，"我一到工厂，就注意了领导干部、工人、技师的生活和性格，有一个钳工的性格，和小报上公布的他的经历，引起了我的特别注意，我觉得这就是所谓普通人的典型。我主要地根据对他的工作，在厂在家的生活，爱军队、爱国家工厂和帮助别人的热心，创造了李大贵的形象"。②李大贵的形象应该说是周立波刻画得比较成功的人物，这也是《铁水奔流》的亮点之一。周立波听取了人们对《暴风骤雨》中萧祥的批评（萧祥因为太过完美而显得不够真实），他把李大贵塑造成了一个工人阶级先进分子的典型形象，他刚直勇敢、疾恶如仇、爱厂如家，在生活上他对爱人和孩子有着崇高的责任感。然而他也有糊涂的时候，在市委党训班学习期间，他与女同学范玉花产生了感情，但是考虑到自己的爱人和孩子，他毅然抑制住了自己的感情，结束了这一段恋爱。这一段情节的安排使作家受到了批评，有读者认为李大贵与范玉花的恋爱歪曲了李大贵的形象，他们认为范玉花在作品中可以不出现。周立波对此的解释是："人在生活中有恋爱，作品就该写。但我提倡的是为了自己人的幸福，决不妨碍别

---

① 周立波：《铁水奔流的创作》，载《周立波研究资料》，第365页。

② 同上引，第366—367页。

人幸福的正当的热情。"从这一点上来看，周立波首次脱下他书中正面人物神圣的外衣，让他成为了一个"普通人"。至于书中其他人物的描写，周立波是根据自己平日积蓄的印象以及他对收集的材料的分析而塑造的，比起李大贵来，这些人物都不太出彩。

最后，《暴风骤雨》体现了周立波对民族形式的探索，他在小说中大量地使用东北方言可以看作是他探索民族形式的标志。而《铁水奔流》是以北京石景山钢铁厂工人建设和斗争生活为主题，工人的语言大多以普通话为主，虽然周立波尽量地使语言洗练精辟和口语化，比如李大贵和李二嫂闹别扭时说："你怎么了，脑瓜子里什么零件出岔了？"①像这样的语言，虽然充满了风趣和生活气息，而且是比较个性化的，但是却不如《暴风骤雨》里的方言那样有较强的艺术感染力。

《铁水奔流》因为未能很好地发挥出周立波的个人风格，因此在艺术上显得平淡无奇。周立波无法充分展现他驾驭方言的能力是一个原因，然而另一个原因则是由于没有苏联文学文本的支撑，他希望能从中国古典小说里得到灵感，他在这部小说里较多地引入了中国古典小说的技巧。比如小说中的人物众多，一部十八万字的小说出现了四十多个人物，这种大量人物群像的出现是《三国演义》《水浒传》等中国古典小说的艺术特色之一。另外他书中的人物描写多用白描，少装饰，主要是通过人物的语言行动来表现他们的性格，而极少采用冗长沉闷的叙述和描写，这也是中国古典小说的笔法。小说的情节紧凑，矛盾错综，故事情节层层推进，这种手法也是从古典小说中得到的借鉴。毛泽东的《在延安文艺座谈会上的讲话》之后，"民族形式"成为了文艺界创作的热点。当外国文学的光芒逐渐褪去的时候，必定要找到另外一种形式来替代它。此时，周立波开始把目光转向了他早年爱好的中国古典小说上。新中国成立后，他先后发表了《读书札记》《论〈三

---

① 《周立波文集》第2卷，上海文艺出版社1982年版，第100页。

国演义〉》《读"红"锁记》等文章讨论中国古典小说的艺术特色和创作技巧。中国古典小说重新进入了周立波的视野。《铁水奔流》引入中国古典小说的创作手法虽然为小说增加了亮点，然而刻画的人物形象过多，让人找不到重点，小说也无法深入地展开。

总而言之，从《铁水奔流》的文本来看，周立波对现代工业缺少深切的了解，对产业工人缺乏深层次的理解，功利性较强，主题上拘泥于反映七届二中全会的决议，人物塑造上停留在对人物浅层次的政治品质与道德品质的颂扬，正如当年《人民文学》编辑部的评价，缺乏生动性与深刻性。《铁水奔流》之后，周立波认真反思自己的创作过程，深感自己还是更熟悉农业、农村和农民，决心继续《暴风骤雨》的创作道路，把创作重点放到反映农村生活上。

### 三、回乡考察农业合作社

1954 年 11 月，周立波回家乡考察农村农业合作化运动的情况。周立波回家乡时，正是益阳县（市）秋季建社工作处于高潮之时。1952 年 12 月到 1953 年 8 月，益阳先后办起 29 个初级社，到 1953 年底办起初级社 471 个，1955 年春发展到 716 个，入社农户 15943 户。

周立波这次回来重点考察他的家乡益阳县第八区（谢林港区）的情况，他走访了石岭村初级社、清溪村、姚家湾村、高桥村、楠木塘村、中山村、谢林港村、株木潭村、牛角湖村、藕塘基村、三重塘村和大海塘乡竹山湾村等。当时中共益阳县委派了一位年轻干部张镇南陪同周立波考察，他们一开始住在八区区委机关一间比较宽敞的房间，既是卧室，又是会客室、办公室，后来搬到邓石桥乡政府机关，住在一间会议室里。张镇南回忆他们当时的工作情况：

　　立波同志无论住在区公所还是乡政府，每一天的工作，

除特殊情况外，一般都分为上午、下午和晚上三段安排。他
每天上午和晚上的活动授权由我安排。上午，由我陪同，或
走乡串户，访问群众；或把初级社、互助组的骨干，先进的
养牛员、看水员和种田能手请到住处进行座谈；或在村口山
头观看并议论家乡的田园山水，憧憬着幸福的明天；或在田
间转游，观察农民种田。下午则是他思考问题、整理资料和
进行写作的时间，晚上，我陪同他参加乡村召开的各种会议。

开初一段，每次参加活动之前，我把活动内容告诉他并
征求他的意见时，他总是回答："你来唱'主角'"。因而在
走乡串户时，主要由我同被访者对话，他在一旁作陪，很少
发言。在小型座谈中，由我主持，大家讨论，他在一旁听和
记，偶尔提些我没有提及的问题。参加乡村召开的各种会议，
则更是由我包打包唱，他照例只听不说。①

周立波去得比较多的是八区办得最早的一个初级社——石
岭社，周立波回忆："在运动的萌芽时期，我考察了一个名叫石
岭村的农业社，这个社的规模小，材料不多，但也给予了一些启
发。"②1955年2月，快过春节时，周立波接到中国作家协会通知，
要他回北京参加中国作协主席团扩大会议，于是他匆匆离开益阳
返回北京。这次回益阳，周立波住了4个月，他自称是"走马
观花"。

周立波在益阳考察期间益阳农村的粮食问题很严重，1954
年5月至8月，益阳县、沅江县、南县三县发生百年未遇大水
灾，64个大垸漫溃50个，淹没农田117万余亩，粮食减产严重。
1954年下半年到1955年上半年，益阳农村粮食紧张。回北京后，
周立波把4个月来了解到的当时益阳农村的情况，尤其是他看到

---

① 张镇南：《周立波1954年在益阳》，载《益阳市文史资料》第12辑，益
阳市（资阳区）政协文史资料委员会1990年编印，第85页。

② 周立波：《谈创作》，载《光明日报》1959年8月26日。

的各种问题写了一封信，呈送给了当时的全国人大委员长刘少奇。原信内容是：

少奇同志：

我于去年十月到湖南农村（益阳八区），今年二月回京。我现在把在农村看到的情况，向你汇报。

**一、粮食问题比较严重**

我接触的一部分贫农和新中农和旧中农，都叫口粮不够，虽然这中间也有假的，但据我看来，大都是真的。如今湖南农村都吃两顿，从省委到区委也是如此。农民都是把杂粮掺在大米里吃，纯粹吃大米的很少。杂粮是红薯、绿豆、荞麦、芋头、萝卜和萝卜菜等，小麦和洋芋在湖南也算杂粮，要到阳历四月才下来。我曾经听说，农民有吃"了米"①的，但我没有看见。"了米"是一种薰烟用的野草，益阳叫"活柳子"的根切成的。农民发现了"了米"能掺在米里煮饭吃，都到田畦上去挖，有人幽默地说是打开了"地下仓库"。

为了证明粮食问题的紧张，现在举下面一些事实作为例子。

1. 有一个农业社里好几户吃米是称着下锅，扯常吃干团子，吃米豆腐。有一家有七口人，每天本来要吃六斤四两米，冬天只吃五斤四两（三升米），省出一斤，留到春耕时节吃饱饭。

2. 有一户贫农，一家两口，缺粮三四个月。

3. 有一户中农，祖孙三口，就缺粮食，并且讲怪话，说中国人多，饿死几个冒得关系。

4. 益阳县委书记张宜林同志在渡船上碰到一个老汉说起

---

① 即蓼米。蓼为一年生草本植物，叶为针形，花为淡绿或淡红色，茎叶有辣味可入药。根为白色，益阳农村粮荒时代作粮食。

他家里的情况，吃饭时，他媳妇先给自己盛一满碗，又给她孩盛一满碗，等到他去盛，没有饭了。

5. 我亲眼看见走人家的人带着吃米。

6. 有个七十多岁的老汉，戳着拐棍，从离城二十多里的九区到街上去，快到河边时，走得头眩了，在路边歇歇，跟我们交谈，他是到街上找他儿子要购粮证的。没有购粮证，有钱买不到米，而购粮证揣在他儿子身上，他儿子是驾船的，说到临了，老汉骂起来："咯号贼俞的世界啊！"

粮食问题招致的后果：

1. 引起了基本群众的相当普遍的不满，多少影响了中央威信。

2. 多少损害了工农联盟和党群关系。干部因为吃了饱饭，仅仅是吃了饱饭，并没有奢华浪费，却成了好像站在群众头上。

3. 好多农民喂不起猪、鸡、鸭。

4. 有些农民不愿多种田。我亲眼看见两个中农，一个贫农把田分一部分给别人作。农民子弟愿读书，不愿劳动，因为在学校里住，只要能交钱，有饱饭吃。

5. 农民手里活钱少，只想卖柴，或是贩点炭，不安心农业生产，一部分入农业社的人是为了丢包袱，有些山林败得不像样，新添了许多的溜光的荒山。

6. 治湖八十万大军中有一部分是为了解决几个月吃饭的问题才去的，并非觉悟高。

7. 坏分子趁机造谣。

由于上述的种种，我有下列建议：

1. 希望中央和代表大会常务委员会开个粮食问题专题讨论会，派有力干部到各省调查粮食情况和统购统销执行情况。

2. 城市非工业建设（如住宅等）除首都外，其他省市（特别是沿海城市和上海、天津、广州等）均在原地上踏步。

3. 职工暂停加薪，军人除外，因为军人薪水制，农民是没有意见的。

4. 布匹在农村有滞销现象，纺绣工业建设可略减速度。自然重工业和国防工业还是应该加快建设。

5. 调整农民的留粮标准，改善干部执行经购经销时的粗暴作风。

6. 提倡城市机关吃两顿饭，高干和从事脑力劳动者，吃点农民暂不需要的牛奶是无碍的，并可节粮。

7. 厉行节约，减少大宴会，减少必需要举行的酒会上作陪的人，实行同进午餐等经济的小宴。按照精简原则控制出国代表团人数和留学生人数。

8. 严重缺粮区实行以工代赈，修桥补贴（南方道路多失修）或是小型水利。

9. 提倡在南方为数众多的塘坝里养鱼，以便增加副食品。

以上是关于粮食问题的情况和意见。

## 二、布、油、猪、鸡、鸭、公债、肥料和生育等等问题

布：有个地区的供销合作社，布匹滞销，要靠演戏来推销，农民的布票都用不完。

油：茶油每人一年留三斤，有的嫌少，说："粮不够吃，多留点油也好啊。"

猪：喂猪的农家比以前少，从前一只猪喂半年就能杀百把斤，现在，因为缺饲料，一只猪要喂一年才能长一百多斤。一只猪还税七万元，要是能多喂猪，可增加国家税收。

鸡、鸭：因粮、糠都少，鸡鸭也喂得少了些，影响蛋产。

公债：公债推销有勉强情况，把农民勉强答应了的公债在卖余粮时扣除，引起了一些人讲怪话。

肥料：乡下亟需肥料。在湖南山乡，一亩要四十石左右的肥料，农民最感兴趣的是大粪，常常为了争夺大粪而吵架，猪牛粪也好，但因为猪喂得少，粪也相应减少了。

> 生育：小孩普遍生得多，有位乡支书说："驼肚婆起了堆（孕妇多极了）。相应降低了农民的生活水平，有人提出了移民的要求。"
>
> 以上没有谈成绩，而所谈这些都只是在一县一区我个人的闻见，所提意见也不成熟，草率写来，仅供参考。①

周立波的信实事求是地反映了益阳农村的缺粮情况和统购统销问题，引起了中央的重视。1955年上半年，中央召开了第三次农村工作会议，进一步研究了统购统销问题，提出了定户、定购、定销"三定到户"的政策，这其中周立波反映农村情况的信也起到了一定的作用。

---

① 该信现存中央档案馆。

# 第十四章 《山乡巨变》

## 一、返乡办合作社

1955年9月12日，周立波在处理完北京的一些事务后，和妻子林蓝、4岁的小女儿百穗、保姆赵阿姨，举家迁回家乡。他上次回家乡是"看"合作社，这次回来是要"搞"合作社，即参加农业合作化运动。

1955年夏季以后，全国农业合作化运动形成猛烈发展的群众性浪潮。1955年7月31日，中共中央召开省、市、自治区党委书记会议，毛泽东作《关于农业合作化问题》的报告，提出必须先有农业合作化，然后才能使用大机器的观点。同年10月，中共扩大的七届六中全会通过《关于农业合作化问题的决议》。中央精神层层传达到农村党支部，农业合作化的发展进一步形成高潮。①

周立波以当年投入土地改革运动的热情，投入农业合作化运动之中。在益阳县委的帮助下，他选择益阳县大海塘乡为自己深入生活的点。这个乡的竹山湾村茂林修竹，初冬时节，茶子花飘香，是一个美丽的小山村，挪威人办的瞽目学堂就建在这个村。周立波携家返乡后住在一个何姓地主的二层楼的木板房里，这个房子上下有六间房间，土改时分给了邓益廷、卢国云、李玉珍三户贫农居住。卢国云、李玉珍这时已搬走，乡政府安排周立波一家住两间，另一间作农业社会议室，与邓益廷一家同屋檐共阶矶，成为邻居。

周立波担任了大海塘乡互助合作委员会副主任，他和这个乡的互助合作委员会主任陈桂香等基层干部一道，参加各种会议，

---

① 《中国共产党的90年》，中共党史出版社2016年版，第453—454页。

走村串户，动员群众加入初级社。农民加入初级社有各种具体而又复杂的问题要处理。最主要的有田土评产入社、耕牛和大型农具作价入社（耕牛可私养包耕）、肥料作价入社、自留地划分、分红比例和社干部工分补助等。在处理具体问题过程中，最重要的是解决思想问题，帮助群众从思想上入社。大海塘乡采取了开大会宣传发动，有针对性地开青年会、妇女会、骨干会、老农会讲解政策，同时深入屋场、家庭做具体工作。周立波与社干们经常忙到深夜，经常睡在大海塘乡政府所在地——葛彬公祠堂。

大海塘乡根据上级要求，筹备建了三个初级农业合作社：一个是忠心社，由陈桂香负责；一个是民主社，由陈年春负责；另一个是旦家村社，由周立波负责。旦家村这个社成立时，周立波说："这里不是叫凤鹤嘴吗，这个社就叫凤鹤社吧。"周立波到大海塘乡时，只有陈桂香一个共产党员。他向县委建议建立党组织，发展李汉成、陈年春、陈焕林三个党员，建立了中共大海塘乡党支部。周立波在这个支部过组织生活，那时农民党员每月交一分钱党费，周立波每月交五元钱党费。

1956 年 1 月初，中国作协通知周立波和巴金去德国柏林，参加德意志民主共和国第四次作家代表大会。当时正是办社高潮之时，周立波打算请假不去，但因为还有一个德文版《暴风骤雨》的首发式，中国文联不同意他请假，在陈白尘几次拍电报催促下，他万般不情愿地去了北京，再出发去德国。临走前他对陈年春说："多则一个月，少则一星期，本来不想去，没办法只能去，家里工作只好辛苦你们了。"他在东德待了一个星期就回到了大海塘。与他同行的巴金回忆他的这次东德之行：

> 第一次我和他接触还是在 1956 年 1 月，和他同去柏林参加德国作家第四次代表大会的时候。这次去民主德国，他不愿意去，是陈白尘打了几次电报把他找来的。他到京较晚，我已经把发言稿写好了，他当时就说不愿出国，并说他在农

村参加合作社建社工作，到合作社正式成立时，他却看不到，很有意见。我们同德国驻中国大使同机到达柏林，下了飞机，却没有人欢迎，那位德国大使也不管我们就走了。我们等了许久，不见人来，我托我们使馆商务处来接信使的人，打电话给文化处去问。我们在机场等了一个多钟头，人们都走光了，后来机场工作人员也走了，有人把我们的行李搬到外面院子里。周立波一直在抱怨，说他真不该来，我们马上回国去！

这次开会，德国作协派给我们的中文翻译不太负责，会场上人们发言，他只偶尔译出两三句，使我们感到莫明其妙。周立波坐在那里更不能安心。有一次德国作协请各国来宾吃晚餐，白天没有会。那天叶克约我们去使馆，说是朱老总（朱德）和聂老总（聂荣臻）要到使馆去接见使馆人员。我们那个翻译同意晚上到使馆接我们同赴宴会。使馆曾涛大使请两位老总吃饭，接我们作陪，但吃到一半，叶克通知我们，翻译员坐车来接我们去作协。周立波不想走，我问叶克怎么办？叶克还是主张我们两人都去。我便向曾大使和朱老总讲明情况告辞走了。周立波很不高兴，但还是一同去德国作协赴宴。宴会结束回到旅馆，周立波一直说：今天不该离开使馆，对朱老总不礼貌。我说，我们已经向大使讲明情况，我们是德国作协的客人，德国作协招待我们不能不去，不去显得对德国作协不友好。周立波反驳道：难道德国作协可以跟我们的朱老总相比吗？火气大得很。

我的印象，周立波对国际斗争等等不感兴趣。但周立波对革命先烈却十分敬仰。那次到德国，叶克交给周立波四千马克（大约合人民币三千几百元），说是德国出版社送来的《暴风骤雨》的稿费，记得他自己拿了一千马克，又送了我五百马克，其余的都交了党费。德国作协也送了零用费给我们，但是我们两次献花就花光了。一次是在布廊瓦尔德集中营给台尔曼献花圈，另一次是在魏玛哥德像前献花圈，这是周立波的意思。在那里，冬天鲜花很贵。在我们离开柏林前一夜，曾大使要我们回国后写访问德国的文章。周立波断然拒绝，说，回去马上要到湖南乡下去深入生活，对德国一点也不了解，写不出访问的文章。曾大使听了颇不满意。周立波回到北京待了一两天，就回湖南去了。本来，会后还要由德国对外文委安排访问两个星期，可是，周立波归心似箭，最后，我同意访问一个星期，周立波才不再坚持了。①

从德国回来后，周立波到桃花仑乡和曾五喜一起建立合丰农业初级社。这时大海塘乡三个初级社合并转高级社的工作已开始。2月，大海塘高级农业合作社建立，和桃花仑乡高级社一起开了成立大会，周立波记录了这次成立大会的情景：

2月14日，春节后的第二天，落了一场雪。这是"桃花雪"，太阳一出，它就很快地融化，弄得满路是泥浆，屋檐上，树枝上，都滴着雪水。我们一方面看见那把山上田间的残雪照得耀眼的太阳光，一方面，家家屋屋都滴着檐溜，好象正在下大雨一样。

就在这一天，益阳市郊区桃花仑高级农业社和大海塘高级农业社联合举行成立会。益阳市的职工和船员，组织了访问团，要来跟农民兄弟道喜和联欢。

这是庆祝农村的社会主义胜利的日子。早晨，大海塘社的社员们，在乡长的领导下，排着队，打着旗子，敲锣打鼓，翻越冰雪覆盖的松林，往公路走去。一面一面的红旗，映着蓝天和白雪，格外鲜亮。

① 金振林：《"外调"巴金——谈周立波、蒋牧良》，载《新文学史料》2007年第3期。此文是金振林1967年10月采访巴金对周立波的回忆。

在公路上，两个社的队伍汇合了，旗帜飘展，锣鼓喧天。他们排成四行的纵队，到汽车码头去迎接工人访问团。

不久，主人和来宾都到达了会场。会场是在益阳市第一中学的雨操场。职工代表和农民兄弟济济一堂，妇女们抱着小孩子，因为天气冷，有的母亲还提着烘笼子来了。

在这个庆祝会上，大海塘合作社社长宣布，大海塘社计划今年种八百五十亩双季稻，平均每亩产量一千斤；种红薯二百亩，平均每亩产量三千斤，其中丰产丘十亩，平均每亩产量八千斤；种春马铃薯八十亩，平均每亩产量二千斤，其中丰产丘五亩，平均每亩产量三千斤。

桃花仑社的主任陈德麟在应战书里说：他们的社今年计划种双季稻六百五十二亩，平均每亩产量一千零五十斤；冷水田和畈眼子田（即深泥脚田）插单季稻，平均每亩产量七百斤；栽种红薯一百二十亩，平均每亩产量三千斤，丰产丘平均每亩产量七千五百斤。

根据本地去年实产量来说，两个社的条件都相当的高。但是，只要计划得好，人人都尽力，这是可以做到的。农业社的塘坝修得好，两个高级社还添修了新塘，所有的干田都变成了活水田，肥料也足实。①

高级社成立后，周立波离开大海塘乡，转而到益阳市郊区桃花仑乡深入生活，担任了中共桃花仑乡党委副书记，仍住在竹山湾。

## 二、与乡亲们打成一片

周立波这次在益阳深入生活总共三年多时间，除开1957年5月至8月回北京参加中国作家协会党组扩大会第3次至27次会议共三个来月时间和1958年8月幼子小仪出生，回北京香山东宫

---

① 周立波：《一个意义重大的庆祝会》，载《新湖南报》1956年2月26日。

村 2 号寓所住了一个月，其余时间都住在益阳大海塘和桃花仑两个乡。落户不久，周立波就与群众建立了深厚感情。开始群众称呼周立波为"周部长""周书记"。相处一段时间后，大家改变了对他的称呼，孩子叫他"周伯伯""周叔"，年纪大一点的喊他作"立波胡子"。他对"立波胡子"这个亲昵的称呼更高兴，每次总是笑眯眯地答应。群众都说："立波胡子没有半点大干部、大作家的架子。"

周立波夫妇曾经帮助过许多竹山湾的乡亲。那时邓益廷家有几个孩子，生活较为困难，周立波给他家许多帮助。周家做了好一点的菜，一定会给邓家送一份共享。逢年过节，林蓝会给邓家孩子送新衣。对邓家大儿子邓焕章，周立波特别关爱，鼓励并支持他上完初中后继续升学。后来邓焕章回忆往事，深感周立波当年言传身教，让自己明白了许多人生道理。

每天收工茶饭之后，周立波在竹山湾的住处就热闹起来，客人一批批的，络绎不绝。有的是来商量工作的，有的是来扯谈的，有的只来看看。大家有什么话都愿意对他讲，儿女完小毕业了还要不要继续进学堂请他参谋，两夫妻怄了气找他评理，周立波和林蓝总是热情地接待。他曾对来看望他的作家康濯说："我们要了解群众，就要和他们亲近，和他们打成一片"，"心是要用心来换的。"

周立波喜欢把别人的事当作自己的事。大海塘村农民陈先进的小女儿考完小学，他亲自跑到学校为她看榜。因女孩改了名字，他没在榜上见到她名字时，焦急万分，赶回来安慰女孩。后来得知她已经考取，便笑逐颜开。陈先进的舅子卜锡元在 1927 年大革命失败时被反动派杀害，因为年代已久，未被评为烈士，家属未得到烈属待遇。周立波晓得这件事后，向上级有关部门写信，得到上级的重视，并派人来村了解情况落实其家属待遇，发给了抚恤金。清溪村盛爱珍家的二哥盛建华在新疆当兵，1956 年寄回了立功喜报。周立波知道后到盛爱珍家看了喜报，慰问盛家。

周立波关心群众，群众也尊敬和爱戴他。正月里，村里耍龙灯花鼓，首先去他家。他和大家一起看龙灯，放鞭炮，高兴得笑哈哈。村里的婆婆姥姥知道他喜欢吃煮鸡蛋，常常煮了鸡蛋给他送去，说是让他晚上"压劳"（益阳土话，充饥的意思）。他推辞不要或折钱相抵，常常惹得老人们生气，他便利用外出的机会买回良种鸡送给她们喂，老人们高兴得合不拢嘴。

周立波生活上不搞特殊化，身上常穿一件两面可穿的劳动布上衣，不抽烟、不喝酒，爱吃小菜和豆腐干，爱喝米汤，他还风趣地称之为"土牛奶"。他坚持参加劳动，一般上午参加劳动，下午和晚上写作或参加会议。他在农村长大，对农活不陌生，做事有架势，不怕脏和累。大海塘村里车干一口老山塘，挑塘泥肥田，这种劳动强度大，要挑起上百斤担子沿着又窄又陡的跳板担上塘坑，周立波撸起袖子就干，社长陈桂香设法劝阻，藏起了他的扁担，而他却从邻居家借来一根扁担，挑起塘泥来了。

大连丘田在清溪村算是长丘田，田塍有100多米长。那天，天高气爽，阳光照在劳动的每一个人身上。周立波正好和邓石桥清溪村生产队队长周透梅扯田塍子脚，由于用力过猛，不料，扯断了夹板索子，周立波手脚仰天跌倒在下边的月亮丘田里，幸亏大连丘与月亮丘相邻落差不大，又是水田，周立波没摔伤，却是一身稀泥，在场的农民笑他成了"泥牯牛"，周立波风趣地说，像条泥牯牛，那也不错哩！他回家换了衣服，又下田继续干起来。有一次，周立波刚下田就被一种叫"泥钻子"的小虫扎了一下，麻辣辣的，顿时脚上肿了好大一块，流着血。社员劝他去休息，他吐了两口唾沫在伤痛处摸了摸，风趣地说："没关系，这是打的补血针嘛！"

周立波先后担任了大海塘乡互助合作委员会副主任，桃花仑乡党委副书记。当时会议较多，周立波逢会必到。而农村一般是晚上开会，迟开迟散。乡里见他眼睛高度近视，晚上很不方便，想照顾他不必逢会必到。有一次，天气骤变，横风斜雨，乡党委书记陈清亮就派人对他谎说会议改期了。第二天，他知道会议仍开了后，恳切地对老陈说："吹点风，下点雨，怎么就考虑照顾我呢？那今后的照顾就会多了，会把我照顾得特殊起来。一特殊就会脱离群众，脱离生活。如果要照顾我，今后就照顾我多深入生活，多接近群众吧。"① 以后，乡党委无论什么情况下开会，都通知他，他从不缺席。有时开到鸡叫半夜，他也兴致勃勃。

周立波 1954 年回到清溪村看到对面陈树坡光秃秃的，便向村干部说："我捐一点款，你们出劳力，把陈树坡这 50 来亩地建成一个果园。"很快陈树坡种上了梨树。1958 年周立波回来看到梨树长得很好，已开始挂果，非常高兴。他说："我再出一点钱，你们还栽一点桃树，好不好？"于是陈树坡又补栽了桃树。1962 年周立波回来，见到果园被毁，杂草小树丛生，心情十分沉重，连说，太可惜了。他专门请来大队干部商量，希望他们恢复这个果园，并从自己稿费中拿出 2000 元资助，还请了县里的农技师指导。这座果园又恢复了。周立波三次捐款给清溪村建果园的故事流传至今。

### 三、长篇小说《山乡巨变》

周立波根据自己在家乡益阳办社和生活的经历，创作了长篇小说《山乡巨变》。小说分正续篇两部，是以 1955—1956 年中国农村合作化高潮为背景，通过湖南的一个山乡从初级社的建立到高级社的发展，反映农民们从抛弃私有制走向集体化的过程中所发生的思想和精神的变化。这和《暴风骤雨》所反映的土地改革在历史上有一定的连续性，然而农业合作化运动本身比土地改革要更加复杂，因为改造几千年来存在于农民头脑中的私有观念要比领导农民反抗剥削和压迫的阶级斗争艰巨得多。小说沿着两条

---

① 陈清亮提供给笔者的书面材料。

线索展开：一是在发展农民入社的过程中，先进人物和落后人物之间的矛盾；另一条则是反革命分子龚子元阴谋破坏合作化的线索。这两条线索中又以第一条为重点。

> 一九五五年初冬，一个风和日暖的下午，资江下游一座县城里，成千的男女，背着被包和雨伞，从中共县委会的大门口挤挤夹夹拥出来，散到麻石铺成的长街上。他们三三五五地走着，抽烟、谈讲和笑闹。到了十字街口上，大家用握手、点头、好心的祝福或含笑的咒骂来互相告别。分手以后，他们有的往北，有的奔南，要过资江，到南面的各个区乡去。①

这是小说开头的一段文字，小说的主人公"邓秀梅"就是这成千的男女中的一个，她带着上级的政策和指示到清溪乡，和乡里党团组织、积极分子一道，克服种种困难，建立了常青合作社。周立波笔下的合作化运动是以一个"外来者"为红线，把合作化这场革命运动带到山村，使得传统的山村发生了颠覆性的变化，这种叙事模式被称为"动员—改造"结构。有批评者认为"动员—改造"结构体现不了革命的起源及发生的必然性，"仿佛农业合作化运动这场深刻的社会主义革命只是自上而下、自外而内地给带进了这个平静的山乡，而不是这些经历过土地改革的风暴和受到过党的教育和启发的庄稼人从无数痛苦的教训中必然得出的结论和坚决要走的道路"。②

周立波的这种叙事结构最早可以追溯到他翻译的苏联小说《被开垦的处女地》，作者肖洛霍夫也是从外来者达维多夫进入乡村开始，描写了他如何把集体农庄这样一种运动带到乡村，并引

---

① 周立波：《山乡巨变》上卷，作家出版社1958年版，第1页。
② 黄秋耘：《〈山乡巨变〉琐谈》，见胡光凡、李华盛：《周立波研究资料》，知识产权出版社2010年版，第371页。

发了乡村波澜壮阔的革命。早在 10 年前，周立波的土改小说《暴风骤雨》也采用了相同的叙事结构，有学者就认为这种"动员—改造"结构是"周立波'个人风格'的表现之一"①。对于借用苏联小说的结构来叙述中国的革命运动，很多中国作家和学者就不太认同，赵树理曾在 1962 年的大连会议上说："苏联写作品总是外面来一个人，然后有共产主义思想，好像是外面灌的。"②

然而，周立波的"动员—叙事"结构并不仅仅是他的一种艺术表现，这种结构"恰好对应着中国当代的社会政治结构"③。小说的开头事实上带出了 20 世纪 50 年代中期益阳农业合作化运动的实际状况。农业合作化运动在全国的发展其实是不平衡的。根据 1952 年 9 月中共中央召开的全国第二次互助合作会议，当时有着 14600 万农业人口的中南区，大约 80% 的地区刚完成土地改革，一小部分地区还没有进行土地改革。当年全区参加互助组的劳动力占劳动力总数的 18%，1952 年试办了 117 个农业社，其中河南有 102 个，湖南只有 3 个。④可见湖南地区是远远落后于东北、华北、华东和西北地区的⑤，只与西南区持平。

---

① 贺桂梅：《政治·生活·形式：周立波与〈山乡巨变〉》，载《文艺争鸣》2017 年 6 月。

② 《在大连"农村题材短篇小说创作座谈会"上的发言》，见《赵树理全集》第 4 卷，大众文艺出版社 2006 年版，第 510 页。

③ 蔡翔：《革命/叙述：中国社会主义文学—文化想象（1949—1966）》，北京大学出版社 2010 年版，第 74 页。

④ 参见杜润生主编：《当代中国的农业合作制（上）》，当代中国出版社 2009 年版，第 138 页。

⑤ 东北区有农业人口 3324 万，1951 年参加互助组织的户数达农户总数的 80%，已经批准的农业生产合作社有 1200 多个，包括群众自发办的社估计有 3000 多个；华北区有 6400 万农业人口，参加互助合作组的劳动力占劳动力总数的 60% 以上，有 1694 个农业生产合作社；华东区有 12600 万农业人口，参加互助合作组的劳动力占劳动力总数的 38.6%，有 375 个农业生产合作社，有 64 万个常年互助组；西北区有 3000 万农业人口，共有 65 万个互助组，陕西关中地区组织起来的劳动力达 45%，青海地区到了 80% 左右。——参见注释④

　　益阳的互助合作运动开始于 1951 年冬，直到 1952 年 10 月，桃花仑乡曾五喜[①]等 8 户农民才建立了市郊第一个常年互助组，自此互助组在全乡开始逐步建立。到 1953 年底，益阳市郊区共建互助组 12 个。互助组建立起来以后面临着许多的问题：农民对农业社会主义改造的政策缺乏认识，组内管理不当，出现了入组动机不纯、讲门当户对、组内评工分计分不合理、闹不团结等，致使部分农民对农业互助合作产生了一些误解和顾虑，有的农民参加互助组是为了贷款，一般都对组织起来无迫切要求。[②]

　　1955 年初，中央关于农业社"停、缩、发"的政策在全国范围内传达，益阳市郊区党委根据这一政策，对已经建立起来的农业社进行了整顿和巩固，提出稳步做好新建社的工作。[③]1955 年下半年，中央关于农业合作社的政策发生了改变，从原来的巩固、整顿为主突然转向了要加快农业社的发展步伐，并提出在当时的基础上，农业社的数量要翻一番，同时展开对犯了"右倾机会主义"的"小脚女人"的批判。中央还要求，必须派出大批经过短期训练的干部，到农村中去指导和帮助合作化运动。小说就是在这个政策的背景下开展的。邓秀梅初次下乡，支书李月辉向她汇报清溪乡的建社工作时说："我们这里本来有个社，今年春上，坚决收缩了，'收缩'是上头的指示，'坚决'却要怪我。"清溪乡唯一的一个自发社（由陈大春建立）就这样被这个外号为"婆婆子"的支书给砍掉了。这里的"婆婆子"一方面是比喻支书李月辉脾气好，"随便什么惹人生气的事"，要他"讲句重话，是不容易的"，另一方面也是比喻他是犯了"右倾主义"错误的"小脚女人"。

　　为了纠正 1955 年初的"右倾主义"错误，加快农业合作社的建设步伐，益阳市委抽调了许多干部组成工作组，分派到各

---

①　《山乡巨变》的主人公刘雨生的原型之一。

②　参见中共益阳市委党史办编：《当代益阳》，中国文史出版社 1990 年版，第 83—84 页。

③　同上引，第 88 页。

个乡帮助建社。到 1955 年下半年，益阳市郊区共建农业合作社5 个，参加农业合作社的农户有 100 户，占全市郊区农户总数的15.2%。①《山乡巨变》正篇的结构是以邓秀梅 1955 年初冬参加县委召开的三级干部会议，在会上了解了合作化的相关理论、政策，也掌握了县委对入乡具体做法的要求之后下乡开始，以在邓秀梅和李月辉的领导下，到 1956 年 1 月清溪乡建立了 5 个初级农业生产合作社结束，这与益阳农业合作化的实际情况是相符的。

《山乡巨变》中合作化叙事的时间节点是从 1955 年工作组下乡帮助建立初级社开始，一直到 1958 年高级社的建立结束。这与同样描写合作化运动、被称为"史诗"作品的《创业史》不同，小说没有完整地展现益阳的互助合作运动的全过程，这可能与作者下乡的时间契机有关。周立波在合作化时期的首次下乡是 1954年 11 月，他当时在益阳住了 4 个多月，这段时间正是中央号召大规模建立合作社之前。周立波住在区里，他除了向区委了解全区合作化运动的情况外，主要到附近乡村找干部群众谈话。其中去得最多的是清塘乡和该乡办得最早的一个初级社——石岭农业社。后又搬到邓石桥乡政府住，他常去附近乡村观察和了解情况。

1954 年至 1966 年，周立波一直在湖南生活，1958 年他担任湖南省文联主席一职，除了开会和日常工作在长沙和北京外，12年里，他有一半以上的时间住在自己的家乡益阳。他在益阳不仅仅只是采风，为自己的小说搜集素材，他还担任了大海塘乡互助合作委员会副主任和桃花仑乡党委副书记等基层职务，参与了具体的建设农业合作社的工作。据《山乡巨变》中陈大春的原型——大海塘老人陈年春回忆，大海塘乡当年共办了三个初级农业合作社，周立波负责其中一个，他根据这个社所在地地名"凤鹤嘴"给农业社取名为凤鹤社。当时乡里只有陈桂香一个共产党

---

① 参见中共益阳市委党史办编：《当代益阳》，中国文史出版社 1990 年版，第 83—84 页。

员，周立波来后，向市委建议建立党组织，发展了陈年春、李汉成、陈焕林三个党员，建立了中共大海塘乡党支部，周立波在这个支部过组织生活。当时是互助组转初级社，办社过程中矛盾很多，周立波和大家一道学习党的政策、合作社章程，和群众谈心，了解情况，参加乡里的会议，研究如何处理土地入股与耕牛农具作价入社等具体问题。① 由此可见，周立波小说中的"动员—改造"既是他文学的叙事模式，也是他具体的社会实践。他在益阳的合作化运动当中的经历和他小说中的主人公邓秀梅一样，也是那个"外来"的"动员者"，他本人在这个历史现场中的实践构成了他对这场运动的理解，即益阳地区的农业合作化运动的确是自上而下、由外而内地被带进平静的山村的，"动员—改造"是周立波听从生活的直接感受，而不是被认为的按照中共相关的政策文件来图解生活的写作。

1956 年夏，益阳掀起了以秋季农业生产为中心的并社升级高潮，政府抽调了大批干部下乡帮助建立高级社。"动员—改造"在益阳建立高级社的过程中达到了高潮，是现实生活中的主要结构。叙写这段历史的《山乡巨变》续篇却放弃了原来正篇中的"动员—改造"，主导者不再是"外来者"或工作组，而是以社长刘雨生为主线，写的是他与落后社干、单干户及企图破坏农业社的反革命分子之间的斗争。《山乡巨变》正篇出版后，周立波的"动员—改造"叙事遭到很多批评，有批评者认为"在邓秀梅到来之前，清溪乡仿佛还是处于静止的沉睡的状态中，除了一个陈大春以'左得吓人'的面目出现外，我在小说中感觉不到那种农民从亲身体验中得出的'除了社会主义，再无别的出路'的迫切要求。只是因为邓秀梅带着上级的指示来到清溪乡，清溪乡才动起来"。② 还有评论者认为《山乡巨变》"没有把广大农民这种激情显示出

---

① 笔者 2007 年 12 月 23 日采访陈年春，陈年春口述。

② 肖云：《〈对山乡巨变〉的意见》，载李华盛、胡光凡编：《周立波研究资料》，第 350 页。

来，看到的，仅仅是几个干部的活动，而他们活动的对象，又都是一些农村中的落后分子。这样，便使读者感到失望，因为读者看不见农村中轰轰烈烈的合作化场面，也不能完全看到广大农民迫切要求走合作化道路的热情"。①批评者认为《山乡巨变》的"动员—改造"结构违背了广大农民群众迫切要求走合作化道路的历史真实，是一个严重的缺点，然而这一"历史真实"并不是周立波在益阳看到的情况，但为了让小说更加符合主流的"时代的真实、历史的真实"，周立波吸收了批评者的意见，在续篇中把"动员—改造"变成"群众自己教育自己"，在斗争中得到锻炼和提高的过程了，而这恰恰与历史的实际是不相符的。

《山乡巨变》使周立波的艺术风格达到一个新的高度，有人甚至认为他过分地追求了艺术技巧，从而损害了作品的深刻性。②比如在人物的塑造上，李月辉和陈大春都是社会主义农村的新人物，然而他们都有着性格上的缺陷。李月辉做事慢条斯理，气性平和，乡里人都叫他"婆婆子"；陈大春性子直、火气大、狭隘而又暴躁。他们的一言一行都是为表现这种性格特征而服务的，以至于有评论者认为作家过于为性格而性格，因而损害了人物性格特征所赋有的社会意义。③事实上，这可以看作是周立波克服正面典型人物公式化和概念化的一次尝试，虽然这两个人物的塑造可圈可点，但是周立波已经意识到意识形态的规范对作品的艺术性有害，这两个人物虽然是先进人物，但是也有缺点，而且有时这些缺点是非常严重的，李月辉因为他的"婆婆子"性格犯了右倾错误，而陈大春对待群众态度粗暴，这与他青年团支书的身份不符。他笔下的正面人物不再是"高、大、全"的形象，而是有着普遍人性的普通人。

《山乡巨变》中的"亭面糊"是公认的最出色的人物形象。亭

---

① 唐庶宜：《〈对山乡巨变〉的意见》，载李华盛、胡光凡编：《周立波研究资料》，第 351 页。

②③ 肖云：《对〈山乡巨变〉的意见》，《周立波研究资料》，第 398 页。

面糊是个老农民，贫农成分，解放时，他分到了田和屋，生活从此有了好转，因此，他常常挂在嘴边的一句朴素的话："搭帮共产党、毛主席。"然而，这并不是说明他有多高的政治观念。相反，他认识党的好处，更多是停留在物质利益的层面。当下乡干部询问他是否贫农时，他竟然怕人家瞧不起"穷"，而吹嘘自己"起过好几回水"，"只差一点，要做富农了，又有一回，只争一点，成了地主"；当干部派他去龚子元家做入社工作，他却因贪杯误事，让龚子元给灌得酩酊大醉；他没有跟一些村民上山伐树，并非他有多高的觉悟，而是嗜睡错过时辰……亭面糊的一言一行，总是带着喜剧性的色彩。然而他又确实是一个心地善良而又勤劳的农民。他的身上充满了矛盾，集中了中国农民那种普遍的特点。正因为亭面糊性格的普遍性，因而他具有深厚的生活实感，也蕴含了深刻的现实意义。亭面糊应该是最能体现农民在革命中转变的痛苦，然而作家并没有让这种性格典型获得充分的发展，只是让他起到了一个插科打诨的作用。悲剧诗学推崇使用不好不坏的"中间状态"的人作为中心人物，原因在于"善恶参半的人（处于善与恶中间状态的），如果遭遇到可怕的灾难，便惹起我们莫大的怜悯。其原因在于：观众觉得，这个受难之人无论如何是值得受到一些惩罚的，但是不应该受到如此严重的惩罚，这种正义感，加以惩罚的严重（惩罚过重），便引起悲剧所不可缺少的恐惧与怜悯"。① 肖洛霍夫的《静静的顿河》里的主人公格里高利与亭面糊一样兼有私有者与劳动者的两重性格，为了改变贫困，他希望革命；小私有者的思想感情使他感到革命损害了他的利益，因此摇摆不定。肖洛霍夫对格里高利的塑造是十分深刻的，他按照其生活逻辑去发展格里高利那复杂而又矛盾的性格，既不强迫他跟着革命走，也不回避革命所造成的悲剧，格里高利最后惨淡的结局反映了革命时代里的悲剧。林曼叔认为，周

---

① ［意大利］钦提奥：《论喜剧与悲剧》，《缪灵珠美学译文集》第1卷，第415页。

立波没有按照生活和性格的逻辑去发展"亭面糊"这个典型的农民形象，"这就大大使其作品的现实性和历史性蒙受不可弥补的损害了"。① 即便如此，这个插科打诨的"中间人物"的光芒依然盖过了书里所有的人物，但由于作家没有赋予他深刻的现实意义，使得这部作品的思想性和深刻性大打折扣。

《山乡巨变》中一个突出的艺术特色是周立波的景物描写。全书共有 50 多个风景画面，向读者展现了一幅幅优美明丽的湖南山村的风俗画卷。"雨不停地落着，屋面前的芭蕉叶子上，枇杷树叶上，丝茅上，藤蔓上和野草上，都发出淅淅沥沥的雨声。雨点打在耙平的田里，水面漾出无数密密麻麻的闪亮的小小的圆涡，篱笆围着的菜土饱浸着水分，有些发黑了。葱的圆筒叶子上，排菜的剪纸似的大叶上，冬觅菜的微圆叶子上，以及白菜残株上，都积满了晶莹的闪动的水珠。"② 这一幅雅淡幽美的雨景图堪比国画大师的山水画。事实上，景物描写是俄苏史诗性小说最大的一个特点，肖洛霍夫就很善于写景。《静静的顿河》中有 200 多个风景场面，《被开垦的处女地》中有 86 个，"在史诗的场景中一切都由史诗的叙述人赋予形态和情调，而且这种场面是被叙述出来而不是被描述出来的"。③ 肖洛霍夫的景物描写完全跳出了写景的"窠穴"。他善于将景象演化为象征，使景象的艺术完全上升为"心理中一道深深开凿过的河床"，成为"同一类型的无数经验的心理残迹"。④ 因而景象虽是静态的，引起的却是内在的心理的巨大演变。在肖洛霍夫的小说文本中，景象负载着史诗作者的情绪力，它像镜子一样反映着史诗事件的特点，并能够对其有所预示。《暴风骤

---

① 林曼叔：《中国当代文学史稿（1949—1956 大陆部分）》（节录），《周立波研究资料》，第 473 页。

② 周立波：《山乡巨变》下卷，作家出版社 1960 年版，第 198 页。

③ ［瑞士］沃尔夫冈·凯塞尔：《语言的艺术作品》，上海译文出版社 1986 年版，第 243 页。

④ 同上引，第 239 页。

雨》中的景物描写不多，但是其象征作用是十分明显的，而且紧扣小说的主题。《山乡巨变》中大量使用了风景描写，周立波把他对家乡深厚的感情全部寄托在景物描写上，使得他的风景描写抒情味十分浓烈，他过多地专注于景物描写也遭到诟病。如果说《暴风骤雨》体现了史诗般的"阳刚美"的话，那么《山乡巨变》则偏重于"阴柔之美"。"也许由于作家的美的趣味的追求偏得稍微过了一些，相对地忽略了生活中阶级斗争的严峻形势，这就使得作家的眼界受到了一些影响。"[1] 批评者认为周立波没有把景物描写与集体化的斗争联系起来，山乡的景色怡人和农民劳作的各种场面描写反而遮蔽了斗争的艰巨性和复杂性。周立波的《山乡巨变》是"从自然、明净、朴素的民间日常生活中，开拓出一个与严峻急切的政治空间完全不同的艺术审美空间"，"小说叙事处处将两付笔墨重叠起来，政治是一景，乡情也是一景"，而"人情美、乡情美和自然美，是这部小说所展示的主要画面"。[2]

其实，《山乡巨变》的自然风景空间并非像批评家所说的与政治空间是完全不同的"艺术审美空间"，事实上他的风景描写营造了一种特定的政治空间。"所谓风景乃是一种认识性的装置"，周立波描写的风景不是认识集体化斗争的装置，但却是认识新中国成立后的社会主义农村的装置，他看到的是"社会主义"条件下家乡的美好风景，所以这种风景营造的是一个"社会主义"的政治的空间，正如柄谷行人所说的，"写实主义并非仅仅描写风景，还要时时创造出风景，要使此前作为事实存在着的但谁也没有看到的风景得以存在"。[3] 因此，《山乡巨变》里的风景与周立波20世纪30年代回家乡时写的那些散文里的风景完全不同，这种不同

① 黄秋耘：《〈山乡巨变〉琐谈》，《周立波研究资料》，第413页。
② 陈思和主编：《中国当代文学史教程》，复旦大学出版社1999年版，第37—40页。
③ ［日］柄谷行人：《日本现代文学的起源》，赵京华译，中央编译出版社2017年版，第24页。

并非家乡的自然风景发生了很大变化，而是"政治风景"大有不同，所以我们不能说《山乡巨变》的风景是一个纯粹的审美空间。

《山乡巨变》还体现了周立波对民族形式探索的深入。小说娴熟地运用了益阳的方言和谚语、土语。例如，清溪乡的人称吹牛为"混禄"、称勉强为"霸蛮"、称大方为"四海"、称骗为"诒试"、称斧头为"开山子"，等等。在农活中，农民们也经常说出一些务农的谚语，如"早稻水上飘，晚稻插齐腰"等。此外，清溪乡人骂人也是很有特色的，他们骂人的频率很高，稍有不如意便骂，尤其是骂小孩。他们骂人的形式也很多，有嬉笑着骂、破口大骂、以骂代说、无意而骂、撒泼混骂等诸多形式。在他们眼里，骂是他们交流的方式之一，生活中少不得骂，所以他们也将"骂"认为是习以为常的事，并不认为这有什么不文明。清溪乡人还好给人起外号，如称经常糊里糊涂的盛佑亭为"亭面糊"，称只顾个人利益的王菊生为"菊咬筋"，称头上有癞子的符贱庚为"符癞子"，称身材矮小的张桂秋为"秋丝瓜"。这些绰号既表现出当地的语言特色，也能准确生动地传达出人物的特征。语言是社会生活的产物，也是人们生活内涵的集中体现。《山乡巨变》中所运用的方言土语营造出了一种真实、浓郁的民间氛围，在一个更深的层次上为读者展示了一个真实而又活态的民间世界。

除了创作，周立波在理论上对方言也有过很多的论述，最著名的当属他参与了 20 世纪 50 年代兴起的方言讨论。这场讨论的中心问题主要有两个，一是如何建构统一的民族共同语，以及方言与民族共同语之间的关系；二是文学创作应不应该使用方言，以及如何使用方言。就前一问题来说，基本上不存在异议。语言学家们充分论述了北京话作为共同语之基础的诸多优势，大家也都普遍认同方言应该服从于民族共同语，应该致力于建构统一的民族共同语。但是，对第二个问题，讨论者的争议就比较大，不同意见也主要围绕这一问题而提出。邢公畹认为方言应该服从于民族语言的统一，"作为一个文艺工作者是不应该使用方言土语来

创作的，而应该使用共同语来创作"①。一方面是由于民族共同语
有利于国家政治和经济的统一，文艺工作者在创作时应自觉减少
方言的使用；另一方面方言比较难懂，造成读者的阅读困难，不
利于对作品的接受。在这场讨论中周立波是明确表态支持方言写
作的。他基于自己的创作经验，从文学创作和语言的发展两方面
论述了文学中方言的意义。从文学创作角度，他指出反映农村生
活的作品使用方言可以真实地表现实际生活，并结合我国书面语
和口头语长期处于分离状态的现实情况，指出"学生腔"语汇贫
乏、枯燥无味，而方言土语是人民群众天天使用的活的语言，精
炼生动，与生产劳动紧密联系，充满生活气息，因而采用方言创
作，不但不会与民族共同语相冲突，反而有利于丰富文学语言形
式，适于表现地方性的实际的生活。但是对这种地方性生活的表
现并非原生态地照搬，而是"在创作上，使用任何地方的方言土
话，我们都得有所删除，有所增益，换句话说，都得要经过洗
练"。②这充分说明，周立波所使用的方言并非纯粹的地方老百姓
的口头语言，是经过了现代审美加工过的文学语言。他使用方言
创作不仅是文学的"民族化"过程，也是将地方语言现代化的过
程。此外，周立波还从语言的发展特性出发，认为民族共同语应
该吸取古今中外一切语言的优点，方言尤其是主要的学习对象，
因此在周立波看来，民族共同语既包括古代的语言也包括现代的
语言，既包括中国的语言也包括外国的语言。所以在周立波这里，
方言和外来语言不是对立的，而是统一融合在民族现代语言当中，
这也造成了他小说语言的富有特色的个人风格。

　　《山乡巨变》还常用到民间传奇或话本中的一些叙述方式。"一
宿无话"是话本小说中常见的一个语词模式。盛家大翁妈申请入
社时，絮絮叨叨地向邓秀梅和在场的人讲述了自己生九胎（前八

---

① 邢公畹：《关于"方言文学"的补充意见》，《文艺报》1951 年第 10 期。
② 《方言问题》，载《周立波选集》第 6 卷，第 442 页。

个都是女儿，只有最后一个是儿子）的经历；李月辉讲到自己的伯伯"讨过八个堂客，没有一个终老的"，这些无疑都带有浓郁的传奇色彩，而且这也有民间故事重复性的叙述特征。相似的故事在后来陈忠实的《白鹿原》中也可见到。白嘉轩娶过七个老婆，前六个老婆都因为可知或不可知的原因在嫁给他很短的时间内身亡。我们暂且不讨论这些事件的真实性，最起码可以说明这类故事在民间故事中有着广泛的民间基础。还有"捉怪"一节，离了婚的刘雨生为了农业社的工作无暇照顾自己的生活，天天马马虎虎地对付着过，可是连着几天发生了奇怪的事：每天回到家，他都能发现家里已经做好了的喷香精致的饭菜，家里也都被收拾得整齐而干净，而这一切又不是他母亲所为，所以就有了"捉怪"这件事。原来是在心里爱慕雨生的盛佳秀不忍看到雨生如此不顾及自己的生活，每天开锁进屋为他做饭和收拾屋子的。这个故事让我们联想到《田螺姑娘》这则民间故事，两者的细节肯定有差别，但大致的故事模式却是相似的。

方言俚语的娴熟运用与民间故事的穿插其中都体现了周立波对民族形式探索的进一步深入。然而在整部作品中，周立波并没有把他的方言写作贯穿到底，其中还夹杂了一些"近于欧化的知识分子腔调所产生的不够调和和统一的地方"。比如，第三章里邓秀梅与盛淑君谈论爱情时，她说：

　　这是一种特别厉害的感情，你要不控制，它会淹没你，跟你的一切，你的志向，事业，精力，甚至于生命。不过，要是你控制得宜，把它放在一定的恰当的地方，把它围在牢牢的合适的圈子里，好像洞庭湖里的滔天的水浪一样，我们用土堤把它围着起来，就会不致于泛滥，就会从它的身上，得到灌溉的好处，得到天长地远的，年年岁岁的丰收。①

① 周立波：《山乡巨变》上卷，第38页。

又如，第十八章陈大春与盛淑君的恋爱场面：

> 他回答了，但没有声音，也没有言语。在这样的时候，言语成了极无光彩，最少生趣，没有力量的多余的长物，一种消魂夺魄的，浓浓密密的，狂情泛滥的接触开始了。这种人类传统的接触我们天才的古典小说家英明地，冷静地，正确地描写成为："做一个吕字"。①

这些文字显然与干净利落的湖南方言相比是非常不和谐的，但也代表了周立波的语言特色。在第一段话中，邓秀梅用连珠炮似的语言把爱情这样复杂的情感非常到位地表达出来了。这是闺中密友互诉衷肠的谈话，并不违背说话人这个有高小毕业文化，经过自学达到了初中水平的农村青年女干部的身份。第二段对恋爱的描述，如果简单地写为"两人拥抱接吻"，那就不是周立波的语言风格了。从《山乡巨变》可以看出周立波对中西语言的运用越来越成熟，使得他在进行民族化探索的同时没有把欧化与民族化作一种二元对立的处理。他并不认为欧化和民族化是非此即彼、不可兼容的紧张对立关系，他将二者有效地融合在了一起。周立波作品中的叙述语言和人物语言，口语和书面语共同构筑了他的小说，使得他的作品在庄严宏大的叙事中还体现出一股浓厚的抒情意味，这其中既包含了他的审美趣味，也是他个人风格的重要体现。

## 四、《山乡巨变》的人物原型

《山乡巨变》塑造了许多很有特点的人物，这些人物并非完全虚构，都能在生活中找到原型。周立波曾说："小说创作要有模特儿好一点"，"我从来不搞从无到有的蠢事"。彭玉霞是《山乡巨

---

① 周立波：《山乡巨变》上卷，第198页。

变》中邓秀梅的原型，彭玉霞的小名就叫秀梅，她第一次见到周立波是在1955年11月的一天，在县区办社干部会上。她对周立波在会上的发言印象深刻，她回忆周立波在会上说："我这次是来向大家学习的，和大家一起共同办好农业合作化。合作化是一个全国性规模的宏伟的运动，上至党中央毛主席，下至乡里党支部、党委、全国人民，都在参加和领导这场历史性的大变动，变农村私有制经济为公有制经济，我也和在座的同志一道学习和参加这个运动。希望同志们共同努力，来完成党中央毛主席和县委交给我们的这一光荣而伟大的任务。这里会有私有观念和集体观念的尖锐冲突，这是一场极其深刻和广泛的社会主义革命，我们应以战斗的姿态迎接这场伟大的革命。"①周立波发言过后，大家都热烈地鼓掌。会后兰溪区区委书记曾靖华把彭玉霞介绍给周立波，说这是他们的女区委委员，区团委书记兼妇女主任，分管罗家河乡的合作化工作。散会后，彭玉霞和周立波同行，周立波询问她的个人情况。彭玉霞说："我是邓石桥乡癞子仑那边的人，父亲去世早，7岁时去世。母亲在街上一个福兴工厂打纱，赚一些钱送我读了完小。我13岁到达人工厂织袜子，参加过地下党领导的罢工活动，解放后参加了革命工作。"②周立波说："亲不亲故乡人，美不美山溪水，我们还是家乡人啊，我是邓石桥清溪村人，离癞子仑不远。"

　　1956年5月的一天，彭玉霞和周立波又共同参加了县委的一次干部会，散会后，他们从石码头过资江河，到邓石桥去。这时彭玉霞已担任团县委副书记。他们沿着羊肠小道走到邓石桥。周立波说："你和玉堂同志③都在这个乡工作，一个担任队长，一个担任副队长，何不早点结婚，白天晚上都可以商量工作嘛。"彭玉霞说："暂时不想背这个包袱，至少搞完合作化再说。"到了邓石

①② 彭玉霞提供给笔者的回忆材料。
③ 彭玉霞的男朋友。

桥，他们一起到了彭玉霞的住户——周立波的堂兄堂嫂家，他的堂兄早已病死，堂嫂带了六个孩子，特别能干、热情，她的性格很像《山乡巨变》里的"亭面糊"婆婆。在这里吃了茶，二人就赶到乡政府去了。

1966 年 5 月，益阳市花鼓戏剧团上演花鼓戏《山乡巨变》。周立波邀彭玉霞一同去看演出，第一场是邓秀梅入乡，演员穿一身灰布衣，背了一个背包，一头短发，很有神气。周立波问彭玉霞："你看像不像你？"彭玉霞说："我没有这么活泼。""文化大革命"开始后，《山乡巨变》被批为"毒草"，彭玉霞也成了《山乡巨变》的黑人物、周立波的"黑爪牙"被批斗。

曾五喜是《山乡巨变》里刘雨生的原型。他世居益阳市郊区桃花仑乡，是著名的农业劳动模范，担任了 40 余年乡村基层干部。1952 年 10 月，曾五喜带领 8 户农民建立了益阳市郊区第一个常年互助组，1953 年曾五喜互助组稻谷产量比单干户平均亩产高 15.5%，起到很好的带头示范作用。1953 年 9 月，曾五喜又积极带头，建立益阳全市第一个初极农业合作社——合丰社，合丰社的办社经验被印发全益阳市，以指导建社工作。

周立波到益阳后与曾五喜交往很多，对曾五喜十分了解。周立波曾带他到附近的泥湾农业社和常德地区聚宝农业社参观学习，而且对他十分照顾，他的儿子有一次患重病，是周立波带他们父子到长沙治疗。周立波专门写了一篇通讯《曾五喜》，讲述他办社的故事：

> 曾五喜走过的合作化的道路就是这样弯弯曲曲，蛮不平坦的。但是，正因为这样，他炼得老成持重，心里的主意也多了。如今，他是桃花仑三百三十二户人家、一千四百人口的当家人之一。这个社差不多样样都是郊区的模范，今年的稻谷产量指标是每亩一千五，争取两千斤，如果不是现在这一场雨落得太久了，禾苗受了些损失，他们达到一千五百斤

的指标，是荞麦田里捉乌龟，十拿九稳。

曾五喜同志从一九五一年起，就参加了工作。那年雨水勤，五月里，天气还凉，他的门前一条水渠涨了水，水从一个管子里冲进田里去，快把禾苗淹没了。好多的人站在大堤上，束手无策。曾五喜带一捆草，跳进了水渠，潜入两个人深的急湍的流水的水底，用稻草把管子塞住，救了一大片禾苗。这以后不久，他参加了中国共产党，在本乡本土，一直工作到现在。他为人本真、稳重、性情和睦，在生产上总是亲自带头干，并且吃得苦。工作忙时，常常一整天，只吃一顿饭；解决内部矛盾时，他所采用的不是压服的手段，而是说服的办法。

三月里，桃花正开着，我们去看曾五喜的试验田。这丘田在他屋前的一坦平阳的大墈里，形状象桃子，就叫桃子丘。试验田的产量指标定得比较高。

"达得到吗?"我们问他。

"达得到的。"他肯定地回答。

接着，他跟我们谈起他的一切具体的措施。根据他的科学性的措施和他稳当老成的性格，我们相信，秋收时节，大家一定能够听到他和他的社里的丰收捷报的。①

文中写的曾五喜办社的一些事例都写入了《山乡巨变》，如他妥善处理与副社长薛汉勋的矛盾、跳进水渠堵漏等。

"亭面糊"是《山乡巨变》着力塑造的一个典型形象，获得读者喜爱，得到评论界赞誉，他的原型是周立波在大海塘乡时的邻居邓益廷。林蓝回忆："在居住最久的竹山湾，是与后来成为《山乡巨变》中盛佑亭的模特儿，与他有点转弯抹角的瓜葛亲的邓益廷为邻。这个身量瘦小，有点驼背，眼角额上横着深深的纹路的

---

① 周立波:《曾五喜》，载《新苗》1958 年 8 月号。

老贫农，跟立波同志朝夕相见，曾给他许多农村生产、生活的知识，使他深刻了解到苦苦眷恋着土地，时时梦想着发家的农民的内心世界。"① 与周立波"有点转弯抹角的瓜葛亲"的邓益廷世居益阳，几代贫农，人称"亭面糊"，"面糊"是益阳农村对老一点农民的一种昵称。邓益廷的弟弟邓佑廷叫"桌面糊"，连周立波的父亲周仙梯也叫"仙面糊"。

邓益廷生于1902年，1987年去世，这是一个典型的益阳农民。他有丰富的生产经验，是用牛、泡谷下种等一系列水田生产的行家里手。他的性格善良，但有一点点迂。他拥护共产党，愿意走社会主义道路，但也有一点点自私。周立波和这位"面糊"特别聊得来，向他学习了许多农业知识，两人成为了好朋友。时隔20年，周立波还对邓益廷念念不忘：

> 我在湖南农业合作化期间，和亭面糊的模特儿，一位辛勤劳动了大半生的贫农做了一年邻居。我们一家人和他们一家人朝夕相见，渐渐成为很好的朋友。在以他为模特儿进行创作的时候，他的音容笑貌，谈吐举止，甚至于他的性格里的弱点，都自然而然地涌上了笔端。
>
> 在那一年里，我们天天在一起，闲谈时候非常多。他每天劳动回来，总是显出气势汹汹的样子，骂小孩，骂鸡又骂猪。其实，他的心地倒是善良的。他又和我谈起他的旧社会里想要发财的故事，以及他抬新轿的逸事。他说，因为他和老婆是元配，娶亲的人家，非常高兴请他抬轿子。他还谈了许许多多关于他自己和他的亲戚的逸事。②

《山乡巨变》里的"中间人物"——富裕中农王菊生，小

① 林蓝：《林蓝作品选集》，湖南文艺出版社2006年版，第272页。
② 周立波：《谈创作》。

名"菊咬筋"，只想单干，不愿走集体道路。"菊咬筋"的形象非常鲜明生动。这个人物的原型是周立波的一位堂弟。他叫周志昌，是周立波四叔元勋的第三个儿子，因为周立波五叔桂香无子，过继给了五叔做儿子。小说发表后，周志昌还找到周立波问："你著的书里，'菊咬筋'的事，都像写的我，是不是真的写的我呢？"

《山乡巨变》重点塑造的落后人物张桂秋，小名"秋丝瓜"，也有原型。桃花仑乡有一个富农曾连喜，在合作化运动中搞过造谣、砍伐森林、变卖耕牛的坏事。益阳县建初级农业合作社过程中，砍伐树木、杀牛或卖牛的事件出现了不少。为此，1956 年 12 月 25 日益阳县人民政府专门下达了保护森林、保护耕牛的布告与通知。保卫树木与耕牛的斗争是《山乡巨变》的重要情节。

龚子元这个人物无明确的原型，但 20 世纪 50 年代确有暗藏的反革命分子。有的评论认为，龚子元反革命活动的情节是"不合情理"的编造，"不是从生活的真实出发，而是从概念出发，也就难免于要依赖编造离奇的情节"。1952 年到 1956 年，也就是周立波在益阳生活的时期，这类反革命事件时有发生。1952 年安化县五区一名国民党兵痞煽动几百名群众围攻乡政府、追打干部。益阳地区 1952 年坏人煽动群众追打干部的事件有 25 起。1955 年 5 月，益阳县破获反革命组织"佛天堂"反革命活动案，1956 年 9 月安化县平息鸡公坡暴乱。反革命组织"神化会"纠集上千名被蒙蔽的群众聚集鸡公坡暴乱，很快被平息。① 然而，《山乡巨变》把龚子元夫妇的破坏活动作为常青社建社过程中一切矛盾的根源，把处理龚子元夫妇作为解决矛盾的根本原因，是把复杂的集体化斗争的复杂矛盾简单化处理了，应该说这是这部长篇的瑕疵。当然，设置了龚子元这个人物，小说故事就更完整，人物性格也更好发展。

---

① 参阅《中共益阳地区党史大事年表》，第 117、121 页。

　　《山乡巨变》里一些人物身上有着一种儒家思想色彩，这是《山乡巨变》人物塑造的一个显著特点。作品第9章写李月辉的发蒙老师李槐卿先生申请入社，他就是以儒家思想来理解农业合社："'孟子曰：老吾老，以及人之老'，我们的先人早就打算搞社会主义的。"这位李槐卿老人的性格、经历都与周立波父亲周仙梯相似：

　　　　他把文天祥的《正气歌》背得烂熟。国民党强迫他填表入党，他硬是不肯，差点遭了他们的毒手。日本人来，他跟难民一起，逃到癞子仑，躲进深山里，吃野草度日，宁死也不愿意当顺民。①

---

① 周立波：《山乡巨变》上卷，第100页。

# 第十五章　挂帅省文联

## 一、任职湖南省文联主席

1957 年冬，周立波回北京过春节，登门周扬家，向周扬汇报自己在湖南益阳县大海塘乡和益阳市郊区桃花仑乡深入生活的情况。周扬提到，繁荣湖南文学创作需要一个领头的人，希望周立波能挂帅湖南省文联，为湖南文艺的繁荣尽一点力。周立波听了周扬的话，心头激起了波澜，一方面周扬是领导，又是人生导师，周立波很尊重他的意见，另一方面他不想当官，只想自己搞创作，写出无愧于伟大的党、伟大的斗争的作品，这是他的梦想。担任文联主席这样的行政职务，势必影响自己的创作，而且自己的个性也不适合当官。周立波常说："我是看破红尘了的，名呀利呀，有什么意思，我不想当官，只想为人民写点东西，做他们的代言人。"① 当人民的代言人，这是周立波毕生的信念与追求。他说这句话，还表露了他当年微妙而复杂的某种情绪。周立波实际上是一个书生，对官场种种，他不善于应付。

周扬见他迟迟不表态，就劝他说，文联主席这个职务，任务就是抓文艺创作，不但自己搞创作，还带动别人搞创作。周立波和柳青、赵树理曾交谈过，他们都认为到基层担任一点职务，目的是方便深入生活，主要精力要集中在创作上。听周扬这么一说，他便同意周扬向湖南省委推荐自己担任省文联主席一职，但不驻会，仍然在益阳深入生活，同时写作《山乡巨变》。

中华人民共和国成立初期，湖南本土文艺创作缺少领军人物，虽然周立波、丁玲、沈从文、康濯、蒋牧良、黎锦明等这些著名作

---

① 未央:《我们的楷模——悼念周立波同志》，载李华盛、胡光凡编:《周立波研究资料》，第 161 页。

家都是湖南籍人士,但他们都在省外工作,湖南本土文艺创作不是很兴旺。看到这种情况,心系家乡文艺发展的周扬提出繁荣湖南文艺创作要有几个领军人物,要制定培养文艺接班人的计划,这一意见得到了中共湖南省委的赞同。再加上当时的湖南省文联主席魏猛克被划为右派,撤销了职务,湖南省文联主席缺位。省委决定请周立波出山,担任湖南省文联主席。1958 年春,省委第一书记周小舟到益阳视察工作,专门拜访了正在益阳深入生活的周立波,征求了他的意见,有了周扬之前的一番劝说,周立波同意了。

1958 年 5 月 25 日至 30 日,湖南省文学艺术工作者第二次代表大会召开,在此次大会的闭幕式上,周立波当选为省文联主席,陈曦、蒋牧良、魏东明、铁可当选为省文联副主席。在这次大会上,周立波作了题为《政治与文艺的关系》的发言:

今天主要谈两个问题。

**一、政治是统帅,思想是灵魂**

任何时代的文艺,都是宣扬一定阶级的一定观点的,不过是有的显露,有的曲折,有的深刻,有的浅近。一首诗,一首歌,一幅画,都必然反映一定阶级的人们的政治,思想和感情,就是纯粹描写爱情的诗篇,也要表露人们的阶级习尚和观点。任何作品,无论是对人物的美化或丑化,都体现着一定时代一定的阶级标准的。古典戏剧里的店小二,都是劳动者,但他们总是被扮作花鼻子,而在我们今天的作品里,工人、农民和其他劳动者,是真正的英雄和主人。这是现代无产阶级的革命作品,对于我们比较亲切的原因。

但为什么有些古典作品,到今天我们还喜欢读呢?是不是它们刻画人物好,形式比较优美呢?塑造了典型,形式完整,是古典作品具有魅力的原因之一,却不是根本的原因。古典作品至今为我们喜爱,主要就是由于它们多少反映了过去人民的生活情况,他们的思想,幻想和情感。用毛泽东同志的话来说,就是它们含有"民主性的精华",决不光是因为它们的形式。《三国演义》里的诸葛亮，是人民的幻想的智慧的典型，而张飞的性格却突出地表现了人民的勇敢爽快和明朗。

但古代作品也还有"封建的糟粕"，资本主义社会的作品，就强烈的宣扬资产阶级的个人主义的毒素，阅读这些作品的时候，必须带着批判的眼光，不能盲目地无条件地叫好，使自己的精神沉浸在里面，甚至被麻醉和被毒害。

有的作品譬如风景画和风景诗，看起来像没有什么政治色彩。但仔细想一下，就会知道它们是有政治意义的。我曾和一位同志同看一幅风景画，她凝视一阵，说道："看了这幅画，我才知道，我们的周围这样的美丽。"一幅好的风景画，能够激起我们对于祖国和乡土的热爱，好的小说，散文和诗歌，也是一样。这种对于祖国和乡土的热爱，正是作者所要表达的政治目的。

这样看来，不论什么样子的作品，都有一定的政治内容，不讲政治，光要技巧的作品，古今中外都是没有的。有一些人，凭着自己有一点写作经验，不站稳无产阶级立场，或是背叛无产阶级，对人民的事业，样样看着不顺眼，乱摇笔杆，存心歪曲新社会的生活，这样写出来的作品，人民是会唾弃的。文学要服从政治，我们要让政治挂帅，而思想是文学的灵魂。

**二、修养及其他**

作家们，尤其是学校出身的、阅世不深的年轻的作家们，应该长期地到群众中去，到工厂、到农村中去劳动，去参加工作和斗争来改变我们的思想和感情。而且，我们还要经常地加强政治修养。一个作家要是只注意技巧钻研，忽视政治的修养，他写的东西，就会容易犯错误。

在反右派的斗争中，我们看到一些年轻的文艺工作者垮下来了。这是为什么呢？有种种原因，但主要的是他们不注意政治修养的结果。谈到政治修养，"临渴掘井""临时抱佛脚"是不行的，必须经常努力学习，用心地听取各级党委负责同志的报告，读关于马列主义的书籍。不要背教条，时刻注意理论与实际联系，看点好的文艺批评，这样地日积月累，就会使自己政治水平自然而然地得到提高。

　　文艺工作者，不能骄傲自满，"满招损，谦受益"，骄傲没有不失败的。而且，惊天动地的事，人民都做出了，我国劳动人民正以自己的双手，创造工业和农业上种种旷古未有的奇迹。我们不过摇一摇笔杆，又有什么值得骄傲呢？

　　当然，笔杆也不是那么好摇的，要不断地提高自己的业务水平，读一点文艺书，边读边写。不要光用眼睛，不动手，造成眼高手低的局面。要多写小东西，写大字报，写墙报稿子，不要看不起短小的作品。短小的东西，未必不伟大，我国的旧体诗词，都是短小而且小得有的只有二十八个字，有的只有二十个字，但许多这样的短诗，被人传诵了千年以上。现在的民歌，有很多好的，这些都是群众智慧的结晶品，我们从它们中间可以学到好多的东西。①

周立波的这篇讲话稿只有短短的 1500 字左右，换算成讲话时间，可能就七八分钟，考虑到是首次以湖南省文联主席的身份在公开场合下讲话，所以他着重谈到了"政治"，但他在讲话里是把"政治"作为作家的修养提出来的，通篇讲话谈的还是文学创作的具体问题，比如如何塑造典型、如何写好风景等，他还提出"要多写小东西，写大字报，写墙报稿子，不要看不起短小的作品"。这与其说是一个湖南省文联主席——省级文艺界"统帅"的讲话，毋宁说是一个作家创作经验的介绍，此时周立波显然还没有把身份从"作家"转变到"领导"的身份上来。

---

① 发言稿原件现存湖南省档案馆。

周立波上任 4 个月后，与张天翼、艾芜三人在中国文联一次会议上提出了降低稿酬的倡议。降低稿酬是文艺界当时的一件大事。中华人民共和国成立初期，由文化部、出版总署制定的稿酬制度，稿费比较高，加上工资，作家属于富裕的人群，生活水平也比普通老百姓高了上十倍，"当时北京一个小四合院，房价不过几千元，至多上万元，所以，许多作家都买了属于自己的房子。周立波在北京香山买了一座大院落。赵树理用《三里湾》的稿费买下煤炭胡同的房子。田间用他的诗集的稿费买了一座紧挨着后海的小四合院"。① 这也引发了群众的不满。1958 年毛泽东在成都会议、八大二次会议、北戴河会议上批评等级差别、特殊化，降低稿酬一时成为国内舆论的热点。于是周扬要周立波邀请几位作家提出倡议，把降低稿酬变为作家的自觉行为。周立波、张天翼、艾芜三人在中国文联提出倡议后不久，周立波又在《人民日报》发表《我们建议减低稿费报酬》。周立波以省文联主席和著名作家的双重身份发表这个倡议是很有影响力的。接着，田汉、夏衍、阳翰笙、陈白尘等作家发表文章《我们热烈拥护降低稿酬》予以响应，随后，中国作协下属五个刊物联合声明，响应倡议，稿酬降低一半。

周立波担任湖南省文联主席后，仍在益阳深入生活，其间也参加了省文联的一些会议与活动。1958 年 10 月，文化部提出了文艺跃进目标，成立了文艺卫星领导小组，以后各省成立了文艺卫星组织。11 月，周立波担任了湖南省文艺卫星指挥部副总指挥。周立波在几次会议上都发了言，他提出："我们湖南是毛主席的故乡，又有许多将军，我们应该自告奋勇地报名，提出在一定的时间内拿出一定的作品，放出卫星。"②

1962 年 11 月 20 日至 12 月 4 日，湖南省文学艺术工作者第

① 阎钢：《作家与稿费》，载《文史博览》2004 年第 10 期。
② 刘娟之记录：《在湖南省文艺创作会议上的讲话》，现存湖南省档案馆。

三次代表大会在长沙召开。这是周立波上任以来比较重要的一次
会议，出席会议的300多名代表，都是在近几年文艺创作上有所
成就者，其中既有外地回湘的周立波、蒋牧良、康濯、柯蓝等领
军人物，又有新当选为省文联委员的刘勇、未央、谢璞、向秀清、
邓蜀艺等文学新人，他们成为湖南文艺繁荣的重要力量。会议还
请来了田汉、赵树理等几位著名作家传经送宝，他们在会上的讲
话给代表们很大的启示，中南局、湖南省委陶铸、张平化等领导
到会接见代表、合影留念，给了代表们很大的激励。

　　周立波在会上做了《目前湖南文学艺术工作中的几个问题》
的讲话，这次的讲话稿有6000多字，谈了湖南文艺工作的四个问
题：一是文艺是为什么人服务的；二是关于百花齐放，百家争鸣；
三是树立坚定的共产主义世界观，提高艺术修养；四是面向农村，
深入生活，继续加强跟群众的联系。其实这四个问题归根结底谈
的仍然是政治与文艺的关系问题，但比他刚上任文联主席时的讲
话更翔实，谈的问题也更有深度。在谈到文艺是为什么人服务时，
周立波肯定了刘勇、谢璞等青年作家生动地刻画了农村中新人的
形象，歌颂了新生活和新风尚，他认为这是他们遵循为工农兵服
务的方向取得的成就。谈到关于百花齐放，百家争鸣时，周立波
总结了"百花齐放，百家争鸣"方针提出来后湖南文艺发展的成
绩，湖南的文艺形式越来越多样，风格越来越多姿，上演的剧目
越来越丰富，但也存在忽视文艺的教育作用、忽视表现社会主义
新生活和革命斗争的题材等不足。他批评了省内文艺部门的有些
负责人"对'二百'方针仍不重视，贯彻不力，不按艺术规律办
事，随便禁演剧目，乱出点子，四定五定等瞎指挥的现象，的确
也还存在。他们卡得很死，认为不如一花独放，或者说'二百'
方针只是中央和省里的事情"。① 经过了4年的省文联主席任职经

------

① 周立波：《目前湖南文学艺术工作中的几个问题——在湖南省第三次文
　　代会的讲话》，现存湖南省档案馆。

历，周立波显然对湖南文艺的发展情况已经十分了解，他的讲话能结合湖南文艺的实际情况展开，非常具有针对性。

另一方面，周立波的讲话相比他初当选时更有理论深度和政治内涵。他指出："在文艺上，我们要经常地进行反'左'反右两条路线的斗争。我们既要反对瞎指挥，也要反对放任自流；既要发扬民主，又要注意集中。在政治上要严格地遵照标准，在艺术上不要乱加干涉。方向只有一个，但文艺为政治服务的方式、形式、体裁和风格却是多种多样的。"① 在谈到世界观的改造问题时，周立波说："在这个问题上，领导人决不能采取简单急躁的态度，强求一律；对于别人每一个微小的进步，都应重视，并加以鼓励。总之对于世界观的改造，需要进行耐心和细致的工作。"② 周立波不再是以一个"作家"的身份发言，他是站在一个"领导"的立场上讲话，他讲的是领导人应该如何处理政治与文艺的关系，在面对文艺工作者的世界观的改造问题时，领导人应该如何做工作等。如果说周立波在刚当选省文联主席时还没有从"作家"的身份转变过来，那么此时他已经很适应省文联主席的身份了。

周立波认为文艺工作者要深入生活才能创作出好的作品，他在报告中提出："今后仍将继续加强同群众的联系，继续采取适合于各个作家和艺术家特点的各种方式动员大家下乡下厂，去体验和观察生活里的一切人和事，以便进入创作的过程。我们的作家和艺术家要把改造思想、深入生活，同提高创作业务结合起来。正确的思想、充实的生活和熟练和技巧，是文艺创作的三个必要条件。"③ 会议结束后，周立波与康濯、柯蓝、未央、谢璞、刘勇等11位作家发出《立即行动起来，到工农群众中去》的倡议书，号召广大文艺工作者"坚决地、长期地、满腔热情地到农业生产第一线去，到工矿去，到广大的群众中去，到火热的斗争中去！

---

①②③　周立波：《目前湖南文学艺术工作中的几个问题——在湖南省第三次文代会的讲话》，现存湖南省档案馆。

尽一切可能，用一切便于反映现实的文艺形式，配合广大群众的生产和斗争；同时在实际生活里锻炼自己、改造自己，并且努力写得好一些，更好地为工农兵服务，为社会主义建设服务"。①

在这次文代会的闭幕式上，周立波再次当选为湖南省文联主席。蒋牧良、康濯、胡青波、铁可、魏东明、蒋燕当选为副主席。从此，湖南的文艺创作开启了新纪元，风生水起，直到20世纪80年代的文学"湘军"引领风骚。

## 二、主持省文联工作与培养接班人

第三次文代会后不久，周立波被任命为湖南省文联党组书记。全面主持省文联工作后，周立波首先遇到的是省文联办公用房不够和办公经费不足的问题。

20世纪50年代省文联机关在长沙开福区蔡锷北路的司马里王家菜园二号一个小公馆办公，这个公馆原来是清末左宗棠在长沙的公馆，左氏后人曾在这里居住，公馆不但面积小，而且比较破旧。周立波经过调查摸底，发现省文联除办公用房不够外，定编20个工作人员，人手不够；办公经费也严重不足，只有4万元。周立波召开省文联党组会议，向中共湖南省委提出由当时定编的20人增加到30人，用于解决专业作家、艺术家调入问题；办公经费申请增至10万元，增加部分主要用于文艺创作奖励费用；办公用房要求在原址扩建或择址新建。

省委经过研究，同意解决省文联的编制与经费问题。省文联的办公用房先由司马里搬到五一路中苏友谊馆三楼，然后选址另建办公用房。除了办公条件差，省文联职工的住房条件也很差，周立波主持省文联工作后住房条件也不好："周立波扎根家乡益阳农村，住在他哥哥家里，开会或研究工作来长沙，只能在宾馆住

---

① 《立即行动起来，到工农兵群众中去》，载《新湖南报》1962年12月7日。

几天；康濯已举家迁来长沙，他的爱人王勉思从北京《工人日报》调来任《湖南文学》编辑部副主任，一家人没有住房，只好暂住湖南宾馆；蒋牧良、柯蓝的境况也是如此。"①后来经中南局第一书记陶铸、省委第一书记张平化批准，拨款 30 万元，为周立波、康濯、蒋牧良、柯蓝四位回湘的著名作家每人建一栋别墅，改善他们的生活条件。房子修好后，四位作家起初不肯搬入，后经省委做工作，将四幢独居别墅改为双居，另拨出一笔钱，为近 20 户职工修建了一栋三层楼的宿舍，解决了文联职工的住房问题，这样四位作家才搬进新居。②周立波到文联后解决编制、经费、办公用房、职工住房等问题，为湖南省文联机关和文艺队伍建设打下了物质基础。

周立波主持湖南省文联工作期间，最重视的工作是培养文艺接班人，从根本上改变湖南文艺落后的状况。周立波曾在省文联如何培养文艺新人的一次座谈会上说：

> 关于湖南文联的工作，我挂不挂名（指挂省文联主席名）都有责任。这些年来，湖南做了很多工作，有些成绩，但和山西、陕西比起来要差一些（蒋牧良插话：甚至比甘肃都差一点），总会（中国作协）很关心。周扬同志很关心，他说要把培养人作为中心任务，要明确一个指标，搞出一个五年计划，定出目标。一年四个，五年即有二十个作者围绕在《湖南文学》的周围。中国作协很关心，我们要力争上游，过去三年只出了五个作者，少了一些，要想些措施，想些办法。我在鲁艺时，学生有千把个，现在真正一线在搞创作的很少，靠办训练班不行，主要靠杂志培养，杂志能培养人，蒋牧良同志等许多作家，多是办杂志出来的，要利用这个园地，要

①② 彭仲夏、谭士珍：《四位湘籍名作家返乡忆旧》，载《中国文化报》2012 年 8 月 29 日。

加强编辑部,《湖南文学》编辑部至少要有 10 个人（按：现在《湖南文学》有八人，两个在休养，一个在搞肃反审干），此外还可以通过文化系统要文化馆培养，从群众中培养人才。作者的作品到了半成品状态，文联和作协就要关心他，直到能搞成一个单行本，再请他自己去撞，当然还要注意。培养作者要注意出身成分，政治品质，要德才兼备，要从政治上关心他们，开始要求不能太高，有一点表现能力就行。一般先培养写短篇，这样十几年就会有些成绩。①

周立波认为培养作者首先要发现作者，虽然他本身有繁重的创作任务，但省文联、作协分配他看的作品他一定认真看，从不推辞，他认为从审读作品中可以发现作者。同时，周立波不遗余力地培养青年作家，为他们创造机会。他在《文艺报》上曾大力推介青年作家刘勇，而且认为"只有一个刘勇不够，还应有其他人"，他提议和蒋牧良等几个知名作家分下工，每人推荐一两个青年作家。1963 年 11 月，周立波以文联党组书记名义明确省文联重点培养 7 位作家，分别是未央、刘勇、谢璞、王以平、黄起衰、向秀清（苗族）和孙建忠（土家族）。这些作家后来都创作了许多优秀的作品，成长为湖南本土的优秀作家。

除了发现和推荐作家，周立波还多次举办重点作者读书班，组织作者读毛泽东著作、读《红楼梦》等经典作品。许多参加了读书班的作家，多少年后还记忆犹新。诗人曹毅前② 回忆：

> 立波主动和我们谈起读书。他说我们要读《红楼梦》，要读古今中外的名著。还有一句话：叫做读万卷书，行万里路。我们不能忽视这个"行万里路"。世界是一部大书，社会是一

① 王之宪整理，原件现存湖南省档案馆。
② 中国作家协会会员，曾任益阳市文联秘书长。

部大书，万里河山也是一部大书。人民群众的生活，他们的实践是一部读不完的大书。我们只有认真地深入生活，才能吸取源泉，写出好作品。他说，他很喜欢袁修广写的小型花鼓戏《牧鸭会》，生活气息浓厚，人物形象生动。尤其欣赏剧中把鸭棚比作"半边月"的台词，表现了牧鸭人豪迈、幽默而又不失风雅的形象。这也说明作者很熟悉资江、洞庭湖的鸭民生活。资江和洞庭湖就是一部值得我们反复研读的大书。立波同志举了许多反映资江流域和洞庭湖区深厚历史文化底蕴的事例，说来如数家珍。我至今记忆犹新的有两点：一是邵阳为什么叫宝庆，那是因为宋理宗谪居那里多年，后来他作了将近40年皇帝，登基时，他就将邵州改名为宝庆，他的第一个年号也是"宝庆"。二是蒲松龄是到过益阳的，他的《水莽草》就是写的益阳的民间传说，其中不仅有"楚中桃花江一带""楚人"等语，而且许多描述也符合资水流域的风情和习俗。这说明他不仅到过益阳，而且很深很细地了解和访问过资水。写鬼写狐，他也是要深入生活的。他到益阳，可能是桃花江之名对他的诱惑。果然不虚此行，他大有收获。蒲留仙"行万里路"的壮举，是值得借鉴的。资水、洞庭这部大书，我们应该认真去读。①

周立波常对青年作家说："不能脱离人民，不能脱离生活，不能'关门提高'""抢题材是违反创作规律的""作家不能有个人主义这一思想，不能把文学当作个人的事业，如果这样，苦恼就多了""炮火里可以打出个将军，铁砧上可以把毛铁打成器材，千百张废稿纸里可以造就一个作家""一件作品，就是一件小小的发明，必须是世界上没有过的，而又处处可以见到的""作品中的人物必须融进自己的感情，作品好象阳雀生蛋，蛋壳子上必须有阳

---

① 曹毅前提供给笔者的回忆材料。

雀的血丝子"，等等。这些话虽然都是在平常"打讲"中说出来的，但却都是人生的至理和创作的真谛，对于造就一代作家来说，其意义重大。

经过周立波孜孜不倦的指导、扶持和熏陶，20世纪60年代，一批文学新人如谢璞、刘勇、未央、张行、叶蔚林、彭伦乎、古华、萧育轩、金振林、胡英、王以平、罗石贤等在文学创作中崭露头角，加上从外地调回的蒋牧良、康濯、柯蓝等，湖南有了一支颇有实力的作家队伍，文学艺术创作发生了根本性变化。60年代湖南出版了5部标志性的长篇小说，除《山乡巨变》外，有马忆湘的《朝阳花》、张行的《武陵山下》、康濯的《东方红》、文秋的《蔺铁头红旗不倒》和柯蓝的《秋收起义》。从1960年到1966年，湖南青年作家在《人民文学》发表的作品达10篇，分别是刘勇的《文化的主人》和《咕哝爷》、谢璞的《二月兰》和《五月之夜》、未央的短篇小说《蛉嫂探亲》、萧育轩的《迎冰曲》和《风火录》、孙健忠的《"老粮秫"新事》、彭仑乎的《叶里藏金》和王以平的《志气》，这都是湖南文学创作在周立波的带领下取得的可喜成绩。

周立波主持湖南省文联工作期间，湖南的戏剧创作和电影剧本创作成绩也比50年代有了很大进步。1965年中南地区举办现代戏会演，湖南参演的花鼓戏《打铜锣》①《补锅》《烘房飘香》，祁剧《送粮》等优秀剧目受到好评，成为传统的保留节目。1965年8月25日，周立波在广州部队总医院大礼堂对湖南戏剧代表团400多人作报告，专门讲戏剧的矛盾与结构问题，从艺术上总结了这次现代戏会演的经验与教训。

文学创作是一个地方最富智慧、最具原创性的精神活动。一

---

① 花鼓戏《打铜锣》由柯蓝创作的小说《三打铜锣》改编。20世纪60年代，柯蓝在浏阳县镇头镇甘棠村深入生活，创作了小说《三打铜锣》。现在甘棠村石坑屋场有一面号称"湘东第一锣"的铜锣，纪念柯蓝的小说和花鼓戏《打铜锣》。

个地方文学创作的繁荣，取决于多种因素，其中一个重要的因素是要有一个或几个有威望的、能起示范作用的"引路人"。与山西的赵树理、陕西的柳青、河北的孙犁一样，周立波是一个创作成就享誉全国的知名作家，又担任省文联主席，成为了湖南文学界的旗帜性人物，对湖南专业作家队伍的培养起了至关重要的作用。湖南省文联党组书记、副主席夏义生高度赞扬这位前任文联主席："周立波先生是当代文艺湘军的重要奠基人。他在省文联主席任上，特别注意引导、组织作家深入生活，办学习班，搞讲座，培养了一批优秀的作家、艺术家。他用自己的作品影响了湖南作家的创作取向、艺术风格。……周立波先生过去是、现在是、将来也仍然是湖南文艺的一面旗帜。"①

### 三、故乡生活短篇小说

1954年到1965年，周立波创作了一系列反映故乡农村生活的短篇小说，历时11年，总共25篇。第一篇《盖满爹》是根据他1954年11月回乡考察农业合作化运动积累的材料写成的。此时的周立波虽然离开家乡近30年，一直未有机会创作描写家乡农民形象的作品，但家乡的农民形象一直在他脑海里酝酿着，这次回家乡接触了一批基层干部，激发了他的创作情感，创作了这篇纪实性的、非虚构的短篇小说。自此，他以这种创作风格和创作方法，开启了反映新农村、新主题、新人物的短篇小说创作，其中，《盖满爹》标志着周立波短篇小说创作风格的形成，在其短篇小说创作中具有里程碑式的意义。

《盖满爹》是以中共益阳县楠木塘乡支部书记、农会主席黎盖均为原型，塑造了一个既熟悉农村基层情况、又懂党的农村政策，既有脚踏实地的实干精神、又有远大理想的农村基层干部典型形

---

① 夏义生：《周立波文艺讲稿序》,《周立波文艺讲稿》，湖南人民出版社2017年版，第2页。

象。中华人民共和国成立后，盖满爹被组织发现培养当乡干部，虽然文化水平不高，但对乡里的情况非常熟悉，"楠木乡的八个联组，五百来户，他人人熟悉，家家清楚"。村里人有什么事都来找他，家里要杀猪的、砍树的找他批条子，要离婚的找他调解，连农民们因为卖粪和买菜跟乡里的学校闹矛盾也找他来协调。他处理事情往往从实际出发，不太讲大道理。比如他在协调农民和学校的矛盾时采取的是算账的方式：

> "学堂是我们自家的，学生的百分之七十是工农子弟，我们支持学堂，就是维护自家的晚辈。菜不挑到街上去，来回少走二十里，这里头省出好多工夫，好多力气了？你们算算看。"
>
> 大家把细账一算，觉得合适，又维护了学校，都满意了。往后他们对学校的伤言扎语也都停息了。①

盖满爹在发展农业社上非常为农民们着想，尽量做到自愿互利。比如在处理张家翁妈退社的问题时，他会充分考虑她的诉求：

> "他们太没名堂了，我一条秧豆角子的田塍路，也要入社。"
>
> "可以不入，"盖满爹考虑一阵，负责告诉她，"我跟他们说说。还有么子？"
>
> "我屋门前的四斗丘，土质、风向、阳光，都是顶好的。"
>
> "我晓得。"盖满爹点一点头。
>
> "又是一丘自肥田，不怕天干，还不怕水淹。好年成打八九石谷子，平常年成顶少也是六七石，他们评产，给我只订得四石，我睁起眼睛吃这号亏，还跟他们来吗？"

———————
① 《周立波故乡生活短篇小说集》，湖南人民出版社2006年版，第5页。

"我去查查看，要是真正订得偏低了，是好改的。"

盖满爹细致地解决了这些具体问题以后，张家翁妈欢欢喜喜，重新入社了。①

盖满爹不简单的把合作化的原则当作处理一切问题的准绳，他会考虑村民的实际情况，会更讲"人情"，因此他在村里的威信很高，"农民喜欢听他的话，他讲得简单、崩脆和生动，不用笔录，都记在心里"。

盖满爹对社会主义新农村的发展充满期待。他生病躺在床上，县立中学的孩子们来看他，他们共同憧憬着社会主义农村的未来：

话题由树木转到了社会主义。大人和孩子，你一嘴，我一舌，谈起了拖拉机和抽水机，又讲到志溪河上修建水电站的明亮、暖和、丰饶和热闹的将来的光景，盖满爹笑得一脸的皱纹，问辅导员道：

"辅导员，你说我看得到手吗？"

"看得到手，盖满爹！"辅导员肯定地回答。

"看得到手，看得到手的，盖满爹！"孩子们响亮地重复。

由于快活和感动，盖满爹的放出许多皱纹的辐射线的两只眼睛的角上，停着两朵亮晶晶的泪花。②

盖满爹与孩子们谈起"拖拉机与抽水机"，期盼"修建水电站的明亮、暖和、丰饶和热闹的将来的光景"，他"笑得一脸皱纹"，眼角上"停着两朵亮晶的泪花"，这不仅是那一代新农民希望的写照，也是作家本人内心深处的期待。

除了《盖满爹》，周立波的短篇小说有不少是以人物为主题，

---

① 《周立波故乡生活短篇小说集》，第 9 页。

② 同上引，第 11 页。

甚至就以某个具体的人名作为小说题目，比如《腊妹子》《伏生和谷生》《艾嫂子》《张满贞》《卜春秀》《张闰生夫妇》《林冀生》和《胡桂花》等，这些人物里有农村妇女、复员军人、儿童、养猪能手、基层干部、剧团演员和地方父母官等，小说描写了他们的工作、家庭和生活，着重凸显人物的先进事迹。这些小说的风格与《盖满爹》相似，纪实性很强，都能在生活中找到人物的原型真实的事例，与其说是短篇小说，更像是一篇篇的人物通讯。

　　周立波的故乡短篇延续了他善于抒情的风格，充盈着"隽永的诗意"，其中有代表性的是《山那里人家》和《禾场上》。《山那面人家》描写的是人们喜气洋洋地参加村里一对新人的婚礼，小说从一群姑娘在去婚礼的路上"嘻嘻哈哈地笑个不断纤"开头，到婚礼结束后"飘满茶子花香的一阵阵初冬月夜的微风，送来姑娘们一阵阵欢快的、放纵的笑闹"结束，描写了人们参加婚礼的喜悦之情，小说重点表现乡村新的婚嫁习俗。和过去大操大办不同，新式婚礼比较节俭，新人的房间"床是旧床，帐子也不新；一个绣花的红缎子帐荫子也半新不旧。全部铺盖，只有两只枕头是新的"。① 社里给新郎家只支了五块钱，"叫他们连茶饭，带红纸红烛，带一切花销，就用这一些，免得变成超支户"。② 婚嫁仪式也与过去不一样，过去有一系列的仪式，现在则比较简单，由主婚人带领所有人"向国旗和毛主席像行了一个礼，又念了县长的证书，略讲了几句"，接着就是新娘子讲话，大家开了一阵玩笑后，婚礼就结束了。大家在婚礼上谈论得最多的是办社的话题，新娘子在讲话时掏出了一本劳动手册，骄傲地宣布："今年我有两千工分了。"人群里马上有人接话："我在社里一定要好好生产，和他比赛。"一场婚礼变成了大家劳动的表态现场，婚礼处处都反映了社会主义农村的各种新的气象。

---

① 《周立波故乡生活短篇小说集》，第 52 页。
② 同上引，第 53 页。

《山那面人家》发表后广受好评，责任编辑崔道怡回忆，1958年《人民文学》刊载的小说值得回味的只有两篇，一篇是茹志鹃的《百合花》，另一篇就是《山那面人家》，设使生活如一座"山"，山这面是炉旁炼钢，山的那面另一派欢声笑语。他认为，这两个短篇"堪称经典的作品，无不具有超越时空的恒久价值。这才是真正的文学的功能，真正的小说的魅力"。①唐弢也发表评论文章说"作者是有意识地在尝试着一种新的风格：淳朴、简练、平实、隽永。从选材上，从表现方法上，从语言的朴素、色彩的淡远、调子的悠徐上，都给人以一种归真返朴、恰似古人说的'从绚烂到平淡'的感觉"。②

《禾场上》的抒情则充满了象征的意味，开头和结尾，两次写到对门山田里"落沙婆"幽远、凄楚的啼叫。

> 深夜凉如水。露水下在人的头发上，衣服上，手上和腿上，冰冷而潮润。各家都把凉床子搬进屋里去，关好门户，收拾睡了。田野里，在高低不一的、热热闹闹的蛙的合唱里，夹杂了几声"落沙婆"的幽远的、凄楚的啼声。鸟类没有接生员，难产的"落沙婆"无法减轻她的临盆的痛苦。③

这无疑是一种暗喻，作家深深地感受到农业社的建立像"临盆"一样痛苦。

周立波写故乡短篇的这11年，中国农村经历了农业社（初级与高级）、人民公社、公共食堂、大炼钢铁、大跃进、国内的暂时困难到复苏的大波折、大起伏。他的小说避开了大辩论、放高产卫星、砍树炼钢、拆屋办食堂、办猪场等等阻碍时代发展的内容，

---

① 中国作家协会：《作家通讯》2016年第8期。
② 唐弢：《风格一例——试谈〈山那面人家〉》，载《周立波研究资料》，第432页。
③ 《周立波故乡生活短篇小说集》，第27页。

写的是农村基层干部与模范人物的先进事迹、生产生活中科学与迷信的矛盾、农民的爱情婚姻与文化生活、少年儿童之间的友谊与学校、家庭的生活等等，主题是赞美和歌颂新农村的新人物、新生活，展现的是焕发青春气息和社会主义新气象的乡土。作品涉及农业合作社、青年志愿入伍、干部下乡宣传和劝说农民加入农业社等与主流意识形态相符的内容，但是他并没有围绕政治主题来展开尖锐的矛盾冲突。与同时期的一些作品在情节上的模式化、矛盾冲突上的高度戏剧化和结构上的单一化相比，这些故乡生活短篇小说成为了一种独特的存在，以抒情为主，描写日常生活场景，抒发作家浓郁的乡土情怀，在审美目标上，寻觅生活中的美与诗意，表现人的情感美与道德美，极力发掘故乡纯净的乡风乡俗，描画故乡理想的人性人情，尽量回避政治斗争的丑恶，着力描写新中国新农村新的道德风貌与新型的人际关系，在人物形象中闪烁着勤劳、理想、诚实、爱情、友谊等道德美的光芒。

周立波说："中国大作家不少，但真正建立起自己的文体者不多，建立文体很不容易，抹了他的名字，还看得出来，这作品是谁写的。写文章要讲究文体章法。"① 他的这些故乡短篇小说是有明显的文体特征和审美风格的。这些作品以对益阳中部风景画、风俗画、风情画的描绘形成了浓厚的湖湘地域文化色彩。小说对家乡人物思想行为细腻入微的刻画，对家乡民俗风情富有情趣的表现，对家乡山水风景水墨画式的描写，展现了湘中益阳的风貌。地域色彩呈现出来的差异展现了艺术作品的魅力和生命力。

---

① 周立波 1961 年 7 月 18 日在中宣部召开的全国文艺座谈会上的发言，载周立波：《周立波文艺讲稿》，湖南人民出版社 2017 年版，第 73 页。

# 第十六章 大连会议

## 一、大连会议

1960年是周立波心情沉重的一年。这年元月，他10岁的女儿百穗在北京中苏友好医院病逝。小百穗4岁跟父母到湖南益阳深入生活，住在竹山湾，后来搬到瓦窑村，7岁在益阳市桃花仑小学读书，8岁转到长沙市麻园岭小学，她十分活泼可爱，周立波的散文《灯》写的就是百穗随父母到竹山湾乡下生活的童趣。小百穗不幸得了当时的流行病百日咳，当地医院治疗不当，因又患血液方面的病，终于不治。女儿的去世，对周立波的打击很大，他沉浸在悲痛中久久无法自拔，连那年比较重要的第三次全国文代会他都请假没有参加。巴金回忆："1960年全国文代会后我和沙汀同去北戴河。任干和周立波在那里养病。据说周患肝炎，他女儿死后对他打击很大，他连文代会也不参加。他在北戴河游泳。我到后第二天曹禺一家也来了。当时在那里的人不少。在北戴河，我们在海滩上常见面，但谈话的机会不多。他心情不好，又有病。"[1] 因为女儿病逝的影响，这一年，周立波的创作基本处于停滞状态，仅写了一篇小论文《关于民族化和群众化》。

1961年春节过后，早春二月，仍是寒气袭人，周立波的悲伤情绪稍有缓和，他回到家乡，住到了邓石桥公社机关，白天到一些生产队去调研，晚上回来记笔记，有时接待来客。这时，农民群众正在千方百计度饥荒。他大哥家里缺粮，每餐用萝卜切成丁掺加在少量的米粮中煮了吃，周立波看了摇头叹气。他专门找了清溪大队的党支部书记了解情况，对他说："自留地很重要，是农民的保健站。国家不能都包下来，就得靠自留地，要让社员种好

---

① 金振林：《"外调"巴金——谈周立波、蒋牧良》。

自留地，开荒种一些红薯，栽菜，打野菜喂猪，让大家改善生活，度过饥荒。"① 这次，周立波在邓石桥公社深入生活两个多月时间，对当地农村情况作了全面调研。他把了解到的一些问题专门向中共湖南省委作了汇报，还在 1962 年召开的大连会议上提到了这些问题。他认为，这几年的问题，有的是作风问题，有的是认识问题，破坏了民主集中制，应该吸取教训。

1962 年 8 月 2 日至 16 日，周立波参加了中国作家协会在大连召开的农村题材短篇小说创作讨论会，也称大连会议。大连会议是中国当代文学史上比较重要的一次会议，参加者有赵树理、周立波、马加、李束为、西戎、康濯、李满天、李准、李曙光（黎之）、方冰、韶华、葛琴、陈笑雨、胡采、侯金镜 15 人，会议由茅盾和邵荃麟主持。周扬中途到会并在会上发了言。大连会议的目的是调整文艺政策，扩大艺术民主，总结前几年文艺创作中的浮夸风与粉饰太平的教训，研究短篇小说如何反映农村人民内部矛盾。

周立波于 8 月 5 日、7 日、8 日、11 日、13 日在会上作了 7 次长篇发言，记录稿有一万多字，这是中华人民共和国成立后他在中央级文艺会议上发言最长的一次。他比较系统地谈了自己对农村形势的看法、对党的政策的理解以及一些文艺创作问题的看法。他讲话的重点是小说创作如何真实地反映农民内部矛盾，反映城乡、工农和脑力、体力劳动者之间的矛盾，如何以农民为中心，创作出有艺术价值与历史价值的好作品。在中国当代文学史上，这是一篇见解深刻，十分宝贵的讲话材料。

周立波在大连会议上谈的第一个问题是如何反映人民的内部矛盾。首先，他毫不避讳地列举了这些年他看到的农村大跃进中的一些问题：

---

① 2007 年 12 月，笔者采访曾任清溪村大队党支部书记的莫梓群，莫梓群口述。

五凤后果很严重，山林破坏很厉害，几十年不能恢复，这是从土改起就发生问题的。牲口，一个小队有二三头牛，喂得较瘦。生猪也有些问题，一是饲料（修万头猪场时，也有号称四万头猪场，其实只有几头猪），一是猪场前两年破坏了，现在没有恢复，猪本来是不放的，不毁庄稼，可以积肥，现在就放出去，到处破坏庄稼。鸡恢复起来就容易些。这三年有的破坏大，一下子恢复不过来。

我们乡下修了一条小铁路，鞍钢支援的钢轨，铁路还很必要，一天只通两次车，因为没有多少东西运，可是还修了一条平行公路，就没有必要了。我们又修了一条摆渡汽车的大船，一万来块钱，但也没用，老乡就拿来晒菜。那条汽车路到现在还空着。所以工业要收缩一下才好，不能遍地开花。

……

知识分子下乡、下放，也一定会发生矛盾。我的一个侄儿，高中生，下放他已经不满意了，经常和父亲吵架，小霸王一样，知识分子不改造是绝对不行的。高中生没有多少知识，已经自命不凡了。在乡下，女孩子也爱找城里人，干部根本不找本乡人。

我们那里集体化，集体到男的住在一起，女的住在一起，有新婚夫妇也分开，男的偷偷找女的，还挨了一顿打，这次整风他还诉苦。

我到浏阳去，到处是卫星满天，在山上刻下好多字，浪费许多劳动。

（赵树理：那里卫星多，那里没有粮食。）

我们那里有干部说两层铺就是好的，他们根本不知道社会主义、共产主义生活是怎样的。还有是根本否定科学，去挖硝，结果触电，三个人昏倒，其中一个电死，根本不懂电。还有血吸虫病，成立了血吸虫站，插了牌子，让人不要下去，一个支书偏跳下去，结果病死。我个人喜欢农民，但不能理想化。我有两个阿姨，一个认识了字，一个不认识，文盲是不能歌颂的，自己吹嘘"斗大的字不识一筐"，这是不值得称赞的，否定科学是不对的，农民有缺点是可以写的，这些人和敌人是不同的，他们是可以改造的。①

周立波认为"内部矛盾是大量的，一定要写，不写就不是现实主义的，除非你满足于表面"。②那么如何反映这些内部矛盾呢？他认为，第一是要从实际出发，深入生活，敢于写矛盾。生活实际是有什么就写什么，不要去找一些偶然性的东西胡编乱造；第二是要掌握政策，要提高马克思主义水平，自己要有一个认识能力，看出矛盾。第三，看准了，看清了，从实际出发写出来了，一定会有人反对，这就要顶住，不顶住就不行。

　　周立波谈的第二个问题是创作中一些艺术上的实践经验。他认为文艺是真、善、美的结合，现在的创作过于讲究"善"即"思想和政治"，忽视了美和真，周立波主张"文艺是带着'花瓶'性质，一定要写得美，让人看到政治思想的意义外，还能得到美的享受"。③周立波还重点讲了如何写人物的问题，他认为小说家写好人物要在"深入生活、观察体验、分析研究上面下最大功夫"，"要泡在生活里边"，"我要是四十多岁，一定要下去做一个时期的农民或干部，真正干它几年。从事创作，每个人都要培养自己的土壤，把自己载在土壤里面"④。周立波非常注重读者的感受，他认为好的作品要研究读者的心理，要用老百姓喜闻乐见的形式来解决"干部看得多，群众看得少"的问题。

　　大连会议召开的第二个月，1962 年 9 月 24 日至 27 日，中央召开了八届十中全会，毛泽东在会上强调阶级斗争，批判"黑暗

---

①②③④　《关于农村题材小说创作的几个问题》（周立波讲话稿），1962 年 8 月 2 日至 16 日，现存中国作协档案馆。

风""翻案风""单干风",还批判了小说《刘志丹》,提出"利用小说反党"的问题。政治形势发生变化,原本大连会议结束后准备在《文艺报》上发表的《会议纪要》接到指示不发表了,周扬在会上的讲话纪录也被调走。1964 年后开始批判大连会议,认为大连会议提出了"写中间人物论""现实主义深化论"的黑论点。周立波在大连创作会上的讲话也多次受到批判。

## 二、迎风桥参加社教

1963 年下半年,中共益阳地委在益阳县迎丰桥人民公社办农村社会主义教育试点,贯彻中央发布的《关于农村社会主义教育运动中一些具体政策的规定草案》(即"后十条"),解决基层干部的"四不清"问题。这时,周立波正在老家清溪村,考虑到社教工作是当时党的中心工作,他离开清溪村到了迎丰桥公社。公社党委安排周立波到民主大队第二生产队深入生活。开始,周立波吃住都在民主二队,每天上午参加劳动,下午接待客人或读书写作,晚上参加生产队的会议或走访农民家庭。因为当时农村无电灯,煤油灯亮度很小,周立波高度近视,晚上不能看书写作,他就搬到公社机关住宿,白天仍去民主二队参加劳动和走访农户。他和当时的公社党委书记匡爱国同住一个房间。

让周立波没想到的是,他亲历的益阳县迎丰公社"四清"运动会成为一桩全国闻名的事件。迎丰公社的"四清"运动历时三个月,由地委副书记周继舜带队的工作队入驻后,开始发动群众清算干部、批斗干部,公社、大队、生产队的各级干部成了被批斗、清算的对象。在三个月的时间里,经过工作队的"调查",认为迎丰公社中绝大部分干部存在经济问题、反革命问题和乱搞男女关系等问题,将干部中存在的一些一般性问题进行夸大,甚至捕风捉影,凭空捏造,并上升到阶级斗争的高度来处理。这些干部因此有的受到行政处分、有的被撤销职务、有的被开除党籍、有的受到党纪处分。工作队的做法激化了迎丰公社基层干部和一般群众的矛盾，使他们产生了互相对立的不满情绪。

工作队走后，县委布置各公社召开公社、大队、生产队三级干部会，学习"双十条"。迎丰公社党委书记匡爱国在会上提出前段时间"四清"运动对干部整狠了，过头了，干部中很多人存在"怨气"。公社党委委员黄月藻在会上发了一通牢骚："社教运动把公社党委一脚踢开，工作队干部把我当地主看待，他们是什么家伙，是么子阶级，把我搞成这样，要周书记（指周继舜）负责……四清，清的什么家伙，人都要逼死了。"① 结果，在公社三级干部大会上，很多干部都借机提出自己的意见，出了口"怨气"。参加会议的贫下中农协会干部和组织成员因在前期"四清"运动中积极地配合了工作队，成为了其他干部出"冤气"的对象，因此备感压力，在讨论中双方对立的情绪也十分突出。

后来益阳地委向湖南省委报告了迎丰公社这次召开的三级干部会议情况，认为这是"以党委书记匡爱国为首对社会主义教育进行反扑的严重事件"，并决定"将匡爱国开除出党，撤销公职，并建议司法部门，追究刑事责任"；"成立工作队，对迎丰公社的社教运动进行复查补课，放手发动贫农下中农和广大群众，深入揭发，坚决打退资本主义和封建势力的反扑"，"对有关人员，再分别情况严肃处理"。② 湖南省委同意益阳地委的报告和处理意见，将迎丰桥事件定性为严重的"反革命事件"。在这次反击中，被打倒的干部有一大批，有的还进行了上下左右株连的所谓追查。1979 年，中央为迎丰桥事件平反。③

周立波对迎丰桥公社的"四清"运动看在眼里，但从不发言表态。公社党委书记匡爱国回忆，他和周立波同住了一个半月，周立波从未和他谈论过社教、"四清"方面的事。④ 周立波在迎

---

① ② 《迎丰公社反革命事件的严重教训——省委对益阳地委报告的批示》，现存益阳市档案馆。

③　参阅姚时珍：《一桩不应忘记的往事》，载《湘潮》2010 年第 5 期。

④　2009 年 4 月 8 日，笔者采访匡爱国，匡爱国口述。

丰桥公社工作、生活了两个来月，根据积累的材料写了中篇小说《龙虎斗》，一直未发表，小说原稿在"文化大革命"中遗失了。

### 三、长沙县武塘办点

1964 年湖南省作家协会安排驻会专职作家到农村深入生活，周立波的生活基地是益阳县邓石桥公社清溪大队和长沙县春华公社武塘大队。1964 年到 1966 年上半年，周立波多次到武塘调研和蹲点。

武塘位于长沙县春华镇东部，紧邻春华老街，东边毗邻浏阳县永安镇，捞刀河绕村而流。武塘是古代茶马古道上的一个驿站，陈迹尚留。1964 年 8 月，中共湖南省委决定将春华人民公社武塘大队作为省委农村工作的试点，任务是将摸索农民教育、大队和生产队实行集体经济管理和科学种田、实现农业发展纲要等农村工作的经验推广到全省。同时武塘也是湖南省委领导班子成员参加生产劳动的场所。周立波与中共湖南省委第一书记张平化、省委农村工作部副部长史平、省农业科学院院长何光文、水稻专家段正吾等组成工作队，到武塘大队办农业试点。曾担任武塘大队团支书、文化站长的章资超老人至今记得周立波第一次随张平化来武塘的情形。1964 年 8 月，章资超和两个青年正在出黑板报，张平化和周立波走来，张书记对大家介绍说："你们认识吗？这是写《暴风骤雨》《山乡巨变》的大作家周立波！"那天晚上，周立波住在武塘。入夜，他来到生产队的禾场上，许多社员坐在禾场上扯谈。禾场上燃着一堆谷壳驱蚊，悠悠南风，丝丝凉意，见作家来了，人们向他问东问西，周立波一一笑答。夜深，社员陆续回家睡觉去了，周立波坐着不动，章资超陪他坐着。周立波说："到农村我就喜欢晚上到禾场上听大家扯谈，能听到好多新鲜事情。"①

---

① 2019 年 12 月 3 日笔者采访章资超，章资超口述。

1965 年，周立波参加了武塘开展的"八百斤"大会战。当年武塘水稻亩产和全省多数地方一样，只有五百斤左右。亩产八百斤，是《1965 年至 1967 年全国农业发展纲要》提出的指标，意味着南方水稻亩产要翻番。那几年水稻亩产虽年年提高，但一直未达"八百斤"这个水平。张平化与农科专家经过研究，决定从改良品种入手，高秆改矮秆、晚籼改晚粳。当年春华公社种植的水稻是高秆品种，易倒伏还多消耗养料。农垦部长王震从日本引进了矮秆良种"农垦五八"，张平化请王震先在春华武塘试种，中南局书记陶铸也送来了广东"珍珠矮"，自此武塘水田全部种上了矮秆优良品种。周立波参加了浸种育秧、插秧、后期管理等过程，其中育秧是关键，要用大扮桶温水催芽。周立波和农科专家、队上育秧能手晚上一起睡在扮桶旁精心护理。见周立波会插秧，社员很惊讶。周立波说："我是农家出身，从小和哥哥一起插田。"七月初，武塘稻田里的稻谷秆矮叶青穗大，表现出优越的增产品性，全省推广矮秆良种现场会在这里召开，春华公社成为全省第一批跨《纲要》的公社。①

周立波在武塘还帮助大队党支部创办了红专学校和农民文化俱乐部。春华是长沙花鼓戏窝子，自古流传"棠梨会点戏，春华会看戏"的说法。春华老街有一处古戏台，经常演花鼓戏，据说田汉、欧阳予倩都在此看过花鼓戏。武塘社员更是常年的观众。1965 年武塘大队农民俱乐部办起后，周立波提议，从大队选几位有艺术细胞的社员自己排一台花鼓戏国庆上演，活跃大队社员的文化生活。这一提议得到大队党支部支持，很快物色人选开始排演。周立波请了当年在中南地区戏剧会演中演《补锅》出名的李谷一、锺宜淳两位演员指导武塘俱乐部排演了《补锅》《刘海砍樵》两出花鼓戏，国庆节在武塘搭台演出，吸引了本大队和邻近大队的社员来看演出，盛况一时。周立波当年创作的唯一一篇短

---

① 参阅《长沙通史》（当代卷），湖南人民出版社 2015 年版，第 248 页。

篇小说《胡桂花》的题材就是大队文化室排演《补锅》的故事。小说写得很优美，结尾一段景物描写富于象征性和诗意美，为读者和评论家乐道：

> 　　两个人把担子放在堤边上，肩并肩地坐在堤面上休息，凝望前头；只见河面上，薄雾迷离；长烟一缕，横在河的对岸的山腰。四周围，空气顶清新。初出的太阳照亮了对岸群山的峰尖，渐渐往下移，终于映上了河上的风帆，照耀着河水。雾散了，水面上金波灿烂。山的倒影，树的倒影，活泛地在水里摇漾。①

《胡桂花》是周立波十年湖南农村生活创作的最后一篇短篇小说，还未来得及发表，"文化大革命"就开始了，直到 1979 年初被收入中国青年出版社出版的《周立波短篇小说集》，才得以公开发表。

---

① 周立波：《周立波故乡生活短篇小说集》，第 187 页。

# 第十七章 "文化大革命"爆发前后

## 一、祸起《韶山的节日》

1966 年 1 月 21 日,《羊城晚报》副刊《花地》发表了周立波的散文《韶山的节日》。这是一篇纪实性散文,写的是毛泽东 1959 年 6 月 25 日回韶山的情景。毛泽东回到阔别 32 年的故乡韶山,看了自己早年居住过的故居,还到父母的坟前鞠躬献松枝。周立波得知此事后,先后 6 次到韶山参观、采访,向当地群众了解毛泽东回故乡的情况,后来写成了《韶山的节日》一文。此文的发表还有一个契机,就是《羊城晚报》与《广州日报》合并后复刊,编辑希望刊登一些好的稿件,便向当时颇有名气的作家周立波约稿,此文才得以刊发。《韶山的节日》具有典型的周立波风格,于自然平淡之中臻于一种"寄至味于淡泊"境界,获得读者好评。中南局第一书记陶铸对报社编辑说,"百步之内,必有芳草,你们副刊一个月能有几篇这样的文章就好了。"①

《韶山的节日》虽然受到好评,但也有瑕疵。2 月初,湖南省委宣传部转给周立波毛泽东故居陈列馆一位同志的一封来信,指出《韶山的节日》有失实的细节。周立波按照来信意见进行了修改,并提出两个处理意见:一是依照来信意见,在《羊城晚报》上刊登一个更正启事。二是把修改了的文章重登一次。湖南省委宣传部领导认为第二条意见较好,经中南局领导同意,《羊城晚报》于 1966 年 4 月 23 日又重刊略有修改和补充的《韶山的节日》。然而谁也料想不到,这篇 4000 来字的散文给周立波招致了大祸。

《韶山的节日》重刊不久,上海市委书记处书记张春桥写了一封信给中南局主要领导陶铸,信中说:"周立波写的《韶山的节

---

① 胡光凡:《周立波评传》,湖南文艺出版社 1986 年版,第 394 页。

日》，是丑化伟大领袖毛主席的反革命毒草。我曾告诉林默涵，要他通知全国各报刊不许转载。不知为什么广东又再登一次？是否要为罗长子翻案？广东的政治情况我不清楚，请你考虑。"①这封信使中南局领导、中南局宣传部部长王匡及《羊城晚报》编辑部都非常紧张。

1966年2月至4月，"文化大革命"正处于爆发前夕，围绕姚文元的《评新编历史剧海瑞罢官》，江青、张春桥等与北京市市委书记、市长彭真之间展开了博弈。1966年2月，彭真召集文化革命五人小组会议，起草了《关于当前学术讨论的汇报提纲》，其主旨是把当时的文化革命运动置于党的领导之下，限制在学术讨论的范围内。江青取得林彪支持也于2月在上海召开部队文艺工作座谈会，起草了《部队文艺工作座谈会纪要》，《纪要》经毛泽东修改，于4月10日以中央文件发出。《纪要》认定文艺界被一条"反党反社会主义黑线"专了我们的政，号召要"坚决进行一场文化战线上的社会主义大革命"。《纪要》认为周扬等领导的20世纪30年代左翼文艺运动存在一条与鲁迅对抗的黑线。《纪要》还写了一句话："塑造起一个英雄形象却让他死掉，人为地制造一个悲剧的结局。"周立波感到《纪要》上这句话是针对自己的长篇小说《暴风骤雨》中主人公赵玉林之死说的。

1966年4月下旬到5月上旬，周立波到北京新侨饭店参加中国作家协会召开的专门会议。会议内容是贯彻江青主持制定的《部队文艺工作座谈会纪要》，批判所谓文艺界"反党反社会主义黑线"。会上对周立波30年代写的一些文艺论文和中华人民共和国成立后写的一些短篇小说，特别是散文《韶山的节日》进行了批判。周立波坚决不承认《韶山的节日》一文有错误，更不承认是"毒草"。会上，周立波生气得拍了桌子。散会后，周立波回到长沙，在省文联党组会上专门谈了北京这次会议的情况：

---

① 《周立波选集》第4卷，第149页。

　　《韶山的节日》，我检查一下，是没有送省委审查，也没有送韶山的同志看。这个问题，我现在也检查。文章发表后，有来信反映个别地方与事实不符。对这个问题，去北京开会前，我提出两个方案，一个是把来信登出，加个按语，对来信的同志表示感谢；一个是按照提出的意见改正，在《羊城晚报》上重新发表。后来省委宣传部屈部长采取了第二种意见。写有关于毛主席的文章，要送中央、主席看，我不知道，这个要检查。

　　文章中写毛主席上坟扫墓一节，写毛主席尊重逝去的父母，写湖南军阀何健派兵到韶山挖祖坟，写群众护坟的故事，有意义。在四月北京会议上，我激动，有些话不该说。如说，中南局有些负责同志看了，还喜欢。

　　《羊城晚报》的"花地"来信说，中南局支持《韶山的节日》，信已交到省委宣传部了。这不是我的文章写得好，主要是写了主席，写了五六个烈士，一门忠烈。我写的时候，自己都感动得哭了。他们说我"轻率"，这怎么是轻率？我与他们针锋相对，我说，你们把我当靶子，他们说，是"照镜子"。他们斗我，象斗地主一样，在全国文联礼堂，他们摆了几百张椅子，但只到会五六十个人。说有八个人批判了，其实只有四个人讲得长一点，其他四个人只讲了几句，金敬迈只讲了一句。最后开了一个小会，批判我的态度，刘白羽这时很温和，说立波同志，你获得了许多荣誉，是两次斯大林奖金获得者。这时完全是同志式的。这次会议，把我和管桦当对立面，当作写"中间人物"的典型，实际上没有那么严重。管桦同志是烈士子弟，1956 年后一直在农村，困难时只有 18 斤粮一个月，但他不回京。①

---

① 周立波：《在湖南省文联党组会议上的讲话》，1966 年 6 月 10 日，收入湖南省委保密委员会存档材料。

在"文化大革命"期间,《韶山的节日》一直被视为一株"大毒草",成为周立波一大"罪状"。

虽然周立波此时贵为党的一名高级干部,担任省一级文联党组书记,但毕竟是一介书生,他对当时"黑云压城城欲摧"的政治形势似乎不太清楚,也不太介意,对运动会波及自己甚至毫无警觉。周立波的长子周健明回忆:

> 1964年夏季我在中国人民大学进修,听了一个传达报告,主讲人是周扬,江青在会上插话。当周扬谈到对京剧等传统戏曲改革要特别慎重时,江粗鲁地插话说"不见得!"会后我的老师何洛悄悄对我说"要拿周扬开刀了!"后来我把这话告诉我父亲,他还不相信,直到他被通知回京参加新侨饭店的会议,他才得到这方面的信息。那次会上批评了赵树理和周立波。父亲有个火暴性子,在吃饭桌上同别人吵起来。会议的主持人为了按下他的火气,低声对他说"上面要批判周扬了!"父亲回到湖南后把这话告诉了我。后来我听一位参加这次会议的人说"事情确实是这样。当时因为周扬在五人小组中的错误,上面已确定要对他进行批判。赵树理与周立波是外围,新侨饭店会议打了他的外围。"①

时隔12年后的1978年,周立波说,因为发表了《韶山的节日》,"审稿者和编辑者都遭了灾,作者本人就不用说了。如果不是当时的湖南省委领导对我从实事求是和党的政策精神出发加以维护,我肯定早上西天了"。②

---

① 《我所见到的周扬》,载《周健明自选集》上卷,第254页。
② 《周立波选集》第4卷,第149页。

## 二、周扬一案

1967 年 5 月周扬被打倒，关进秦城监狱后，专案组正式成立，涉"周扬一案"的有 70 多人，1968 年 1 月，周立波被正式列入"周扬一案"。

"文化大革命"爆发后，中共中央中南局和湖南省委对周立波一直采取保护的态度。1966 年 6 月，在中共湖南省委一次会议上，省委第一书记张平化传达了中南局书记陶铸的意见并谈了自己的看法，认为周立波只是写过一些错误的作品，是人民内部矛盾。这时，同在湖南省文联任要职的康濯（湖南省文联副主席）被《湖南日报》点名批判，同时被批判的还有湖南师范学院历史系副主任林增平、中文系教授马积高、羊春秋三人（被称为湖南的"三家村"），而周立波还未牵涉其中。

1966 年 6 月 10 日，湖南省委派"文化大革命"工作组进驻省文联，工作组与省文联干部见面会由周立波主持。见面会后周立波主持省文联党组会议并讲话，此时的他因"达摩克利斯之剑"正悬在头上，对省文联主席一职也心灰意冷。他说："我应该积极配合工作组工作，我一定要老老实实按工作组五条来做，我希望有多一些时间清理一下思想。因为有黑线的影响，希望清理，看以后是否还能干这一个工作。"[①] "不帮助工作组就是不革命。要如何帮，请你们指出。我希望文联党组改组，搞些年轻的来。我提过柯蓝同志，是否多少叫柯蓝代替康濯的一部分工作，我想可以考虑一下。柯蓝经过战争考验，两年后，或者就是现在我就不要再搞这个工作了。刘勇也是我考虑的对象。"[②]

工作组撤出后，省文联的"文化大革命"造反派把批斗的矛头转向了周立波，认定周立波的一些主要作品为毒草，并编印了

---

[①②] 1966 年 6 月 10 日周立波在"文化革命"工作组与省文联机关干部见面会上的讲话，原件现存省保密委。

一本《周立波毒草选》①。从 1966 年 9 月到 1967 年 5 月，造反派对周立波的批判主要是张贴大字报，在本单位开批判会。1967 年 6 月，周立波被关进牛棚。

1967 年 8 月 24 日，省会文艺界造反派在长沙红色剧院召开"斗争周立波"大会，省文联副主席康濯、魏东明及中共湖南省委宣传部、省文化局的领导被拉上台陪斗。9 月 17 日，造反组织和红卫兵组织把周立波"揪"到益阳，在益阳市体育场召开批斗周立波的万人大会。这次批斗会结束后，红卫兵押周立波上汽车，步枪走火，子弹从他脚旁穿过，幸而未受伤。当晚周立波睡在益阳地区文化馆，第二天被押送回长沙。

亲历了这次批斗会的曹毅前、陈启烈、周萼梅三位老人至今还记得批斗会的情景。曹毅前回忆：

> 1967 年的 9 月，周立波被"揪"来益阳批斗，关押在益阳专区文化馆新建的一栋卧室兼办公室的二层小楼，他和同时被揪斗的省委宣传部副部长徐天贵同住二楼走廊尽头靠北的一间房（是我们的同事小闵让出来的卧室），楼梯口坐着两位手执梭镖的造反派。我的卧室在一楼。清晨，我正在离楼房约 20 米远矮墙边厕所如厕，周立波也由一位看守者押来上

---

① 《周立波毒草选》目录：《禾场上》《民兵》《山那面人家》《伏生和谷生》《割麦插禾》《小青和老虎》《北京来客》《张满贞》《扫盲志异》《韶山的节日》《小宜子打电话》《胡桂花》《战场三记》（选）《从河北南来》（节录）《徐海东将军》（节录）《田守尧同志》（节录）《玲巧的沙盘》（节录）《几叶日记》（节录）《五台山麓》（节录）《一个没有爆炸的炸弹及其他》（节录）《几个战斗的例子》（节录）《从五台到崞县》（节录）《晋北途中》（节录）《晋西旅程记》（节录）《劫后的东冶头》《封建，受难和解放》《敌兵的忧郁》《略论题材》《纪念一个伟大文献诞生的二十周年》《素材积累及其他》《散文特写选序言》《亭子间里》（选）《我们再在的文学》《中国文学的新发展》《观察》《试议阿 Q》《1935 年中国文坛的回顾》《1936 年小说创作的回顾》《亭子间里后记》《在大连会议上的发言》（记录稿）。

厕所。他和我互致寒暄后（押解者在厕外，他们并不干涉他说话的自由，甚至还有人请他签名呢），就说起押送他们的汽车过轮渡时等了很久，他说资江要有座公路桥就好了。①

陈启烈回忆：

　　1967年，在益阳市体育场召开了万人大会。当天晚上周立波一行没有回长沙，睡在文化馆二楼。吃晚饭时，他看到了我在一楼，就用铅笔在纸条上写下"能否弄几个皮蛋来吃吃"。纸条上没有落名，也没有说写给谁，只是交给看守他的人，要看守交给一楼的那个人。我接纸条后，用饭菜票在食堂买了10个皮蛋，交那个看守人。第二天，押周立波的汽车去长沙，我也同车去长沙，上车后，周立波与我目光相对，他主动说了一句："谢谢你的皮蛋。"到省文联门口，周立波下车后，握着我的手说："以后等情况好转后，到长沙我请你吃饭。"②

周蓉梅回忆：

　　1967年9月17日，周立波被造反派抓到益阳批斗，茶饭也不得到手。看到这种情况，我趁人不防之际，把事先准备好的饼干和水迅速递给在挨斗的周立波。周立波接过饼干和水后，以最快的速度将饼干藏入上衣内，把水喝了。③

周立波到长沙后不久，中央专案组派人来湖南传达中央指示，

① 笔者2014年采访曹毅前，曹毅前口述。
② 笔者2015年采访陈启烈，陈启烈口述。陈启烈，生于1932年，原益阳花鼓剧团编剧。
③ 笔者2017年采访周蓉梅，周蓉梅口述。

建立专案组，属中央专案组的一个分组。专案组的任务有两个：一是协助中央专案组调查周扬的问题；二是审查周立波历史。此后，湖南省革命委员会人保组奉命对周立波"监护审查"，周立波从牛棚中押出转而被关进湖南省公安厅。①

### 三、批判升级

1969 年 10 月 28 日，《人民日报》文艺部给湖南省革命委员会政工组打了如下电话：

> 批判周立波已经列入了我们计划，当然最后要由中央定，打算在明年年初见报。需要一篇综合的打中要害的大型文章，请你们认真研究，抓紧准备。写好了，经过中央批准，我们报纸就可以转载。
>
> 周立波的要害问题，我们也会研究的。但现在还正在作准备，在接触他的作品，没有跟领导同志请示、研究。批判周立波，要把他的全部作品、几十年来的创作倾向、文艺理论，进行系统的分析研究，抽出其中要害的东西。这样才能打得准，打得有力。周立波不光是创作，还有理论，在几次黑会上都发了言，平时还散布了很多谬论。赵树理和周立波比较，赵树理还是土的，周立波有些洋，受苏修的影响，《被开垦的处女地》就是他翻译的，很崇拜肖洛霍夫。我个人看了他一些作品，觉得丑化工农兵，《山乡巨变》是很典型的。这个作品很阴险，把农村两个阶段、两条路线完全颠倒了。所谓山乡巨变，看到末尾，不是"巨变"，而是"倒变"，我看了后很愤怒。他把合作化写成洪水猛兽，写成灾难，好像合作化不是给贫下中农带来幸福，而是给贫下中农带来痛苦。刘雨生，这个合作社的社长，被搞得妻离子散、家破人亡，

---

① 参阅湖南省公安厅档案材料。

活寡夫。毛主席在《关于农业合作化问题》的报告里告诉我们，我国实现农业合作化是有基础的，广大农民愿意走社会主义道路，他们的热情像火一样。可是在《山乡巨变》里，农民都不愿意走社会主义道路。有个亭面糊是什么人？被丑化得不成样子。"中间人物论""现实主义深化论"，必然落脚到写所谓英雄人物的阴暗面，导致丑化工农兵。《山乡巨变》没有一个正面人物，每一个人都有阴影，都有创伤，内心世界都很复杂，这正是苏修的理论。周立波受肖洛霍夫的影响很深，《山乡巨变》里面的亭面糊，就比《暴风骤雨》里的老孙头更突出，这里面很有东西……

重点文章，一定要认真研究材料反复讨论……

关于周立波的材料，要收齐，他写的东西，他的言论，都要收集。你们那里存一份，还请给我们寄一份来。我们都希望找一些内部材料，我向领导反映一下你们的要求。不过批判主要是研究创作，批创作倾向，没有掌握内部材料，也不妨碍批判。

除了保证写好重点文章之外，还要有几个人组织工农兵写批判文章。《人民日报》将来在发综合文章的同时，还要发一些小型的文章。①

打过电话后不久，《人民日报》文艺部派了一名记者专程来湖南组织批判周立波的文章，湖南省、益阳地区、益阳县三级革命委员会都抽调人员成立了批周写作小组，同时指定湖南师范学院也成立批周写作小组，还发动其他地、市、州写批判周立波的文章。《湖南日报》成为批判周立波的重要阵地，共刊登批判文章35篇，其中有署名湖南省革命委员会写作小组的《把中国农村

① 湖南省革委会政工组宣传组记录稿，转引自刘锡诚：《文坛旧事》，武汉出版社2005年版，第109页。

"变向何处"?》、解放军某部革命大批判写作组的《阶级斗争的事我们就是要管》、韶山区革命委员会写作小组的《农村党支部是农村社会主义的战斗堡垒——怒斥〈山乡巨变〉对农村党支部的攻击丑化》、益阳地区革命委员会革命大批判写作小组的《一条化装成美女的毒蛇——剥开邓秀梅的伪装》等，有的批判文章还以在益阳与周立波关系比较密切的农民朋友陈先进、邓益廷署名。湖南人民出版社出版了《批判周立波反动小说〈山乡巨变〉》，共收入批判文章17篇。此外，省直和益阳地区一些单位还写了许多批判周立波的大字报。1969年下半年，长沙市主要街道五一路两旁，贴满了批判周立波的大字报。

尽管批判周立波的文章铺天盖地，仍有许多人认同他，认为他是一个了不起的作家，是一个好人。1967年，周立波从一次批斗会上下来，有不少红卫兵学生递上《毛主席语录》或日记本请他签名，他开始签的中文名，因为要他签名的人太多了，他发现签英文名要快一些，便在学生本子上题了"Liberty"（自由）。

# 第十八章　桑榆奋笔

## 一、平反

周立波被关押进湖南省公安厅后，困扰他多年的眼疾——白内障日益严重，他远在北京的夫人林蓝十分焦急，于1972年多次向周恩来总理、张平化书记写信，要求解除对周立波的监护，回北京治病。1972年7月中旬，林蓝又向湖南省革委会主任华国锋写信，要求批准周立波回京治眼病。这年11月，林蓝来长沙看望周立波，并于24日写信给湖南省委，要求解除对周立波的隔离审查。与此同时，外地一些关心周立波的群众也写信给湖南省领导，打听周立波的情况。

在林蓝和关心周立波的领导、同志的努力下，1972年10月，上面有人认为周立波的问题属于敌我矛盾，建议作内部矛盾处理，但在中央未正式批复之前，尚不能解除监护。次年7月，中央专案组派人来长沙传达对周立波的处理意见：对周立波进行专案审查是中央领导同志决定的，有正式批文，但采取监护审查的方式，是根据当时的条件由中央专案组和湖南省革筹研究决定的，因此现在解除监护，不需报告中央，请湖南省委决定就可以了。① 根据这个精神，湖南省公安厅考虑到周立波的定案性质和年老体弱等情况，建议在中央没有批示以前，先解除周立波的监护，送省"五七"总校管理。

这时，周立波从省公安厅出来，恢复了自由，在位于长沙岳麓山北坡石佳村的省"五七"总校（现省委党校）学习，周末可以回长子周健明家休息。年底，周立波请示湖南省委，要求回北

---

① 参阅湖南省公安局《关于解除周立波监护审查的请示报告》，现存湖南省公安厅档案馆。

京过春节，与家人团聚，治疗眼病。省委同意了他的要求。回北京之前，周立波和长子周健明全家祖孙三代到长沙烈士公园游玩，一位熟人路过，给他们拍摄了一张照片，成为历史的见证。1974年2月，在孙女的陪同下，周立波回到了久别的北京。

回到北京后，周立波和夫人林蓝、幼子周小仪住在北京市二里沟一个简易楼房里，这所楼房没有供暖设施，要靠自己烧煤炉取暖，家家户户的窗玻璃上都有一根熏黑了的铁皮烟囱穿出来。楼房每层只有一间公用的蹲式厕所，住房内也没有专门的厨房。除了生活条件差，周立波的眼病未愈，林蓝和儿子小仪也时常患病，林蓝还要常去较远的大兴"五七"干校学习，一家人过得很艰难。

面对生活的艰难周立波还算乐观，他在给儿子周健明的信中说："我们的生活，平常还是很愉快的，只是小仪一病，家里就乱套了。"①然而周立波最大的苦闷是他的问题没有平反，无法继续进行文学创作。周立波是视创作为生命的作家，早在1957年他就制定了宏伟的十年创作规划：

1957年完成反映农业合作化高潮的长篇小说（题未定）。

1958—1960年，创作另一反映农村生活的长篇小说。中间有一年要进马列学院学习。

1961—1963年，创作反映农业社内部矛盾的长篇小说（就是反映农村合作化高潮的长篇小说的续篇）。

1964—1967年，创作取材于南下抗日部队的战斗的长篇小说。除开完成以上小说外，这十年里，已准备写些散文、短篇小说和儿童阅读的作品。

这十年以后，准备创作取材于井冈山起到抗日止的长篇历史小说。②

---

① 该信件由周健明夫妇提供。

② 周立波：《1957—1967年的十年规划》，现存中央档案馆。

这其中，反映农业合作化高潮的长篇小说《山乡巨变》和其续篇已经按规划完成，而创作抗日战斗的长篇小说和取材于井冈山起到抗日止的长篇历史小说却因为"文化大革命"而中止了。周立波恢复自由后，因经历了从1968年到1973年被关进公安厅挨斗，与外界完全脱离，加上眼疾严重不能读书写字，他的头脑一片空白，创作思维已停滞。幼子周小仪回忆："那几年，父亲每天做的事就是生煤炉子、看报纸。"①

周立波此时的工作关系还在湖南，党的组织生活未恢复，北京的文学组织如中国作家协会等都未恢复，多年的朋友也无联系。周立波以病弱的身体和寂寞无助的心情度日子。他写信跟儿子周健明说："我想起了陆游晚年的诗句'旧事已无人共说，征途犹与梦相连'。说得多好啊！熟人越来少，只有青年时期跃马挥鞭的梦了。"②

1975年7月16日中央专案组写了《关于周扬一案处理情况的报告》，对"周扬一案"的76名专案对象作了结论，其中田汉、章汉夫、刘芝明、邵荃麟、何干之、焦菊隐、蔡楚生、穆木天等12人已故；夏衍、阳翰笙、王昆仑、徐平羽等20人"养起来并治病"；周立波与周扬、林默涵、肖望东、刘白羽、石西民、钱俊瑞、张致祥等32人"分配工作"。③7月27日毛泽东审阅《关于周扬一案处理情况的报告》，对报告作了修改，把周扬"问题性质严重"圈掉，写上"人民内部问题"，并批示送政治局同志传阅。④湖南省革命委员会专案组根据中央专案组的结论也给周立波案做了结论。8月下旬，周立波接到通知，回长沙在结论上签字。周健明回忆："结论与周立波见面时我也在场，发现其中还

---

① 笔者2018年10月采访周小仪，周小仪口述。

② 周立波写给周健明的信，由周健明夫妇提供。

③④ 参阅夏杏珍：《共和国重大文化纪事》，九州出版社2013年版，第125页。

保留着一条尾巴，即提倡国防文学反对鲁迅，犯了严重的政治错误。"①周立波这次回长沙，湖南省委决定安排他担任省文化厅顾问，他没有同意，要求调回北京。1976年10月粉碎"四人帮"后，迟迟未启动对周立波的平反，更谈不上对《暴风骤雨》《山乡巨变》《韶山的节日》等作品的平反，1977年有人写了为《山乡巨变》平反的文章，《湖南日报》排出清样，最后在外来干预下抽下来未予刊发。

1978年初，周立波被推选为五届全国政协委员，会上他提交了关于尽快恢复中国文联、中国作协的提案。年底，党的十一届三中全会召开，结束了粉碎"四人帮"后党的工作在徘徊中前进的局面，思想解放、拨乱反正全面展开，平反冤假错案也加大了力度，加快了步伐。1979年1月4日，中共湖南省委作出《关于解决文化大革命中几个遗留问题的决定》，其中第四条说："文革中点名批判周立波、康濯、魏东明、林增平、马积高、羊春秋，给予平反，恢复名誉。"1979年2月17日，中共湖南省委发出《关于周立波同志问题的复议意见》：

> 省委对1975年《关于周立波政治历史问题的审查结论》进行了复议，认为：此结论不当，决定予以撤销。
>
> 至于周立波一九三二年在上海被捕的问题，一九五六年中国作家协会审干委员会已做过结论，此次审查中没有发现新的问题，因此仍维持1956年中国作家协会对其所做的结论。②

看了湖南省委的复议意见后，周立波在病榻上给周扬写信，对两个问题作了更正：

---

① 《我所见到的周扬》，载《周健明自选集》，湖南省文艺出版社2004年版，第256页。
② 原件现存中国作家协会档案室。

周扬同志：

最近湖南省委派人通知我：1975 年给我作的结论不当，已予撤销，维持 1956 年中国作协给我作的结论。这个结论我第一次看见，内容我都同意。只有两个小地方要根据事实更正一下。

一、结论里有下列这句："一九二七年春，由同学中的共产主义青年团介绍加入国民党，马日事变时即脱离国民党。"这个问题本来不大，因为马日事变前，国民党是革命外围，但事实是，我并未加入国民党。我认为当时共产主义青年团员吴培元是介绍人，但吴培元在大约一九五七年会见我时，否认他曾介绍我加入国民党。他说，不久前，作协一位同志来问这事，他说他清楚记得，没有介绍我入国民党。现在想来，大概在我参加过全班都参加的班的会议，因为挂有孙中山的像，我就误以为自己是入了国民党，而且猜想，我敢接近的朋友吴培元是介绍人，我记得在延安鲁艺东山，我同样也讲过，我在大革命时加入过国民党，这也是自己弄错了的，一并向组织说明。

二、结论还有一句："出狱后于一九三四年九月、十月间在上海经周扬同志介绍入党。"在这里，"九月、十月间"应改为"冬"或"十二月"。根据是，我入党后，编入何干之党小组。党员还有梁药之，加上我，归阿英领导。阿英积极，一礼拜开一次会，一共开了四次。即在第二年头一个月里，以后没有开了；阿英也因田汉被捕离沪。这两点声明，你看后，是否转作协党组归档？请你酌处。①

周扬将周立波的信批给了中国作家协会秘书长张僖："立波同志

---

① 该信现存中国作协档案室。

关于他的结论，有一点补充意见，他的话是可信的，可以归档存查。"至此，周立波在"文化大革命"中的冤案得到彻底平反。

## 二、劫后复出

粉碎"四人帮"后，周立波急盼安排一个工作单位，投入工作和学习。1977年1月28日，他给王震副总理写了一封信：

> 王副总理：
>
> 您好。"四人帮"被清除后，我国形势大好。多年来我一直受他们迫害。现在心情舒畅，渴望在晚年还能为党为人民做一点工作，比如说，整理修改一下过去的作品，写一点战争年代的回忆，或者做点文字翻译工作。我原在湖南是为了下乡创作，现在由于年纪大了，不能再在湖南下乡，我的家一直在北京，家人因病也不能去湖南，我再留在湖南，对那里的工作没有帮助。我已向湖南省委提出调北京的意见。省委表示，只要北京有单位接受，他们同意我走。目前，"四害"刚除，中央领导同志都忙于国家大事，您自身又很不好，我本不应以个人问题相扰。但我的情况，您多少有所了解，因此，我还写了这封信，请您在适当时候跟文化部或学部领导同志讲一讲，能否以顾问名义调我到文化部，给以适当安置，这样可以使我还能在晚年尽自己的微薄之力，为党为人民做一点工作。①

王震在周立波的信上作了批示："周立波同志抗战初期在晋西北我旅一时期，延安整风学习是我的组员，以后随我南下。请华山同志阅议审定。"②同时，周立波还找了多年的好友，时任中国社会科学院文学研究所所长的何其芳，提出想调到他那里从事研究

①② 该信现存中央档案馆。

李白的工作。这让何其芳陷入了两难，他当时在文学研究所工作并不舒心，而且他认为周立波的专长是创作，文学研究并不是他擅长的领域。陈涌后来回忆："何其芳同志去世前不久，还和我说过，立波同志想去文学研究所，想研究李白。其时，其芳同志的处境还不太好，受压抑的心情还时时使人觉察到。因此他有顾虑，他并不主张太多的熟人在一起工作。"①1978年2月5日，文化部党组发出文件，同意调周立波到中国作家协会工作，在作协未恢复之前，先转到文化部文学研究所工作，周立波的工作终于有了着落。

周立波恢复自由后逐渐地开始在一些重要的文学活动上露面。"文化大革命"后，一大批老作家相继平反，但他们的创作动力似乎被"文化大革命"的伤害消磨殆尽了，而青年作家还未从"四人帮"的文艺教条束缚中脱离出来，作品的质量仍有很浓重的"文化大革命"气息。鉴于此，1977年10月20日，《人民文学》杂志社召开短篇小说创作座谈会，聚集老、中、青三代作家和评论家共同讨论小说创作的发展问题。周立波和茅盾、刘白羽、沙汀、艾芜、孙犁、茹志鹃、李准等50多位作家受邀参会。周立波同意参会还因为"已经知道，他的老朋友沙汀同志已应邀从四川来京，准备参加会议，就住在西直门南边的国务院二招，老朋友要在这个会上见面了，也高兴地同意了"。② 这是周立波"文化大革命"后复出的第一次公开露面，他在会上发言的题目是《关于小说创作的一些问题》。同时参会的刘锡城回忆了周立波在会上发言的情形：

　　　　这是他自"文革"以来第一次应邀出席文学会议，所以他积极准备了一份发言稿。他的发言的题目是《关于小说创

① 陈涌：《我的悼念》，载《周立波研究资料》，第138页。
② 刘锡诚：《渴望自由的立波》，载《南方文坛》1998年第2期。

作的一些问题》,旁征博引、细致入微地阐述小说的艺术。他的发言很慎重,富有逻辑性和说明力,但也显得很拘谨,很像当年在延安鲁艺讲授外国文学的那个老师。他那种与生俱来的文质彬彬的书生气质,和博学多才的文学造诣,特别引起到会者的敬重。他事先阅读了编辑部提供的一些比较好的短篇小说,如王愿坚的《足迹》、叶文玲的《丹梅》、贾大山的《取经》等。他对这些青年作者的小说给予了肯定的评价。他说,青年作者们对生活熟悉,反映生活及时,使短篇小说的创作向前迈进了。"四人帮"这一题材,不仅可以写,而且应该写,现在已出现了几篇不错的作品,如曹大澄所写的小说,比《奥德萨档案》写得要好,但这还仅仅是开始,对"四人帮"的残酷性揭露得还不够。同时,周立波还谈到他因《韶山的节日》一文遭到"四人帮"迫害的事件,"因为我在这篇散文里写到了杨开慧,张春桥就给康生写了一份报告,康生又将其转给江青。于是对他的迫害就这样开始了。开始批斗我时,问我毒在哪里?我茫然不知道。他们'你的东西坏到了什么程度?坏到不能登报批评,也不能公开检讨!'因为这篇东西,连当年主持《羊城晚报》的王匡同志都被勒令检讨,陶铸同志也受到连累。"①

周立波此次讲话的重点是小说艺术与学习文学遗产问题,没有深入揭批"四人帮"在文艺方面的谬论。会后,周立波的《关于小说创作的一些问题》和沙汀的《短篇小说我见之》、王愿坚的《新一点、深一点》,陈骏涛的《题材是广泛的》作为一组文章发表于1977年《人民文学》第12期。

两个月后,《人民文学》编辑部又召开了"文艺界向'文艺黑线专政论'开火座谈会",集中批判"四人帮"关于"文艺黑线专

---

① 刘锡诚:《渴望自由的立波》。

政论"和所谓"黑八论"①，此次会议堪称"劫后文坛大聚会"，邀请了100多位曾被称作"文艺黑线人物"的作家、评论家参加，刘锡诚回忆："出席会议的作家中，有多少人是受到严重迫害的，我没有统计；但仅从秦城监狱里活着出来的作家，就有好几位。有的被打断了腿——夏衍就是拄着双拐来会场的，有的被折磨得精神失常——峻青在监禁期间精神受到严重刺激。整个会场上的人像是从战场上下来的残兵败将一样，令人不堪目睹。"②周立波参加了这次会议，他在会上发言时谈了20世纪30年代"两个口号"论争的一些情况，并以他的散文《韶山的节日》为引子对"四人帮"进行了批判。和上次会议不同，这次发言周立波表现了对"四人帮"极大的愤慨，通篇讲话富于战斗性，逻辑性也很强，在会上产生了很大的说服力和影响。

周立波复出后的两次讲话，表明了这位左联时代参加革命，从事文学创作的老作家虽然经历了"文化大革命"，但怀着对党的文艺事业的热爱，不忘初心，以崭新的战斗姿态，投入新的繁荣文学的事业之中。在周立波的生命即将燃尽之时，1978年底，《文艺报》与《文学评论》联合举行的"为作家和作品落实政策大会"传来了他的名篇《暴风骤雨》和《山乡巨变》得到平反的好消息，可惜他因癌症晚期不能出席会议，为此他专门写了一篇书面发言，由刘锡城在会上宣读：

> 林彪、"四人帮"实行文化专制主义，把一切文艺书籍，一切作品都打成毒草禁锢起来，这真是千古冤案。党中央一举粉碎"四人帮"两年多来，被禁止的书刊大都出版了，有的正在出版中，这是文艺界的大喜事。但可惜评论还没有跟

① "黑八论"即"写真实"论、"现实主义广阔道路"论、"现实主义深化"论、反"题材决定"论、"中间人物"论、反"火药味"论、"时代精神汇合"论、"离经叛道"论。

② 刘锡诚：《渴望自由的立波》。

上来。

粉碎"四人帮"以后，人民不但争购这些"禁书"，争看遭到同样命运的旧戏和旧电影，而且希望在"双百"方针的指引下，大家动手写出反映四个现代化的新作品来。

我写了首小诗，拿它来献给《文艺报》和《文学评论》召开的这次会议：

> 四人帮派狼如狼，
> 绮丽文章一扫光。
> 霹雳一声惊破晓，
> 工农争盼百花香。①

### 三、修改《山乡巨变》、创作《湘江一夜》

周立波复出后开始着手修改、重印两部他最称意的长篇小说《暴风骤雨》和《山乡巨变》，前者的重印因时间急促，改动不大，而后者的修改花费了他不少精力。对照作家出版社 1958 年 7 月出版的长篇小说《山乡巨变》正篇（以下简称正篇初版）和 1960 年 4 月出版的《山乡巨变》续篇（以下简称续篇初版），1979 年重印版的修改有以下 10 处：

正篇初版第 1 章《入乡》：县委毛书记告诉邓秀梅："清溪乡有个顶好的支部。"

重印版："顶好"改成"很老"，在"脾气蛮好，容易打商量"的后面加上"他过去犯过右倾错误，检讨还好"。

正篇初版第 1 章：邓秀梅在清溪村土地庙看到一副对联："天子入疆先问我，诸侯所保首推吾"。邓秀梅笑了，心里想道："好大的口气。"

重印版改为："天子诸侯，都早进历史博物馆了。"

---

① 刘锡诚：《渴望自由的立波》。

正篇初版第1章：亭面糊回答邓秀梅，"哪里?"盛佑亭扭转脸来，连忙摇头："轻色不砍。"

重印版："轻色不砍"改为"轻易不砍"。

正篇初版第1章一段对话："面糊你还在这里呀?"路上一个挑柴禾的长子农民，一边换肩，一边这样问。盛佑亭扭过脸去说："来吧，长子，歇一肩再走。"

重印版："长子"改为"高个子"。

正篇初版第2章：李月辉问邓秀梅，见过刘雨生没有，"见过。他的眼睛有点近视，是吧?""他眼睛近视，思想可不近视。做工作，舍得干，又没有私心。"

重印版：删去"他的眼睛有点近视，是吧?"和"他眼睛近视，思想可不近视"。

正篇初版第二章《支书》，介绍李月辉说："……他心灵手巧，人却厚道，脾气非常好。清溪乡的人都晓得，随便什么惹人生气的事，要叫李主席发个脾气，讲句狠话，是不容易的。"

重印版：在"清溪乡"前加"但斗争性差。右倾机会主义者砍合作社时，他也跟着犯了错误。"

正篇初版第10章《途中》：李月辉和邓秀梅的一段对话，李月辉讲述他在全乡党员大会上读毛泽东《关于农业合作化问题》，读到毛泽东批评右倾机会主义者是"小脚女人"时，陈大春当面大声指斥李月辉自己是"小脚女人"，"我想你不会生气。"邓秀梅笑道。"我气什么? 我只懒气得。小脚女人还不也是人? 有什么气的?"

重印版：李月辉的话改成："我不气。经过学习，我认识到，毛主席的批评是完全对的。"

正篇初版第11章《区上》，区委书记朱明召集的一次碰头会，会间吃饭时，他有一段插话："搞社会主义，大家要辛苦一点。这次合作化运动，中央和省委都抓得很紧。中央规定省委五天一汇报，省委要地委三天一报告，县里天天催区里，哪一个敢不上紧？""少奇同志说：不上紧的，就是存心想要调工作。"

重印版："少奇同志说……"删掉了。

正篇初版第15章《恋土》中的一段描写："事体好些的时候，陈先晋喜欢站在山上的土边上，或是先人的坟顶，望对门三面环山的屋场，心里盘算，只等发了财，就要买了对门的山和屋场，在那里修建一座六缝五间、气派轩昂的大瓦屋，前门挖一口藕塘，屋后栽一些桃树。平素，当他经过人家的好田时候，心里常常默神：一旦有了钱，他要买了这丘田，他甚至于盘算到发财以后的这样的一些小事，长工作田，自己一定要亲自带领，不等他们吃空子偷懒。"

重印版：删掉了这一段。在紧接着的一段"陈先晋年年在半饱的、辛苦的奔忙中打发日子"后面删去一句："但他一天也没有断绝发财的心念，总是想买田置地，总想起新屋。"在"他在半生里，受尽了人家的剥削"后面删去一句："但又只想去剥削人家。"

正篇初版：陈先晋勉强答应入社的第二天天刚亮，他就扛起锄头出门去了，婆婆放心不下，叫女儿去看看，结果发现他"在土里哭呢"。

重印版："在土里哭呢"改为"蹲在土里，低着脑壳，不晓得想些什么。"

续篇初版第39章，写副社长谢庆元吃了水莽藤自杀，被发现后，"亭面糊"提出："灌他几瓢大粪，再拿杠子一压，把肚子里的家伙一压出来，马上就好了。"

重印版："灌他几瓢大粪"改为"灌他几瓢水"。

从以上修改可以看出，周立波删掉或修改了初版时一些符合人物身份的、非常有特色的益阳本土方言和语言，而对于"政治性"较强的话他也更谨慎了，要么删除，要么改为口号式的话语。周立波修改作品时，十届三中全会还未召开，他是在心有余悸的状态下做的这些修改，他曾对来京探望的一位益阳老家的作家说，修改的主要原因是担心让人"揪辫子"。

周立波在修改《暴风骤雨》和《山乡巨变》的同时，也开始构思反映八路军359旅南下的长篇小说，并草拟了全书章目。在写作之前，他阅读了一些苏联的战争小说，并整理自己在南下时写的一些日记。但7年的监牢生活摧残了周立波的身心，他感到过去的那种文思敏捷已经没有了。这时，他已搬到南沙沟的宿舍楼，与贺敬之、林默涵比邻而居。早晚散步，他们经常能碰上，贺敬之和林默涵都劝他先写一个短篇小说亮一亮相。1977年底，《人民文学》编辑刘锡诚到南沙沟找周立波约稿。周立波决定把自己1946年2月在北京军调部时利用空闲写的一个半成品《夜渡湘江》重新构思，并改题为《湘江一夜》。同时他把359旅南下时写的日记整理后以《万里征尘》为题连续6期发表在1978年6月至11月的《湘江文学》上。

短篇小说《湘江一夜》发表后产生了很大反响，这是周立波复出后创作的第一篇小说，也是他人生中的最后一篇，这是一篇传世之作，极具纪念意义。这个短篇小说被评为了1978年度优秀短篇小说。这次评奖的获奖作者大部分是年轻人，周立波是其中年龄最大者，证明了这位老作家"宝刀未老"，也是对他艺术成就的充分肯定。《湘江一夜》写的是八路军359旅1944年南下时在长沙附近的靖港与新康之间西渡湘江，向南挺进的那一夜。小说成功地塑造了司令员董千这样一个在前线指挥作战的高级将领的形象。董千的原型是周立波最为敬爱和佩服的王震将军。

这篇小说的成功，首先是塑造了我军高级将领令人可敬可爱的光辉形象。"文化大革命"十年，"四人帮"把老同志视为篡党夺权的障碍，污蔑老同志是"从民主派到走资派"，读者在文学作品里再也看不到他们的形象，《湘江一夜》的发表，让读者又读到了董千和他的战友们的可歌可泣的英雄事迹，因而深受喜爱。小说的成功还因为展现了老作家周立波晚年臻于成熟的艺术风格与艺术造诣以及深厚的文学创作经验，令读者耳目一新。粉碎"四人帮"后的1977年到1978年，一大批写小说的老作家，如茅盾、沙汀、艾芜、王汶石、李准、马峰等都一时无法动笔，年轻一些的作家如萧育轩（湖南）、邹志安（陕西）、叶文玲（河南）、茹志鹃（上海）等也还处于摸索之中。《湘江一夜》和"文化大革命"中的一些作品有着完全不同的主题、形象与语言，因而为读者所喜爱。

正当周立波准备在文学创作中大显身手时，1978年5月，他被查出患了肺癌。以王震将军为原型的《湘江一夜》成为这位老作家一生小说创作生涯的终结，而以王首道为原型的短篇小说《风雪汾河》他已无法再动笔了，更谈不上以南下为题材的长篇小说了。他的夫人林蓝说："抱恨无尽的是，由于医生的误诊造成的后果使他不能向终生为之奋斗的祖国和人民献出自己的称心之作，不能为自己五十年的创作历程作一个满意的终结。"①

## 四、绝笔《诗歌片语》

1978年底，周立波因肺癌住进了301医院第七病室，他在病床上写下了五则《诗歌片语》，最后一则写于1979年1月16日，这些全是他读唐诗的随笔，表现出了他的古典诗词修养和审美追求。周立波尤其偏爱李白，推崇"诗贵自然"，认为"流传下来的好诗，大都明白如话，接近口语"。这也是周立波本人作品的文风。然而，《诗歌片语》已成为这位蜚声中外文坛的老作家的绝笔。

周立波在301医院里度过了1979年的春节，之后病情不断恶

---

① 林蓝：《战士与作家——〈周立波选集〉编后记》，载《周立波选集》第6卷，第584页。

化。1979 年 8 月 29 日，全国第四次文代会召开，他病重不能出席，但他仍然坚持创作了一首贺诗，此时，他已无法执笔，贺诗是通过口吟而录音的：

> 因病不能出席盛会，是为憾事，赋此小诗一首，敬献大会，以代发言。
> 艺术群英集一堂，
> 放谈国庆好时光。
> 扬眉奋笔歌四化，
> 万里文苑百艳香。①

　　1979 年 9 月 25 日，刚过了 71 周岁生日的周立波，在 301 医院逝世。金秋九月，北京城阳光灿烂，正当文艺界的代表们在第四次文代会上欢聚一堂，意气昂扬，为迎接我国社会主义文艺事业的大繁荣大发展而献策、鼓劲的时候，周立波病逝的噩耗传来，引起代表们极大的震动，为这位知名革命作家猝然离世、文艺队伍损失了一名无可替补的老将而深深惋惜。消息传到周立波生活、战斗过的地方，传到全国各地周立波作品的亿万读者中，人们纷纷沉痛悼念，唁电唁函从四面八方飞到中国作家协会，送到周立波家属的手中。中国作协关于周立波丧事的安排方案经中央组织部部长胡耀邦批示，追悼会于第四次文代会闭幕的第二天，11 月 18 日上午在北京八宝山革命公墓礼堂举行。追悼会由中国文联副主席巴金主持，中国文联主席周扬致悼词。胡耀邦、王震、王首道、宋任穷、胡愈之、夏衍及 500 多名文艺界人士参加。

　　一代杰出的革命作家离开了人世。他留下了三百多万字的文学作品，留下了那一代人的风范、品格和精神。儿子周小仪准确地概括了周立波的一生："父亲周立波诞生在我国现代史上多灾多

---

① 《周立波选集》第 4 卷，第 258 页。

难的年代。他经历了国家最艰苦、最困难的时期。在抗日战争、解放战争、朝鲜战争等国家生死存亡的时刻，他为国家的昌盛与繁荣奋斗而从无任何彷徨。在那些风雨如磐的岁月，他的足迹走遍大半个中国，他的生命与民族兴亡紧密相连。也正如周立波夫人、与他风雨同舟四十年的战友和同志林蓝所说，他首先是战士，然后才是作家。"①

---

① 周小仪：《纪念周立波百年诞辰学术讨论会贺词》，载《三周研究》2009年第 6 期。

# 征引文献

## 著作

［法］安德烈·纪德:《访苏联归来》,朱静等译,花城出版社1999年版。

安寿颐译:《甲必丹之女》,商务印书馆1921年版。

［日］柄谷行人:《日本现代文学的起源》,赵京华译,中央编译出版社2017年版。

陈思和:《中国新文学整体观》,上海文艺出版社1987年版。

陈思和主编:《中国当代文学史教程》,复旦大学出版社1999年版。

程远主编:《延安作家》,陕西人民教育出版社1992年版。

杜润生主编:《当代中国的农业合作制》(上),当代中国出版社2009年版。

郭沫若:《煤油》,国民书店1939年版。

［美］哈雷特·阿班:《民国采访战》,杨植峰译,广西师范大学出版社2008年版。

胡光凡、李华盛:《周立波研究资料》,知识产权出版社2010年版。

蒋集政主编:《长沙通史》(当代卷),湖南人民出版社2015年版。

［美］雷内·韦勒克:《批评的概念》,张金言译,中国美术学院出版社1999年版。

李洁非、杨劼:《解读延安——文学、知识分子和文化》,当代中国出版社2010年版。

李辉:《与张光年谈周扬》,载《摇荡的秋千——是是非非说周扬》，海天出版社1998年版。

《林蓝作品选集》，湖南文艺出版社2006年版。

刘锡诚：《文坛旧事》，武汉出版社2005年版。

罗果夫、戈宝权编：《普希金文集》，时代书报出版社1947年版。

《毛泽东选集》，北京人民出版社1977年版。

〔巴西〕蒙特罗·洛巴托：《世界历史故事》，曾昭耀译，广西教育出版社1989年版。

〔美〕米契尔·布赖克福特：《卡尔逊与中国》，刘山等译，生活·读书·新知三联书店1985年版。

《瞿秋白文集》，人民文学出版社1959年版。

〔美〕理查德·佩尔斯：《激进的理想与美国之梦——大萧条岁月中的文化和社会思想》，卢允中等译，上海外语教育出版社1992年版。

孙美玲编选：《肖洛霍夫研究》，外语教学与研究出版社1982年版。

王荣钢编：《报告文学研究资料选编》（下），山东人民出版社1983年版。

王元培：《抗战时期的延安鲁艺》，广西师范大学出版社1999年版。

〔瑞士〕沃·凯塞尔：《语言的艺术作品》，陈铨译，上海译文出版社1986年版。

夏杏珍：《共和国重大文化纪事》，九州出版社2013年版。

夏义生主编：《周立波文艺讲稿》，湖南人民出版社2017年版。

徐家荣：《肖洛霍夫创作研究》，兰州大学出版社1996年版。

袁良骏编：《丁玲研究资料》，天津人民出版社1982年版。

尹鸿：《当代电影艺术导论》，高等教育出版社2007年版。

曾厚德：《口琴与匕首》，中国青年出版社1991年版。

赵树理:《赵树理全集》,大众文艺出版社 2006 年版。

[美] 珍妮斯·麦金龙、斯蒂芬·麦金龙:《史沫特莱》,汪杉等译,中华书局 1991 年版。

郑振铎:《世界文库》第 1 卷,生活书店 1935 年版。

蔡翔:《革命/叙述:中国社会主义文学—文化想象(1949—1966)》,北京大学出版社 2010 年版。

中共益阳市委党史办编:《当代益阳》,中国文史出版社 1990 年版。

中共中央文献研究室编:《周恩来年谱》上卷,中央文献出版社 1998 年版。

中共中央党史研究室编:《中国共产党的 90 年》,中共党史出版社 2016 年版。

《周扬文集》,人民文学出版社 1984 年版。

《周健明自选集》,湖南文艺出版社 1999 年版。

邹理:《本土经验与世界眼光——周立波与外国文学》,上海人民出版社 2018 年版。

## 论文

陈瘦竹:《唆罗诃夫的近作〈处女地〉》,载《国闻周报》1936 年第 13 卷第 5 期。

费鉴照:《爱尔兰作家乔欧斯》,载《文艺月刊》第 3 卷第 7 号,1933 年 1 月 1 日。

冯牧:《窄的门和宽广的路》,载《中国作家》1988 年第 2 期。

谷受民、赵焕然:《工人读〈铁水奔流〉》,载《文艺学习》1955 年第 7 期。

贺桂梅:《政治·生活·形式:周立波与〈山乡巨变〉》,载《文艺争鸣》2017 年第 2 期。

贺小华:《幽默与讽刺之上的寓意构建——〈卡拉维拉斯县驰

名的跳蛙〉述评》，载《作家》2010 年第 4 期。

胡秋原：《论鲁迅并说到周扬》，载《中华杂志》1982 年 11 月号。

黄绳：《民族形式与语言问题》，载《大公报·文艺副刊》，1939 年 12 月 15 日。

金：《尤利西斯来到中国》，载《光明日报》，1994 年 12 月 7 日。

金振林：《"外调"巴金——谈周立波、蒋牧良》，载《新文学史料》2007 年第 3 期。

雷溅波：《记一次飞行集会》，载《左联纪念集 1930—1990》（会议论文集），1990 年 2 月 1 日。

刘锡诚：《谈〈暴风骤雨〉及其评价问题》，载《社会科学战线》1979 年第 4 期。

刘锡诚：《渴望自由的立波》，载《南方文坛》1998 年第 2 期。

梅方义：《回忆〈神州国光社〉与〈时代日报〉》，载《中华杂志季刊》1993 年 12 月号。

潘梓年：《民族形式与大众化》，载《新华日报》，1940 年 7 月 22 日。

逄增玉：《三十年代左翼"牢狱文学"》，载《粤海风》2007 年第 5 期。

彭仲夏、谭士珍：《四位湘籍名作家返乡忆旧》，载《中国文化报》，2012 年 8 月 29 日。

苏汶：《作家的主观与社会的客观》，载《星火》第 1 卷第 1 期，1935 年 1 月。

涂光群：《严文井——一个真正的人》，载《新文学史料》2006 年第 3 期。

王礼锡：《战时日记》，载《读书杂志》1932 年第 2 卷第 4 期。

吴蒙：《略谈秘密的中国》，载《中流》第 1 卷第 3 期，1936

年 10 月 5 日。

萧军：《第八次文艺月会座谈拾零》，载《文艺月报》，1941年 7 月 1 日。

肖林达：《回忆一段战史——怀念周立波同志》，载《时代的报告》第 1 期，1980 年 3 月 15 日。

向林冰：《论"民族形式"的中心源泉》，载《大公报·战线》，1940 年 3 月 24 日。

邢公畹：《关于"方言文学"的补充意见》，《文艺报》1951年第 10 期。

徐行：《评"国防文学"——张尚斌：〈"国防文学"和民族性〉》，载《礼拜六》第 128 号，1936 年 2 月 22 日。

徐家俊：《周立波在狱中》，载《钟山风雨》2003 年第 6 期。

许觉民：《忆桂林〈救亡日报〉的人和事》，载《出版史料》2003 年第 1 期。

雪苇：《〈在医院中〉〈麻雀〉及其他》，载《解放日报》，1942年 12 月 5 日。

阎钢：《作家与稿费》，载《文史博览》2004 年第 10 期。

杨骚：《普式庚给我们的教训》，载《光明》第 2 卷，1937 年第 5 期。

姚时珍：《一桩不应忘记的往事》，载《湘潮》2010 年第 5 期。

郁达夫：《大众文艺释名》，载《大众文艺》第 1 卷第 1 期，1928 年 9 月 20 日。

袁可嘉：《西方现代主义在中国》，载《文学评论》1992 年第 4 期。

张均：《小说〈暴风骤雨〉的史实考释》，载《文学评论》2012 年第 5 期。

赵振鹏：《劳动大学的回忆》，载《传记文学》第 37 卷第 4 期。

周楞伽：《一个疑问》，载《文学青年》创刊号，1936 年 4 月 5 日。

周起应：《文学的真实性》，载《现代》第 3 卷第 1 期，1933 年 5 月 1 日。

周小仪：《纪念周立波百年诞辰学术讨论会贺词》，载《三周研究》2009 年第 6 期。

## 英文著作

Evans Fordyge Carlson，"*Twin Stars of China*"，Dood，Mead & Company New York，1940.

Hugh Deane，"Evans F. Carlson on China at War，1937—1941"，China and Us Publications New York，1993.

## 其他

易培基：《劳大概况发刊词》，《劳大概况》。

《读书生活创刊词》，载《读书生活》第 1 卷第 1 期，1934 年 11 月 10 日。

《从光腚村到亿元村》，哈尔滨政协文史资料第 26 辑，2004 年印。

中共沅陵县委党史办公室编印：《辰州烽火》（内部未发表资料）。

周立波：《1965 年 12 月 27 日下午在湖南省剧协创作座谈会上讲话》（中共湖南省保密委员会档案材料）。

周立波：《自传》，未出版。

周立波：《补充说明》，未发表。

《看了〈解放了的中国〉所提意见》，现存中央档案馆。

《周立波毒草选》，湖南省文联文化革命委员会 1966 年编印。

周立波：《周立波在文艺干部整风学习第九次会议上的发言》，现存中央档案馆。

刘娟之记录：《在湖南省文艺创作会议上的讲话》，现存湖南省档案馆。

周立波：《目前湖南文学艺术工作中的几个问题——在湖南省第三次文代会的讲话》，现存湖南省档案馆。

《关于农村题材小说创作的几个问题》（周立波讲话稿），1962年8月2日至16日，现存中国作协档案馆。

《迎丰公社反革命事件的严重教训——省委对益阳地委报告的批示》，现存益阳市档案馆。

周立波：《在湖南省文联党组会议上的讲话》，1966年6月10日，收入湖南省委保密委员会存档材料。

李振祥：《47军在湖南"三支两军"纪实》（内部印刷）。

周立波：《1957—1967年的十年规划》，现存中央档案馆。

# 周立波作品一览表

## 一、翻译作品

［苏］皮尔阿尼克:《北极光》,周绍仪译,载《摩登月刊》第
1 期,1930 年。

［苏］顾米列夫斯基:《大学生私生活》,周起应、立波合译,
上海现代书局 1932 年版。

［苏］顾米列夫斯基:《大学生私生活》,周起应、立波,载
《浔中月刊》1932 年第 3 卷第 2 期。

［美］马克特温:《驰名的跳蛙》(一),立波译,载《申报·
自由谈》,1935 年 2 月 7 日。

［苏］S·玛加辛:《讽刺文学的巨匠》,立波译,载《笔部
队》,1935 年第 1 卷。

［美］马克特温:《驰名的跳蛙》(二),立波译,载《申报·
自由谈》,1935 年 2 月 8 日。

［美］马克特温:《驰名的跳蛙》(三),立波译,载《申报·
自由谈》,1935 年 2 月 9 日。

莱斯特·科恩:《巴力斯坦巡礼》,立波译,载《世界知识》,
1935 年第 2 卷。

［苏］高尔基:《论戏剧中的言语》,立波译,载《大美晚报·
文化街》,1935 年 5 月 13 日。

［美］马克特温:《驰名的跳蛙》(四),立波译,载《申报·
自由谈》,1935 年 2 月 11 日。

［巴西］洛多巴:《贵客》(一),立波译,载《时事新报·青
光》,1935 年 7 月 28 日。

［巴西］洛多巴:《贵客》(二),立波译,载《时事新报·青

光》，1935 年 7 月 29 日。

〔巴西〕洛多巴：《贵客》(三)，立波译，载《时事新报·青光》，1935 年 7 月 30 日。

〔巴西〕洛多巴：《贵客》(四)，立波译，载《时事新报·青光》，1935 年 7 月 31 日。

〔巴西〕洛多巴：《贵客》(五)，立波译，载《时事新报·青光》，1935 年 8 月 1 日。

〔巴西〕洛多巴：《贵客》(六)，立波译，载《时事新报·青光》，1935 年 8 月 2 日。

〔巴西〕洛多巴：《贵客》(七)，立波译，载《时事新报·青光》，1935 年 8 月 3 日。

〔巴西〕洛多巴：《贵客》(八)，立波译，载《时事新报·青光》，1935 年 8 月 4 日。

〔巴西〕洛多巴：《贵客》(九)，立波译，载《时事新报·青光》，1935 年 8 月 5 日。

〔巴西〕洛多巴：《贵客》(十)，立波译，载《时事新报·青光》，1935 年 8 月 6 日。

〔巴西〕洛多巴：《贵客》(十一)，立波译，载《时事新报·青光》，1935 年 8 月 7 日。

〔巴西〕洛多巴：《贵客》(十二)，立波译，载《时事新报·青光》，1935 年 8 月 8 日。

〔巴西〕洛多巴：《贵客》(十三)，立波译，载《时事新报·青光》，1935 年 8 月 9 日。

〔巴西〕洛多巴：《贵客》(十四)，立波译，载《时事新报·青光》，1935 年 8 月 10 日。

〔爱尔兰〕詹姆斯·乔易斯：《寄宿舍》(一)，立波译，载《申报·自由谈》，1935 年 9 月 17 日。

〔爱尔兰〕詹姆斯·乔易斯：《寄宿舍》(二)，立波译，载《申报·自由谈》，1935 年 9 月 18 日。

［爱尔兰］詹姆斯·乔易斯:《寄宿舍》(三)，立波译，载《申报·自由谈》，1935年9月19日。

［爱尔兰］詹姆斯·乔易斯:《寄宿舍》(四)，立波译，载《申报·自由谈》，1935年9月20日。

［爱尔兰］詹姆斯·乔易斯:《寄宿舍》(五)，立波译，载《申报·自由谈》，1935年9月23日。

［意］比朗德娄:《西西里亚的白柠檬》，立波译，载《新小说》第1卷第5期，1935年10月23日。

［美］帕索斯斯:《美国计划:它的兴起和衰落》，立波译，载《知识》半月刊第1卷第7号，1936年3月1日。

［苏］V·吉尔波丁:《多勃洛留波夫诞生百年纪念》，立波译，载《时事新报·每周文学》，1936年3月24日。

［捷克］基希:《黄包车! 黄包车!》，立波译，载《申报周刊》第1卷第13期，1936年4月5日。

［捷克］基希:《吴淞废墟》，立波译，载《通俗文化》(半月刊)第3卷第8期，1936年4月。

［捷克］基希:《士兵墓地的吉原》，立波译，载《文学界》第1卷第1号，1936年6月5日。

［捷克］基希:《污泥》，立波译，载《文学界》第1卷第1号，1936年6月5日。

［捷克］基希:《纱厂童工》，立波译，载《文学界》第1卷第2号，1936年7月10日。

［捷克］基希:《死刑》，立波译，载《文学界》第1卷第3号，1936年8月10日。

［美］约翰·多斯·帕索斯:《西班牙游记》，立波译，载《光明》(半月刊)第1卷第6号，1936年8月25日。

［苏］肖洛霍夫:《被开垦的处女地》，立波译，上海生活书店1936年版。

［俄］普希金:《复仇艳遇》，立波译，上海生活书店1937

年版。

〔苏〕乔治·罗加溪：《论小说》，立波译，载《认识月刊》第1卷第2期，1937年5月4日。

〔捷克〕基希：《秘密的中国》，立波译，汉口天马书店1938年版。

〔苏〕柯尔佐夫：《意大利法西斯蒂在瓜达拉哈拉的遭遇》，立波译，载《抗战文艺周刊》第2卷第9期，1938年11月5日。

〔苏〕亚历山德洛夫：《歌曲在苏联红军中》，立波译，载《新华日报》，1939年8月17日。

〔苏〕斯帕斯基：《为什么莎士比亚为苏联人民所珍爱》，立波译，载《救亡日报》，1939年8月20日。

〔苏〕高尔基、A.托尔斯泰等：《河上》，立波译，载《工作与学习、漫画与木刻》第6期，1939年11月13日。

〔苏〕S·玛加辛：《讽刺文学的巨匠》，立波译，载《笔部队》第1卷第1期，1940年1月28日。

〔苏〕华河沙夫斯基：《亚美尼亚的绘画》，立波译，载《文化服务》第1卷第3期，1940年6月3日。

〔苏〕集体著：《白海运河断片》，立波译，载《四月友刊》第5期，1940年9月1日。

〔美〕哥尔德：《一个琴师的故事》，立波译，载《大众文艺》第1卷第6期，1940年9月15日。

〔苏〕高尔基等：《维格河决口》，立波译，载《战时青年》第2卷第5期，1940年10月12日。

## 二、评论文章

周绍仪：《我希望于〈大众文艺〉的》，载《大众文艺》第2卷第4期，1930年5月1日。

立波：《评叶青先生的"语文论战的总清算"》，载《大晚报·火炬》，1934年12月12日。

张一柯:《文学中的典型人物》,载《大晚报·火炬》,1934年12月31日。

立波:《美国市民的嘲笑者的马克特温》,载《申报·自由谈》,1935年1月14日。

张一柯:《〈文学〉新年号的创作》,载《大美晚报·文化街》,1935年1月21日。

一柯:《一九三四年的日本文坛》(上),载《大晚报·火炬》,1935年1月26日。

一柯:《一九三四年的日本文坛》(下),载《大晚报·火炬》,1935年1月29日。

立波:《艺术的幻想》,载《申报·自由谈》,1935年3月7日。

立波:《外国文学中的死》,载《申报·自由谈》,1935年4月12日。

立波:《詹姆斯·乔易斯》,载《申报·自由谈》,1935年5月6日。

立波:《现代艺术的悲观性》,载《申报·自由谈》,1935年5月23日。

立波:《文艺的特性》,载《读书生活》(半月刊)第2卷第2期,1935年5月25日。

立波:《诗人马查多的六十诞辰》,载《时事新报·青光》,1935年6月4日。

立波:《一个古巴的半个中国诗人及其作品》,载《时事新报·青光》,1935年6月11日。

立波:《纪念普式庚》,载《时事新报·青光》,1935年6月14日。

一柯:《理论检讨——评苏汶先生的〈作家的主观与社会的客观〉》,载《大美晚报·文化街》,1935年6月17日。

立波:《萌芽五十年》,载《申报·自由谈》,1935年6月

28 日。

立波:《西班牙文学近况》(一),载《时事新报·青光》,1935 年 6 月 29 日。

立波:《西班牙文学近况》(二),载《时事新报·青光》,1935 年 6 月 30 日。

立波:《西班牙文学近况》(三),载《时事新报·青光》,1935 年 7 月 1 日。

立波:《西班牙文学近况》(四),载《时事新报·青光》,1935 年 7 月 2 日。

立波:《西班牙文学近况》(五),载《时事新报·青光》,1935 年 7 月 3 日。

立波:《自卑与自尊》,载《太白》(半月刊)第 2 卷第 8 期,1935 年 7 月 5 日。

立波:《文学的永久性》,载《读书生活》(半月刊)第 2 卷第 5 期,1935 年 7 月 10 日。

立波:《怎样读小说》,载《读书生活》(半月刊)第 2 卷第 6 期,1935 年 7 月 25 日。

立波:《肖伯纳不老——为纪念他的生辰作》,载《时事新报·青光》,1935 年 7 月 26 日。

立波:《剽窃与删削》,载《时事新报·青光》,1935 年 7 月 27 日。

张一柯:《马克特温的读者》,载《大晚报·火炬》,1935 年 8 月 8 日。

立波:《最近的波兰文学》(一),载《时事新报·青光》,1935 年 8 月 24 日。

立波:《最近的波兰文学》(二),载《时事新报·青光》,1935 年 8 月 25 日。

立波:《观察》,载《读书生活》(半月刊)第 2 卷第 8 期,1935 年 8 月 25 日。

立波:《悼念巴比塞》,载《时事新报·青光》,1935 年 9 月
1 日。

立波:《今天的感想》,载《大晚报·火炬》,1935 年 9 月
18 日。

一柯:《略谈刘海粟先生的海外画展》,载《大晚报·火炬》,
1935 年 9 月 19 日。

立波:《选择》,载《读书生活》(半月刊)第 2 卷第 10 期,
1935 年 9 月 25 日。

一柯:《形象的思索》,载《礼拜六》(周刊)第 610 期,1935
年 10 月 5 日。

立波:《纪念巴比塞》,载《生活知识》(半月刊)第 1 卷第 2
期,1935 年 10 月 20 日。

立波:《中亚诗人沙德内丁·艾尼》(上),载《时事新报·青
光》,1935 年 10 月 28 日。

立波:《中亚诗人沙德内丁·艾尼》(下),载《时事新报·青
光》,1935 年 10 月 29 日。

一柯:《评〈给初学写作者的一封信〉》,载《大晚报·火
炬》,1935 年 11 月 4 日。

一柯:《纪念托尔斯泰》,载《生活知识》(半月刊)第 1 卷第
4 期,1935 年 11 月 20 日。

立波:《安德森的"谜一般的美国"自述》,载《文艺大路》
第 2 卷第 1 期,1935 年 11 月 29 日。

立波:《狄更斯在苏联》,载《世界知识》第 3 卷第 7 期,
1935 年 12 月 9 日。

立波:《莱夫·托尔斯泰逝世二十五周年纪念》,载《世界知
识》第 3 卷第 7 期,1935 年 12 月 9 日。

立波:《替阿 Q 辩护》,载《读书生活》(半月刊)第 3 卷第 3
期,1935 年 12 月 10 日。

立波:《关于"国防文学"》,载《时事新报·每周文学》,

1935 年 12 月 21 日。

立波：《我们目前所需要的文学》，载《大晚报·冬至》（专刊），1935 年 12 月 22 日。

立波：《辟胡适之谬——读了他的〈为学生运动进一言〉之后》，载《大晚报·火炬》，1935 年 12 月 23 日。

一柯：《我们也来谈谈："国防文学"和"国难文学"》，载《大晚报·火炬》，1935 年 12 月 30 日。

立波：《一九三五年中国文坛的回顾》，载《读书生活》（半月刊）第 3 卷第 5 期，1936 年 1 月 10 日。

立波：《怎么办——给文学者的几句话》，载《知识》（半月刊）第 1 卷第 4 号，1936 年 1 月 16 日。

立波：《谈"亡国奴"》，载《大众生活》（周刊）第 1 卷第 10 期，1936 年 1 月 18 日。

立波：《四年来的沉痛的教训》，载《大晚报·火炬》，1936 年 1 月 28 日。

立波：《"国防文学"和民族性》，载《大晚报·火炬》，1936 年 2 月 9 日。

立波：《希望于文学者们——反对漫骂要求团结》，载《大晚报·火炬》，1936 年 2 月 10 日。

立波：《亨利福特》，载《新中华》（半月刊）第 4 卷第 3 期，1936 年 2 月 10 日。

立波：《非常时期的文学研究纲领》，载《读书生活》（半月刊）第 3 卷第 7 期，1936 年 2 月 10 日。

立波：《怎样使国防戏剧运动深入民间》，载《生活知识》（半月刊）第 1 卷第 10 期，1936 年 2 月 20 日。

立波：《纪念罗曼·罗兰七十岁生辰》，载《大晚报·火炬》，1936 年 2 月 23 日。

立波：《美国计划：它的兴起和衰落》，载《知识》（半月刊）第 1 卷第 7 号，1936 年 3 月 1 日。

立波：《读〈南行记〉》，载《读书生活》（半月刊）第 3 卷第 10 期，1936 年 3 月 25 日。

立波：《"泰初有为"——读哥德的〈浮士德〉有感》，载《申报·文艺专刊》1936 年 4 月 24 日。

立波：《谈谈报告文学》，载《读书生活》（半月刊）第 3 卷第 12 期，1936 年 4 月 25 日。

立波：《我们应该描写什么》，载《读书生活》（半月刊）第 4 卷第 1 期，1936 年 5 月 10 日。

立波：《亨利福特》，载《新中华》第 4 卷第 3 期，1936 年 5 月 28 日。

立波：《中国新文学的一个发展》，载《光明》（半月刊）第 1 卷第 1 号，1936 年 6 月 10 日。

立波：《一个巨人的死》，载《光明》（半月刊）第 1 卷第 2 号，1936 年 6 月 25 日。

立波：《为"国防文学的民族性"问题答周楞伽先生》，载《生活知识》（半月刊）第 2 卷第 4 期，1936 年 6 月 25 日。

立波：《西班牙的新旧文学》，载《世界知识》第 5 卷第 7 期，1936 年 9 月 15 日。

立波：《无可言喻的悲哀》，载《光明》（半月刊）第 1 卷第 10 号，1936 年 10 月 25 日。

立波：《一九三六年小说创作的回顾》，载《光明》（半月刊）第 2 卷第 2 号，1936 年 12 月 25 日。

立波：《基希所看到的"一·二八"》，载《大晚报·火炬》，1937 年 1 月 28 日。

立波：《普式庚的百年祭》，载《现世界》（半月刊）第 1 卷第 12 期，1937 年 2 月 1 日。

立波：《科学小品文学家高士其》（一），载《大晚报·火炬》，1937 年 2 月 2 日。

立波：《科学小品文学家高士其》（二），载《大晚报·火炬》，

1937年2月3日。

立波：《文学的限界和特性》，载《自修大学》（两周刊）第1辑第4号，1937年3月6日。

立波：《春天》，载《希望》（半月刊）第1期，1937年3月10日。

立波：《西班牙的法西文化》，载《光明》（半月刊）第2卷第10号，1937年4月25日。

立波：《在"罗密欧与朱丽叶"座谈会上的发言》，载《大晚报·剪影》，1937年6月13日。

立波：《鲁迅的第一篇小说"怀旧"》，载《生活学校》第1卷第3期，1937年9月。

立波：《为高尔基报仇》，载《群众》（周刊）第1卷第14期，1938年3月19日。

立波：《望新闻人才到敌后方去》，载《战时记者》第12期，1939年12月。

立波：《谈阿Q》，载《中国文艺》第1卷第1期，1941年1月。

立波：《思想、生活和形式》，载《解放日报》，1942年6月12日。

立波：《后悔与前瞻》，载《解放日报》，1943年4月3日。

立波：《秧歌的艺术性》，载《解放日报》，1944年3月2日。

立波：《怎样学习作文》，载《文化通讯（桂林）》（复刊）第2、3期，1945年2月。

立波：《答霜野同志》，载《东北日报》，1948年2月23日。

立波：《〈暴风骤雨〉是怎样写的》，载《东北日报》，1948年5月29日。

周立波：《反对美帝扶植日本侵略者》，载《文学战线》创刊号，1948年7月。

立波：《萧军思想的分析》，载哈尔滨《文学战线》1948年第

1 卷第 3 期，1948 年 7 月 7 日。

周立波：《纪念鲁迅》，载《知识》（半月刊）第 9 卷第 1 期，1948 年 10 月 15 日。

周立波：《谈谈鲁迅先生的杂文》，载《东北日报》，1948 年 10 月 19 日。

周立波：《思想·文学短论》，光华书店，1949 年 1 月。

周立波：《〈民间故事〉小引》，载《东北日报》，1949 年 2 月 14 日。

周立波：《我的两点意见》，载《生活报》第 66 期，1949 年 5 月 1 日。

周立波：《纪念高尔基》，载《东北日报》，1949 年 6 月 18 日。

周立波：《现在想到的几点——〈暴风骤雨〉下卷的创作情形》，载《生活报》第 76 期，1949 年 6 月 21 日。

周立波：《我们珍爱的苏联文学》，载《人民文学》（创刊号），1949 年 10 月 25 日。

周立波：《关于写作》，载《文艺报》第 2 卷第 7 期，1950 年 6 月 25 日。

周立波：《读书札记》，载《新观察》第 2 卷第 3 期，1951 年 2 月 10 日。

周立波：《谈方言问题》，载《文艺报》第 3 卷第 10 期，1951 年 3 月 10 日。

周立波：《关于〈四十八天〉》，载《文艺报》第 3 卷第 11 期，1951 年 3 月 25 日。

周立波：《〈鲁彦选集〉序言》，载《人民文学》第 3 卷第 6 期，1951 年 4 月 1 日。

周立波：《关于写英雄人物》，载《河北文艺》第 2 卷第 8 期，1951 年 6 月 1 日。

周立波：《电影锦绣河山》，载《中国青年》总第 75 期，1951

年 9 月 29 日。

周立波：《扑灭法西斯细菌》，载《人民日报》，1952 年 3 月 20 日。

周立波：《〈暴风骤雨〉的写作过程》，载《中国青年报》，1952 年 4 月 18 日。

周立波：《谈思想感情的变化》，载《文艺报》第 11 · 12 号合刊，1952 年 6 月 25 日。

周立波：《怎样做个通讯员》，载《天津日报》，1952 年 7 月 28 日。

周立波：《一部真实描写农民向地主斗争的影片——谈匈牙利电影〈一寸土〉》，载《大众电影》第 6 期，1952 年 8 月 10 日。

周立波：《英雄是从平凡中成长起来的——读〈我的儿子〉》，载《中国青年》第 14 期，1952 年 8 月 16 日。

周立波：《苏联影片〈在和平的日子里〉观后》，载《人民日报》，1952 年 9 月 25 日。

周立波：《向光荣的和平烈士致敬》，载《新观察》第 13 期，1953 年 7 月 1 日。

周立波：《歌颂了工人阶级的先进思想和创造力量》，载《人民日报》，1953 年 7 月 10 日。

周立波：《略谈反映工厂》，载《新观察》1953 年第 20 期。

周立波：《谈人物创造》，载《文艺月报》1953 年第 10、11 月号合刊。

周立波：《一部具有重大政治意义和历史价值的影片》，载《大众电影》1954 年第 1 期。

周立波：《斯大林继续鼓舞着我们前进》，载《文艺报》1954 年第 4 号。

周立波：《回答〈文艺学习〉编辑部的问题》，载《文艺学习》1954 年第 6 期。

周立波：《永远和人民同甘共苦》，载《人民日报》，1954 年

10 月 1 日。

周立波：《谈〈三国演义〉》（上），载《文艺学习》1955 年第 9 期。

周立波：《谈〈三国演义〉》（下），载《文艺学习》1955 年第 10 期。

周立波：《读〈六十年的变迁〉》，载《人民日报》，1957 年 5 月 8 日。

周立波：《纪念、回顾和展望》，载《文艺报》1957 年第 7 号。

周立波：《汉字要改革》，载《文字改革》1957 年 10 月号。

周立波：《关于〈山乡巨变〉答读者问》，载《人民文学》1958 年 7 月号。

周立波：《略谈革命的现实主义和革命的浪漫主义》，载《长沙文艺》1959 年 4 月号。

周立波：《文学浅论》，北京出版社 1959 年版。

周立波：《谈通讯报导》，载《长沙日报》，1959 年 7 月 1 日。

周立波：《谈创作》，载《光明日报》，1959 年 8 月 26 日。

周立波：《继续跃进，反对右倾》，载《学习导报》1959 年第 17 期。

周立波：《读〈红旗歌谣〉》，载《学习导报》1959 年第 20、21 期。

周立波：《关于民族化和群众化》，载《人民文学》1959 年 11 月号。

周立波：《略论题材》，载《文艺报》1961 年第 6 期。

周立波：《集体的智慧》，载《北京晚报》，1961 年 7 月 2 日。

周立波：《纪念一个伟大文献诞生的二十周年》，载《湖南文学》1962 年 5 月号。

周立波：《读好两种书》，载《中国青年报》，1962 年 5 月 26 日。

周立波：《战斗和建设的赞歌》，载《文艺报》1962年第11期。

周立波：《散文的特点》，载《中国青年报》，1962年11月17日。

周立波：《当前的形势和文艺的任务》，载《湖南文学》1962年12月号。

周立波：《素材累积及其他》，载《湖南文学》1963年1、2月号合刊。

周立波：《亭子间里》，湖南人民出版社1963年版。

周立波：《山里人》，载《文艺报》1963年第5期。

周立波：《为了广大的农民》，载《湖南文学》1963年6月号。

周立波：《高举革命的红旗，反对现代修正主义》，载《文艺报》1963年第6期。

周立波：《读"红"琐记》，载《人民文学》1963年11月号。

周立波：《迎冰曲》，载《文艺报》1964年第4期。

周立波：《欢迎新歌手》，载《羊城晚报》，1965年7月22日。

周立波：《一个伟大文献的诞生》，载《人民文学》1977年第5期。

周立波：《继续坚持革命》，载《光明日报》，1977年8月21日。

周立波：《熟悉人是第一位的工作》，载《光明日报》，1977年11月12日。

周立波：《关于小说创作的一些问题》，载《人民文学》1977年第12期。

周立波：《〈暴风骤雨〉的创作》，载《黑龙江文艺》1978年第1期。

周立波：《深入生活，繁荣创作》，载《红旗》1978年第5期。

周立波：《谈谈培养青年文艺工作者》，载《光明日报》，1978

年 6 月 17 日。

周立波：《创作经验漫谈》人民文学出版社 1979 年版。

周立波：《读诗杂拾》，载《诗刊》1980 年 4 月号。

《周立波文集》第 7 卷，上海文艺出版社 1983 年版。

周立波：《黎明文稿》，四川人民出版社 1983 年版。

《周立波鲁艺讲稿》，上海文艺出版社 1984 年版。

周立波：《周立波写作生涯》，百花文艺出版社 1985 年版。

## 三、散文

小妮：《买菜》，载《申报·本埠增刊》，1929 年 11 月 29 日。

雅歌：《向瓜子》，载《大晚报·火炬》，1934 年 12 月 11 日。

雅歌：《游行妓》，载《大晚报·火炬》，1934 年 12 月 25 日。

雅歌：《船上》，载《大晚报·火炬》，1934 年 12 月 26 日。

雅歌：《汨罗》，载《大晚报·火炬》，1935 年 1 月 5 日。

雅歌：《当》，载《大晚报·火炬》，1935 年 1 月 21 日。

雅歌：《农家的冬夜》，载《大晚报·火炬》，1935 年 2 月 7 日。

雅歌：《二等兵》，载《大晚报·火炬》，1935 年 4 月 21 日。

雅歌：《竹林》，载《大晚报·火炬》，1935 年 5 月 9 日。

立波：《雨》，载《申报·自由谈》，1935 年 8 月 22 日。

立波：《募捐种种》，载《光明》(半月刊)《战时号外》第 1 号，1937 年 9 月 1 日。

立波：《战时旅行日记》，载《抵抗》(3 月刊) 第 27 号，1937 年 11 月 16 日。

立波：《为叶紫喜》，载《救亡日报》，1939 年 10 月 30 日。

立波：《这样纪念高尔基》，载《新中华报》，1940 年 6 月 18 日。

立波：《悼田守尧同志》，载《解放日报》，1943 年 9 月 10 日。

周立波：《庄严的现实不容许歪曲：评"网和地和鱼"》，载《文学战线》1948年第1卷第1期。

周立波：《毛主席的心窝有棚大》，载《东北日报》，1948年5月9日。

周立波：《人不闲一个，地不荒一垄》，载《翻身乐》第4本，1948年6月1日。

周立波：《老者安之》，载《生活报》第8期，1948年6月6日。

周立波：《关云风出担架》，载《翻身乐》第6本，1948年8月。

周立波：《庆祝胜利，我们要打到南京去!》，载《生活报》第38期，1948年12月15日。

周立波：《叫人永远忘不了》，载《知识》（半月刊）第9卷第5期，1948年12月15日。

周立波：《毛主席二三事》，载《华中文汇》第1卷第7期，1949年7月1日。

周立波：《全世界的人心向着斯大林》，载《人民日报》，1950年11月5日。

周立波：《泰尔曼集体农场》，载《人民日报》，1950年11月5日。

周立波：《披着人皮的恶鬼——"军调部"工作的回忆》，载《人民日报》，1950年12月17日。

周立波：《全世界的人民祝贺斯大林》，载《中国少年儿童》第30期，1950年12月23日。

周立波：《托尔斯泰的故乡》，载《人民文学》第3卷第3期，1951年1月1日。

周立波：《莫斯科工具工厂》，载《人民日报》，1951年1月14日。

周立波：《莫斯科红军博物馆》，载《人民日报》，1951年1

月 20 日。

周立波：《庆祝爱伦堡六十岁寿辰》，载《人民日报》，1951
年 1 月 28 日。

周立波：《从〈解放了的中国〉的摄制工作中所看到的苏联电
影工作者》，载《人民日报》，1951 年 9 月 28 日。

周立波：《记森记木厂》，载《人民日报》，1952 年 4 月 4 日。

周立波：《忆巴甫连柯》，载《人民文学》1952 年第 11 期。

周立波：《我所知道的格拉西莫夫》，载《大众电影》1952 年
第 12 期。

周立波：《回忆莫斯科》，载《新观察》1952 年第 20 期。

周立波：《怀波列伏依》，载《人民日报》，1952 年 11 月
28 日。

周立波：《祝贺伟大的斯大林的寿辰》，载《中国青年》1952
年第 22 期。

周立波：《在金色的秋天里》，载《人民日报》，1952 年 12 月
21 日。

周立波：《苏联札记》，人民文学出版社 1953 年版。

周立波：《伟大的斯大林同志的丧礼》，载《中国青年报》，
1953 年 4 月 10 日。

周立波：《我的感激》，载《湖南文艺》第 6 本，1954 年 9 月
15 日。

周立波：《毛泽东同志的故居》，载《北京文艺》（创刊号），
1955 年 5 月 20 日。

周立波：《王秉源和韩文恭》，载《中国青年》1955 年
第 20 期。

周立波：《一个意义重大的庆祝会》，载《新湖南报》，1956
年 2 月 26 日。

周立波：《灯》，载《长江文艺》1956 年 5 月号。

周立波：《熊进五和他的蜜蜂》，载《人民日报》，1956 年 8

月 10 日。

周立波：《宁乡闻见》，载《人民日报》，1958 年 3 月 3 日。

周立波：《雨里的人们》，载《新湖南报》，1958 年 5 月 25 日。

周立波：《曾五喜》，载《新苗》1958 年 8 月号。

周立波：《泥湾社今昔》，载《新湖南报》，1958 年 8 月 20 日。

周立波：《庆祝苏联宇宙火箭发射成功》，载《新湖南报》，1959 年 1 月 5 日。

周立波：《窗外》，载《人民日报》，1959 年 9 月 12 日。

周立波：《游南三联岛》，载《中国青年报》，1962 年 3 月 3 日。

周立波：《二十年前》，载《人民文学》1962 年 5 月号。

周立波：《韶山灌区两日记》，载《湖南文学》1966 年 6 月号。

周立波：《韶山的节日》，载《羊城晚报·花地》，1966 年 1 月 21 日。

周立波：《〈韶山的节日〉事件的真相》，载《湘江文艺》1978 年第 1 期。

周立波：《长沙大火前后》，载《芙蓉》（创刊号），1980 年 1 月 1 日。

周立波：《朱总司令事迹片断》，载《人民文学》1980 年第 2 期。

周立波：《小宜子打电话》，载《小溪流》1980 年第 2 期。

周立波：《毛主席的青少年时代》，载《新港》1980 年 7 月号。

## 四、报告文学

立波：《彭德怀将军论抗战形势》，载《新学识》（半月刊）第

2 卷第 5 期，1937 年 12 月 10 日。

立波：《晋北途中所见》，载《救亡日报》，1938 年 2 月 7 日。

立波：《从河北归来》，载《新华日报》，1938 年 3 月 21 日。

立波：《从河北归来（续）》，载《新华日报》，1938 年 3 月 22 日。

立波：《娘子关前》（上），载《救亡日报》，1938 年 3 月 23 日。

立波：《娘子关前》（下），载《救亡日报》，1938 年 3 月 24 日。

立波：《东冶头一瞥》，载《全民周刊》第 1 卷第 16 号，1938 年 3 月 26 日。

立波：《战地归雁》，载《救亡日报》，1938 年 3 月 31 日。

立波：《洪子店的劫火余烟》，载《战地》（半月刊）第 1 卷第 2 期，1938 年 4 月 5 日。

立波：《北行一日》，载《救亡日报》，1938 年 4 月 7 日。

立波：《致〈新华日报〉编者信》，载《新华日报》，1938 年 4 月 11 日。

立波：《师生游击队》，载《群众》（周刊）第 1 卷第 18 期，1938 年 4 月 17 日。

立波：《几叶日记》，载《战地》（半月刊）第 1 卷第 3 期，1938 年 4 月 20 日。

立波：《五台山麓》，载《新华日报》，1938 年 4 月 21 日。

立波：《战地日记》，上海杂志公司 1938 年版。

立波：《晋察冀边区印象记》，读书生活出版社 1938 年版。

立波：《在山西沁州》，载《新学识》（半月刊）第 3 卷第 1 期，1938 年 6 月 10 日。

立波：《给友人》，载《文艺》（旬刊）第 1 卷第 2 期，1938 年 6 月 25 日。

立波：《南陵归来》，载《救亡日报·十日文萃》，1938 年 9

月 15 日。

立波:《九华山下》,载《抗战文艺·武汉特刊》第 2 号,1938 年 9 月 24 日。

立波:《三至长沙》,载《新华日报》,1938 年 10 月 15 日。

立波:《湘西行》,载《中学生》(战时半月刊)第 6 期,1939 年 7 月 20 日。

立波:《湘西行(续)》,载《中学生》(战时半月刊)第 7 期,1939 年 8 月 5 日。

立波:《晋西北战区四十日记》,载《新知》(半月刊)第 2 卷第 4、5 期合刊,1939 年 10 月 10 日。

立波:《雾里的湘西》,载《中国青年》第 2 卷第 6 期,1940 年 4 月 5 日。

立波:《湘西苗民的过去和风俗——一个备忘录》,载《救亡日报·十日文萃》,1940 年 11 月 10 日。

立波:《战斗的故事》,载《解放日报》,1944 年 3 月 8 日。

周立波:《彭氏兄弟被难记》,载《解放日报》,1945 年 12 月 2 日。

周立波:《夜涉》,载《热潮》(半月刊)第 1 卷第 3 期,1946 年 7 月 1 日。

周立波:《王震将军记》,载《解放日报》,1946 年 9 月 17 日。

周立波:《南下记》,光华书店 1948 年版。

周立波:《战场三记》,湖南人民出版社 1962 年版。

周立波:《万里征程》(一),载《湘江文艺》1978 年第 6 期。

周立波:《万里征程》(二),载《湘江文艺》1978 年第 7 期。

周立波:《万里征程》(三),载《湘江文艺》1978 年第 8 期。

周立波:《万里征程》(四),载《湘江文艺》1978 年第 9 期。

周立波:《万里征程》(五),载《湘江文艺》1978 年第 10 期。

周立波:《万里征程》(六),载《湘江文艺》1978 年第 11 期。

## 五、短篇小说

立波：《牛》（一），载《解放日报》，1941 年 6 月 6 日。

立波：《牛》（二），载《解放日报》，1941 年 6 月 7 日。

立波：《麻雀》，载《草叶》（双月刊）第 1 期，1941 年 11 月 1 日。

立波：《第一夜》，载《谷雨》（双月刊）第 1 卷第 4 期，1942 年 4 月 15 日。

立波：《夏天的晚上——铁门里的一个片断》，载《解放日报》，1942 年 8 月 22 日。

立波：《纪念——铁门里的一个片断》，载《解放日报》，1942 年 11 月 10 日。

立波：《金戒指》，载《东北文艺》第 2 卷第 1 期，1947 年 6 月 15 日。

周立波：《懒蛋牌子》，载《人民文学》第 1 卷第 4 期，1950 年 2 月 1 日。

周立波：《诸葛亮会》，载《中国青年报》，1951 年 8 月 7 日。

周立波：《砖窑和新屋》，载《中国青年》1952 年第 17 期。

周立波：《铁门里》，工人出版社 1955 年版。

周立波：《盖满爹》，载《人民文学》1955 年 6 月号。

周立波：《桐花没有开》，载《长江文艺》1956 年 12 月号。

周立波：《禾场上》，载《人民日报》，1957 年 1 月 15 日。

周立波：《民兵》，载《人民文学》1957 年 4 月号。

周立波：《腊妹子》，载《人民文学》1957 年 11 月号。

周立波：《山那面人家》，载《人民文学》1958 年 11 月号。

周立波：《伏生和谷生》，载《湖南文学》1959 年 6 月号。

周立波：《割麦插禾》，载《湖南文学》1959 年 6 月号。

周立波：《小青和老虎》，载《湖南文学》1959 年 6 月号。

周立波：《北京来客》，载《人民文学》1959 年 6 月号。

周立波：《下放的一夜》，载《人民文学》1959 年 10 月号。

周立波：《禾场上》，上海文艺出版社 1960 年版。

周立波：《爱嫂子》，载《人民文学》1961 年 7·8 月号合刊。

周立波：《张满贞》，载《人民日报》，1961 年 10 月 15 日。

周立波：《在一个星期天里》，载《红旗》1961 年第 24 期。

周立波：《调皮角色》，载《解放军文艺》1962 年第 1 期。

周立波：《李大贵观礼》，载《红旗》1962 年第 19 期。

周立波：《卜春秀》，载《人民文学》1963 年 3 月号。

周立波：《张闰生夫妇》，载《人民文学》1963 年 6 月号。

周立波：《参军这一天》，载《解放军文艺》1963 年第 8 期。

周立波：《扫盲志异》，载《湖南文学》1963 年 10 月号。

周立波：《新客》，载《人民文学》1964 年 2 月号。

周立波：《翻古》，载《人民日报》，1964 年 2 月 18 日。

周立波：《卜春秀》，湖南人民出版社 1964 年版。

周立波：《霜降前后》，载《收获》1964 年第 3 期。

周立波：《飘沙子》，载《湖南文学》1964 年 6 月号。

周立波：《林冀生》，载《北京文艺》1964 年 10 月号。

周立波：《湘江一夜》，载《人民文学》1978 年 7 月号。

周立波：《山那面人家》，湖南人民出版社 1979 年版。

周立波：《周立波短篇小说选》，湖南人民出版社 1981 年版。

## 六、长篇小说

立波：《暴风骤雨》(第一节)，载《东北日报》，1947 年 12 月 25 日。

立波：《暴风骤雨》(第二节)，载《东北日报》，1947 年 12 月 26 日。

立波：《暴风骤雨》(第三节)，载《东北日报》，1947 年 12 月 27 日。

立波：《暴风骤雨》(第四节)，载《东北日报》，1947 年 12 月 28 日。

立波:《抓地主(〈暴风骤雨〉第十六节)》,载《东北日报》,1948年1月5日。

立波:《欢天喜地(〈暴风骤雨〉第十八节)》,载《东北日报》,1948年1月25日。

周立波:《暴风骤雨》(上),东北书店1948年版。

周立波:《暴风骤雨》(下),东北书店1948年版。

周立波:《铁水奔流》,作家出版社1955年版。

周立波:《最初的几天》①,载《人民文学》1955年第12期。

周立波:《山乡巨变》(一),载《人民文学》1958年1月号。

周立波:《山乡巨变》(二),载《人民文学》1958年2月号。

周立波:《山乡巨变》(三),载《人民文学》1958年3月号。

周立波:《山乡巨变》(四),载《人民文学》1958年4月号。

周立波:《山乡巨变》(五),载《人民文学》1958年5月号。

周立波:《山乡巨变》(六),载《人民文学》1958年6月号。

周立波:《山乡巨变》(正篇),作家出版社1958年版。

周立波:《女将》②,载《湖南文学》1959年10月号。

周立波:《早起》③,载《人民文学》1959年11月号。

周立波:《山乡巨变(续篇)》,作家出版社1960年版。

## 七、诗歌

雅歌:《海滨拾诗》,载《大晚报·火炬》,1935年8月25日。

立波:《饮马长城窟》,载《文学》第6卷第6号,1936年6月1日。

立波:《可是我的中华》,载《文学》第7卷第2号,1936年8月1日。

---

① 长篇小说《铁水奔流》第一至第四章。

② 长篇小说《山乡巨变》续篇中的一章。

③ 长篇小说《山乡巨变》续篇中的两章。

立波：《牵引你的》，载《申报·文艺专刊》，1936 年 12 月 11 日。

立波：《也曾想》，载《大晚报·火炬》，1937 年 2 月 7 日。

立波：《南方与北方》，载《救亡日报·十日文萃》，1939 年 1 月 12 日。

立波：《漓水》，载《四友月刊》第 7 期，1940 年 7 月。

立波：《一个早晨的歌者的希望》，载《解放日报》，1941 年 10 月 28 日。

立波：《我们有一切》，载《草叶》（双月刊）第 2 期，1942 年 1 月 1 日。

立波：《因为困难》，载《文学报》第 2 期，1942 年 1 月 13 日。

立波：《春夜纪事》，载《解放日报》，1942 年 2 月 4 日。

周立波：《张丕谟抓坏蛋》，载《松江农民》第 4 期，1947 年 6 月 1 日。

周立波：《徐水归来》，载《人民文学》1958 年 10 月号。

周立波：《喜闻苏联火箭发向月球》，载《湖南文学》1959 年 2 月号。

周立波：《诗一首》，载《诗刊》1964 年 4 月号。

周立波：《题赠响应毛主席号召，参加江河湖海游泳的青年同志们》，载《新体育》1965 年 7 月号。

周立波：《祝第四次文代会召开》，载《文艺报》1979 年第 10 期。

周立波：《诗二首》，载《收获》1980 年第 3 期。

# 后 记

　　周立波是 20 世纪中国文学史上的重要作家，也是跨越现、当代两个历史阶段的革命作家。他一生经历了新民主主义革命和社会主义建设，他的文学创作和文化活动伴随着 20 世纪中国的社会变革。不同于象牙之塔、书斋里的温和、独善其身、保守型的作家，周立波自觉地将个人价值定位于社会实践活动之中。他直面时代和社会，以文学的方式体验、探索和参与不同时期的社会实践。

　　他是一个创作形态非常丰富的作家，除了长篇小说，他的短篇小说、报告文学、文学批评写作，乃至翻译实践和外国文学研究都达到相当水准，具有鲜明的风格和特色。他翻译的基希的《秘密的中国》在中国报告文学史上具有发生学的意义，直接导致了"报告文学"文体在中国的植入。他的长篇小说《暴风骤雨》和《山乡巨变》是中国当代文学史上的经典名作。

　　除了长期从事文学创作活动，周立波还是翻译、编辑、记者、教师和领导干部。他的翻译不仅仅只是文学层面上的"创作"，而且有丰富的实践经历。在抗战时期他曾作为随军记者，为外国记者和军官做过口译，陪同他们考察前线，为这些外国友人在国际上客观地传出中国共产党的声音作出了贡献；他有着丰富的办报经验，上海时期他参与编辑了《每周文学》《文学界》，抗战时期主编了《抗战日报》《救亡日报》《前进报》《解放日报·文艺副刊》，土改时期主编了《松江农民》《文学战线》等报刊；他在延安鲁艺的授课被众人高度赞誉。新中国成立后，他挂帅湖南省文联，培养了刘勇、未央、谢璞等一批文艺新人，扭转了家乡文艺创作落后于全国的状况。

　　人们往往只重视作为作家的周立波，而对于兼具其他身份的周立波少有关注。事实上周立波的多重身份交织在他的整个文学和革命活动生涯之中，这些身份的互动影响了他的文学创作，也是他独特的艺术个性和创作心理变化的重要因素。因此，立足宏观的文化视野，复活出一个立体的、综合的、完整的周立波，一个真正富有精神深度的周立波是非常有必要的。

　　《一个早晨的歌者——周立波评传》以历史时间为基本脉络，采用传记研究的框架，将周立波一生的文学活动和革命活动按以下内容展开：

　　（1）周立波的生平道路。以时间为线索，聚焦周立波经历的主要事件和交往的主要人物，凸显作家与时代的关系。周立波20世纪30年代参加"左联"，抗战全面爆发后奔赴前线，成为一名随军记者，后到延安，在"鲁艺"担任教员，解放战争时期在东北参加土改，50年代回到家乡湖南担任省文联主席，同时"深入生活"，参与当地合作化运动，"文革"开始后遭受磨难，70年代复出后短暂从事过一段时间的文学创作活动后，终因身患绝症离世。周立波的生活轨迹提供了20世纪中国革命作家的一个典型——一个从"亭子间"里的左翼作家到"延安文人"，到侧身社会革命的洪流中及时反映现实风暴，再到回乡书写农村历史变迁的史诗，最终因历史原因导致身心受到重创。

　　（2）周立波的思想脉络。周立波在上海"左联"时期受19世纪的西方文学、俄苏文学和马克思主义美学理论的影响很大，社会主义现实主义文学观和30年代的左联文艺传统构成了他最初文学思想的基本内容。《讲话》之后，周立波的文学思想发生了转向，与过去那个"精致的、小资产阶级趣味"的自己决裂，转而探寻一条民族形式的写作道路。"十七年"时期，周立波始终扎根人民、扎根生活，坚持文学的自律性精神，令他的创作与同时代的作家相比，显示出独特的艺术风格。

　　（3）周立波的创作演变。周立波的创作深受他文学思想的影响。他 30 年代和初到延安时更多的是书写"内心"，很多文章以第一人称的视角表达自我感受和情感。《讲话》之后，他的写作视角转向了"无产阶级""广大工农群众"，他直接作为行动者进入现实世界，参与政治实践，写下了反映农村历史变革的名篇《暴风骤雨》和《山乡巨变》。"文革"后，他有过因蒙冤而愤恨，也有过看着身边好友一个个逝世而悲伤的情绪，但这些都没有磨灭他的创作激情，晚年他仍然拖着病体写下了反映伟大战争的壮丽诗篇《湘江一夜》。他的创作和他的人生轨迹、思想变化交杂在一起，更增加了复杂色彩。

（4）周立波生活的革命时代。周立波是中国现代文学史上的重要作家，他不是孤立的个体，而是存在于具体的历史文化语境之中，会受到特定的文化和社会思潮的影响。他在革命文化的熏陶下走上了革命道路，他的文学思想、文学观念和文学创作都与革命时代息息相关。因此他的传记不能局限在他个人的活动和创作上，而应放在宏阔的时代背景中进行考察。

如何将历史主义的理解与现代文化的批判反思结合起来论说周立波及其作品？不容易。因此尽量立足于原始材料，从事实出发，进行公正、客观而切实的评述才能还原一个真实而又全面的周立波。

"周立波研究丛书"包含综论、年谱和评传三本。第一本《本土经验与世界眼光——周立波与外国文学》系统地探讨周立波如何通过译介、创作与外国文学进行交流、对话，努力吸收异国文学的营养，为本土文化输入异国文化资源，潜移默化地更新与改造着传统。第二本《周立波年谱》以纵横交错的形式对周立波的一生进行编年纪事，在收集了大量史料的基础上，对周立波的人生活动进行了详细考证和说明。《一个早晨的歌者——周立波评传》则是在年谱的基础上，将周立波一生的创作、活动、工作、事件按照时间先后顺序推进，记录历史时代发生的、与周立波有关的重大事件，展现出他的活动、思想变化和文学创作的时代语境。

　　这套丛书是我从事周立波研究十八年的积累，中间经历了搜集资料的艰辛、撰写论文的"痛苦"和完稿的喜悦。现在终于出版齐全，期间得到许多师友的指导和帮助。首先感谢我的博士生导师孟华教授，她把我领进学术研究的大门。她在生活上视学生为孩子，关爱有加，对待学问却相当严格，我的博士论文《周立波与外国文学》在她那里被打回来要求修改了三次才通过，而且每一次她都逐字逐句地进行了批阅和修改，让我领略到了一个真正的学者治学的认真和严谨。

　　其次，感谢周小仪教授，他和孟师联合指导我写作博士论文。周老师学识渊博，在外国文学研究领域造诣颇深，给了我很多的写作建议。作为周立波先生的哲嗣，他不仅为我提供研究史料，指导我写作论文，而且在我研究遇到困难时给予了暖心的支持和鼓励。"周立波研究丛书"三本他都欣然答应写序，还作了学术点评，为此丛书增色不少。周老师平易近人，对待学生丝毫没有师者的架子，他于我来说亦师亦友。我至今记得他带着我们在北京的小巷子里吃焦圈、喝豆汁、聊家常。

　　还要感谢胡光凡、贺绍俊、贺桂梅、董之林、何吉贤等教授，为我的写作提了许多宝贵的意见，其中胡光凡老先生还赠予了珍贵的资料；感谢贺绍俊、岳凯华等教授写作书评，肯定我的研究；感谢中共益阳市委、市人民政府和我所任职的中南大学文学与新闻传播学院对周立波研究的关心和重视，尤其感谢中共益阳市委、市人民政府对"周立波研究丛书"的出版给予了大力支持；感谢上海人民出版社的楼岚岚、王梦佳老师，特别是王梦佳老师对三部书稿都进行了认真编辑。最后感谢家人对我的支持！

邹　理

2022 年 8 月

**图书在版编目(CIP)数据**

一个早晨的歌者:周立波评传/邹理著.—上海:
上海人民出版社,2022
ISBN 978-7-208-17808-3

Ⅰ.①一… Ⅱ.①邹… Ⅲ.①周立波(1908-1979)
-评传 Ⅳ.①K825.6

中国版本图书馆 CIP 数据核字(2022)第 135770 号

**责任编辑** 马瑞瑞 金 铃
**特约编辑** 王梦佳
**封面设计** 蘑菇飞侠

一个早晨的歌者——周立波评传

邹 理 著

出 版 上海人民出版社
　　　　(201101 上海市闵行区号景路 159 弄 C 座)
发 行 上海人民出版社发行中心
印 刷 上海商务联西印刷有限公司
开 本 635×965 1/16
印 张 20.5
插 页 3
字 数 264,000
版 次 2022 年 9 月第 1 版
印 次 2022 年 9 月第 1 次印刷
ISBN 978-7-208-17808-3/K·3215
定 价 82.00 元